王学泰 著

监狱琐记

生活·讀書·新知 三联书店

Simplified Chinese Copyright © 2013 by SDX Joint Publishing Company.
All Rights Reserved.

本作品中文版权由生活·读书·新知三联书店所有。
未经许可,不得翻印。

图书在版编目(CIP)数据

监狱琐记/王学泰著. —北京:生活·读书·新知三联书店,
2013.10 (2025.6 重印)
ISBN 978-7-108-04527-0

Ⅰ.①监… Ⅱ.①王… Ⅲ.①王学泰-回忆录 Ⅳ.①K825.81

中国版本图书馆 CIP 数据核字(2013)第 088536 号

责任编辑 饶淑荣
装帧设计 罗 洪
责任印制 卢 岳
出版发行 生活·讀書·新知 三联书店
　　　　　(北京市东城区美术馆东街22号 100010)
网　　址 www.sdxjpc.com
经　　销 新华书店
印　　刷 河北松源印刷有限公司
版　　次 2013 年 10 月北京第 1 版
　　　　　2025 年 6 月北京第 9 次印刷
开　　本 880 毫米×1230 毫米 1/32 印张 9.75
字　　数 196 千字
印　　数 39,001-42,000 册
定　　价 48.00 元
(印装查询:01064002715;邮购查询:01084010542)

目　录

小引　1

一　"复杂"与"故事"　1
二　我的第一个"监狱"　10
　　1　"监狱"的分类　10
　　2　山雨欲来　13
　　3　我的第一个监狱　17
三　我的第二个监狱　26
　　1　摩托车上间隙　26
　　2　半步桥边K字楼　28
　　3　"号间门偶向人开"　34
　　4　预审、逮捕、审判　37
　　5　K字楼的吃　46
　　6　K字楼中的日常生活　51
　　7　K字楼中的犯人　55
　　8　上诉期，地震与悲痛的父亲　79
四　我的第三个监狱　89
　　1　北京第一监狱　91

2 "文革"末期的监狱　95
　　3 初进三中队三小队　108
　　4 编写节目　125
　　5 三中队其他犯人　136
　　6 狱中来了新犯人　159

五　监狱常事拾零　204
　　1 接见　204
　　2 在监狱中患病　207
　　3 大墙里面看电影　213

六　平反现场　219
　　1 改革的先导——平反冤假错案　219
　　2 平反现场　221

七　北京市高等法院接待站　228
　　1 归来　228
　　2 市高法接待站　230

附录一　生活的第一课　233
附录二　鲜为人知的"反动学生"案　241

附录三　1963年—1966年的大陆高校清理"反动学生"事件　260
　　一　缘起　260
　　二　铺开　264
　　三　"罪行"　268
　　四　处理　272
　　五　改正　275
　　六　重聚　278

附录四　野驴顾惟乔　281
　　一　独特的1960届　281
　　二　好强的、积极的顾惟乔　284
　　三　博学的顾惟乔　286
　　四　悲惨的顾惟乔　287

附录五　号子里的战争
　　　　——评《号子里的人》　290

附录六　读者陈建新推荐有关张建旗下落的文章　294

后记　300

小　引

东坡有诗云："人生到处知何似，应似飞鸿踏雪泥。泥上偶然留指爪，鸿飞那复计东西。"人生真是如光如电，还没有盘算一生何以自处，似乎生活还没有迈开脚步，便已经两鬓斑白，光荣退休了。现在工作停歇了，但大脑依然活跃，人老了，忆旧几乎是不可避免的。当独坐无事，或躺下难以安眠的时候，往事就像过电影似的一幕幕出现在面前，真是酸甜苦辣。仔细思量，以苦为多，可是现在想起来却不感到悲哀，大约正像俄国诗人普希金的名诗《假如生活欺骗了你》中所说"而那/过去了的，就会成为/亲切的/怀恋"。

我们这一代所经历的是个后世难以理解的大时代，也就是社会大转型的时代，怎样完成这个转型？言人人殊，许多人不仅是"言"，而且起而行之。这样，在短短的一百年中，不停顿地改革、维新、造反、革命、革革命……生在这样的时代，个人、特别是普通人简直如一粒尘沙，可以忽略不计的。个人的生活或说自己对生命的安排是不需要、不必要、也不可能的。一生或者听从他人摆置，或者任由命运拨弄。我的前半生沉浮都是由外部力量决定的，如同汹涌波涛中的一叶小舟，不知道方向，也不知道彼岸，飘飘荡荡，一晃几十年。回忆起来，没有业绩，没有收获，甚至没有历史，没有痕迹，留下的只有一些不太清晰的模模糊糊的记忆，真似飞鸿踏雪，那计东西。这里采撷一些片断，免得雪融冰消，只"落了片白茫茫的大地真干净"。

一 "复杂"与"故事"

1980年初，中国社会科学院文学研究所恢复学术刊物《文学遗产》，通过考试，编辑部赞同我调入文学所。当我的人事材料在所务会议上讨论时，七位所领导都同意（五位正副所长、两位书记），人事处一位领导却有不同意见。她说，王学泰历史太复杂，到社科院来工作不合适。老所长陈荒煤先生说，他连"三青团"都没参加过，有什么复杂的？还不是我们把他弄复杂了。陈先生说得对，北京解放那年我才六岁，上二年级。连参加童子军都不够格，遑论"三青团"！每天早晨上学，看见童子军，戴着圆形帽，手执军棍，腰间皮带上系着法绳，在学校门口检查学生的风纪，手是否洗了，脸是否干净，十分认真而神气，还有点羡慕呢。"童子军"是那时最低龄的组织了，我也只有受他们检查、管理的份儿。

其实，我的历史真的不复杂，可以说七岁以后，不敢说每天、但可以说每个月都能找到证明人。活了六十多年，从学校门，到单位门，没有离开过国门。一辈子没有参加过任何组织，包括"文革"当中，五花八门的组织林立的时候。然而，那位人事处领导说的也不是没有一点道理，这应了凤凰电视台"世纪大讲堂"主持人曾子墨女士的一句话，她说："王学泰先生的故事很多。"这是三年前我在该讲堂作讲座时，她向观众介绍我的一句话。我说：的确，大故事，或说大事故，有三次。

第一次是1958年10月。我读高中，下乡劳动，深翻土地，种小麦高产田，来年要亩产120万斤。当时我说，一麻袋最多能装200市斤小麦，120万斤可装6000袋。一袋平放在地上占地6平方尺，一亩地可平放1000袋小麦，6000袋要码6层，相当一房多高。我问什么样的麦秆能把这6000袋小麦挺起来呢？那时是组织军事化，这话是我在"连队生活会"上提出的疑问。连队汇报到团指挥部，带队劳动的是一位留校学生，刚被提拔为教导主任，颇带点"少共"意味，有决断，多激情。他听了之后勃然大怒，认为这不是与党唱对台戏吗！竟敢怀疑"大跃进"，不相信党报上宣传的"人有多大胆，地有多大产"！这是政治错误，必须严厉批判，肃清流毒。于是召开我校下乡劳动的全体同学开辩论大会（当时风行"社会主义大辩论"，动不动就要"辩论"，实际上就是批判），"辩论"我的"反动言论"。许多同学慷慨激昂，上场发言。大会收尾时，那位新提拔的教导主任（当时称作"团政委"）当场宣布，把我开除回校，不许我在这里给"大跃进"泼凉水。这是我在众多人面前的第一次"亮相"。我低着头，有时也偷偷看一眼下面的同学真正的或故作气愤的面孔，感到很意外。待回到城里地处骑河楼的学校，留校的师生正在做大炼钢铁的准备，我怕被同学问起，就没有回学校，每天跑"北图"看书，以消磨时日。下乡同学回校后又在班上开了一次批判会，这时又加上一条新罪行，就是逃课、逃避"大跃进"。那年我十六岁，正是充满了奇思异想的季节，这是生活给我上的第一课。

第二次是1964年7月，大学毕业之时。从1962年秋天，强调"阶级斗争要天天讲"以来，形势一天紧似一天。从学校领导、教师到学生都学会用阶级斗争的眼光看待一切，扫描一切，关注周围同学的一言一行。我所在的班，因为1962年秋选举班干部时，没有完全服从系总支的安排，在一些人的策划下，选了一两个违背领导意志的班干部，这就成为近似"反革命事件"的"选举事件"。1963年北京市委大学工作部研究高校的阶级斗争时，把这种"选举事件"视为资产阶级向党进攻的信号（1962年北京有一些高校的个别班级没有按照组织的意图选举班干部，后被定性为严重的"阶级斗争"）。面临毕业时，我们这个班（我所在的班级有同学近百人）一些"选举事件"中的"积极分子"都有些紧张，预感到要被整。毕业之前的几个月里北京师院中文系毕业班中剑拔弩张，充斥着紧张气氛，系里领导做出了"打人状"，许多同学都有不祥的预感，觉得毕业这关不好过，非得脱层皮不可，有些人就做好了挨打的准备。

　　1964年的大学毕业"鉴定"与往年不同的是，在鉴定之前，先搞了一个"清理思想运动"，应届毕业生在"清理思想"的基础上再作鉴定。这个运动的公开"说词"是每个同学要在毕业前，把上大学几年来的资产阶级思想清理干净，轻装走向社会，投入到轰轰烈烈的社会主义建设中去。前年，我在北京档案馆查资料时，看到了北京市委大学工作部领导吴子牧1964年7月18日的关于本届大学毕业生"鉴定问题"的讲话原稿。他讲这次鉴定的目的就是考察学生"政治思想、立场方面的根本问题"，以供领导掌握。要求下面主持学生思想工作的领导要特别注意清理有关"困难时期"、"三面红旗"、"国际反修斗争"等方面的"错误思想"和"反动思想"。要写上档案，"可供使用人单位对他了解"。对于那些通过"保卫手段"所获得的关于学生的"反动思想内部掌握的材料"，不必找学生谈，但要"暗挂，作为人事材料"转到任用单位去。可见当时"清理思想"和"毕业鉴定"的真正目的是加强对大学生的思想控制。

由于上面抓得紧，下面的运动自然也就搞得轰轰烈烈。自觉有问题的学生在老师和同学的帮助下一个个痛哭流涕，做检查，痛骂自己的过去，以求过关。在我看来有些像滑稽戏。然而奇怪的是我无论怎么检查，自觉得已经很深刻了，但也没有人理，也不说过关了，也不说不让过，有点晾起来的意思。直到清理思想运动告一段落，8月上旬一个阴雨的下午，系总支召集中文系全体毕业生（近四百人）宣布：运动转入解决敌我矛盾问题，从清理思想到清理"反动学生"。接着，总支书记陈某宣读中共中央转发的北京市委清理"反动学生"的文件。于是，先是全班、后来是全系，把斗争的矛头指向了我。其实，有什么大不了的问题呢？北京有句俗语叫做"拣鸡毛凑掸子"，是说把日常鸡零狗碎的事情凑在一起，有时也很有点规模呢。我平常又爱聊天，言多必失，凑个"掸子"还是很容易的。

在大抓阶级斗争之时我被上面关注，既不偶然（如上面说的"爱聊天"，有时也爱说些"风凉话"，这是在大抓阶级斗争时必然会被注意的。这类人在内部排队时，最佳也得排个"中右"，弄不好就被视为右派），也带有些偶然性。我在北京工农师范学院上学（这个学校在1962年被并入北京师范学院）时，与张闻天唯一的男孩张虹生同宿舍，床头相对，熄了灯也能说话。张虹生由于幼年遭遇（1942年后在新疆坐监狱3年），脾气不好，得罪过系里领导和某些教师，但与我关系不错。当时处在困难时期，天天饿肚子，我们经常一起去饭馆改善生活。在吃饱饭后，就是谈天说地，这样就难免言及困难的根源和党内高层的斗争。从他那里得知，遵义会议后，原来张闻天是党的一把手，毛泽东仅仅是协助周恩来处理军事问题的第三四把手。他谈过对于"三面红旗"、"反修斗争"等重大问题上党内高层是有不同意见的。像后来尽人皆知的"三分天灾，七分人祸""人相食，是要上史书的"和在庐山会议上对彭老总不公正的批判，当时我就知道了。这些信息在正常社会中人民是有权知道的，可是在当年这些都属于高层机密。

另外，我有几位校外的朋友，到了假期经常凑在一起聊天，无话不谈。从张虹生那里获得的信息自然也就扩散到这几位了。1957年反右之后，青年学生大多也都有了自我保护意识，不会在大庭广众之中说一些主流思想不能允许的话。真正的思想交流也只在亲戚或没有利害关系的朋友之中进行。那几位校外的朋友都是从小一起长大的同学，而且不在一个大学里读书。上面说的"偶然性"就表现在原本无利害关系的朋友，突然变成了有可能发生利害冲突的同班同学。1962年工农师院与北京师范学院合并，那几个朋友中的一位恰好与我同班。当然在一个班里并不是说他一定会揭发我，又赶上"清理思想"这个机缘，而且我俩都与班上的"选举事件"多少有点瓜葛，同时受到"清理思想"领导小组的注意；最后一个机缘是：领导小组中有个下班协助政治辅导员的助教鲍某，对我和同班的那位朋友都有所了解，他又想制造点业绩，于是使用各种方法，动员那位朋友揭发我，这些机缘都凑在一起，肯定还是属于"小概率事件"。身陷这"小概率事件"中，只能自叹命运的捉弄，而系里的领导则庆幸"抓住一条大鱼"（当时总支书记语）。

这一年全校毕业生总共一千余人，公开被定为"反动学生"的只有我一个（听说仅中文系每班还有"内定""反动学生"两名，全系共8人）。平常在学校里默默无闻，这一次真是臭名远扬了。1949年后的三十年中全国的政治运动有五六十次之多（有兴趣的可参见我的《说运动》一文，收录在我的随笔集《采菊东篱下》中），许多运动（如整风反右）有时也烧到学生、特别是大学生。但专门以大学生为清理整肃目标的是从1963年到1965年的清理"反动学生"运动。1978年底听高教部学生司负责人说三年共清理出一千多人。被清理出来的学生，不算合格毕业生，不能毕业，分四等处理：①劳动教养3年，②劳动教养2年，③劳动考察3年，④劳动考察2年。我是劳动考察3年，由北京市高教局组织到农场劳动。因为"文革"，拖到1969年初才又回到学校，1971年分配到房山。

　　第三次最为严重，发生在1975年初。1972年到1973年，"文革"虽未结束，但政治环境稍显宽松。因为自1971年9月林彪出事以后，除了极少数人外，大多数人感觉到没有从流行的革命中得到什么好处，反而都有不同程度的损失。往常激烈的信仰，日渐流失，人们平静下来后，更加感到往日的荒唐。虽然，每个人到了单位依旧是粉墨登场，各自演好自己的角色，但私下里，却敢于悄悄地说些真话，以求得心理上的平衡。我们这些普通人如果一天24小时除了睡觉外，无论对谁、无论在任何场合，都说假话，心理上是难以承受的。真是"一个人说点假话并不难，难的是一辈子都说假话，不说真话，几十年如一日，这才是最难最难的啊"。也许只有大人物才能做到像邵燕祥先生所说的"口吐铅字"，永无真情实感，而普通人是绝对做不到的。

　　大约到了1972年、1973年，人们心理承受度已经达到极限，又没有正当的发泄渠道，于是以前的道路以目、腹诽变成了现实的言语：流言、非议、小道消息，也有谩骂诽谤（正是这种情绪酝酿了后来的"四五"）。即使最胆小的人，有时忍不住也要骂一下社会上的极端表现（当时视为革命行动），只不过最后还要加上一句"这些极'左'的都是林彪那些人搞的"。这样好像就安全了。当然，我也不能免俗，因为都是普通人，就难免会做一些面上毫无表情、私下里叽叽喳喳——不合君子规范的俗事。我最反感的是"批林批孔"，连震撼千古的"风萧萧兮易水寒，壮士一去兮不复还"都能改成"小丑一去兮不复还"，夫复何言！更可笑的是，当时批判什么都能挂在孔子的账上。如批"走后门"就联系"子见南子"；批"男尊女卑"联系"惟女子与小人为难养也"；批"英雄史观"联系"天生德于予，桓魋其如予何"；批"复辟倒退"联系"觚不觚，觚哉觚哉"，可笑之极，可耻之至！

1974年《人民日报》元旦社论中指出"批林，批判林彪路线的极右实质，就是批判修正主义"。当1973年除夕夜听到这篇社论的广播时，便感到风向要变，会更加极端。果然不久就是"批林批孔，评法批儒"。但这次的极"左"，很少有下面的群众响应。从上面极端主义的言语作风看（例如为了避免"卫星上天，红旗落地"，要搞"全面专政"等），好像要重新点燃群众的革命激情，回到1966年去。然而1972年以来，民间的不满、各种议论和小道消息的传播却渐渐形成一种惯性，不能停止。而上面把这些看做是"资产阶级的反攻倒算"，不断地增加打击力度，并时时以"要注意阶级斗争新动向、路线斗争新动向"告诫下层领导。而且各部门、各地区也在不断地以各种方式打击各式各样的"阶级敌人"为执政要务，当然北京也不例外。在这种险恶的政治背景下，有一个偶发事件，我被牵连进去了。

这次事故最大，我被列为打击对象，没有经过群众运动，一步便跨到专政机关。先是被房山县公安局传讯，再是被北京市公安局拘留。1976年"四五事件"之后，在所谓"批邓、反击右倾翻案风"的运动覆盖中国大地之时，5月10日我的问题的性质再次被升级，填了逮捕证（"文革"当中往往"以拘代押"，不逮捕，只在看守所拘留，亦有长达数年者）。由北京市中级法院提审，于7月26日，被判有期徒刑13年。平反后，听我弟弟说，你的案子拿出来交群众讨论了，他的一个在友谊宾馆工作的朋友看到过。那时凡是"交给群众讨论"的案子，都有几分凶多吉少。我的案子经过这番讨论，应该是众所周知了。不过除了原先就认识我的人，光凭"讨论材料"中所著录的"恶毒攻击无产阶级司令部，污蔑无产阶级文化大革命运动和批林批孔运动"，谁也不会因为这几句空洞的罪行记住王某的。因为在大批判中、在"清队"中、在"一打三反"中，乃至在一般的日常生活中，人们早已听惯了这种指责，没有什么人会认真对待的。我所在工作单位房山文教系统的人们大为吃惊，怎么就出了这么一个被判13年的"现行反革命"呢？从我判刑的7月26日起就准备召开全县批斗大会，不过这个会，命运多舛，最后夭折。先是7月28日大地震，大家抗震，顺序后延。后定在9月10日召开，不料，9月9日毛主席逝世，紧跟着"四人帮"倒台，于是，批斗我的全县大会也就不了了之。

记得汪曾祺先生说过一句话："幸亏划了右派，要不，我本来就平淡的一生就更加平淡啦。"汪先生生在高邮，经过抗日、辗转大西南，跑过日本空袭警报，进入过"西南联大"，受过一些前辈大师的亲炙，跟着沈从文先生学写小说，后来又写样板戏《沙家浜》，至今传唱不衰，小说更是别具一格。他尚如此说，至于像我这类1960年代成长起来的大学生，受的是驯服工具论的教育，又欣逢不许读书的年代，用李泽厚先生1979年在《鲁迅思想分期》一文中的话说是属于"长期在外力和内心压力下，知识少而忏悔多"的一代，与汪曾祺等前辈相比只能更加平庸，更没有谈谈过往的资本。"幸亏"有了这三次挨整，见过了许多世面，听到了许多闻所未闻之事，也见到了一些难得一见之人，也就是"怪人"[1]。这还是同辈人中经历所不多见的，有时说起来，如同"进了几回城"的阿Q可以夸示于未庄的小D、王胡一样，也不免堕入"津津乐道的恶趣"。然而，我有一点是真诚的，就是希望后辈别再有这样的经历，中国再别发生这一类的故事。下面就开始说监狱里面的故事。

---

[1] 那个时代最倒霉的不是好人，更非坏人，而是"怪人"。如果一个人身上稍稍有些异于大多数人的东西，不论好坏，就易于成为被吞噬的诱因。我的行为尚不能说"怪"，但在思想上或气质上总被认为是有些不合群的，众人看起来就有些别扭。而合群的国人历来就有改变异端的冲动，"改男造女"运动给这种冲动提供了方便，这样怪人往往首当其冲。谓予不信，读者可以根据你的生活经验看一看历次运动中的倒霉者，分析一下。被整过人中的好坏程度与没被整的人的比例差不太多，但被整过人当中不同于众的比例则非常高。

二 我的第一个"监狱"

1 | "监狱"的分类

这个题目中的"监狱"只是一般用法,是指政府关押人犯的地方,并非是法律文书中的监狱。一般外人(指没有进过监狱的、又非公安人员)把政府关押人的地方都称之为"监狱"。例如我岳父"文革"中受迫害在军区中被关了好几年,他老说坐过监狱,我说那不是监狱,他就不服气,还辩论过,我说那不是政府执法机关办的关押场所。其实,同是执法机关办的关押场所,在法律文书中,其间区别也是很大的。其中就有收容站(现在已经取消)、拘留所、看守所、监狱(包括监狱工厂、监狱农场)等。"监狱农场"老百姓一般称之为"劳改场"。

收容站是收容盲流(改革开放前,人口不准私自流动,凡私自流动者就称之为"盲流",警察见到就要送往收容站)的,包括许多上访人员和无业游民,有时候也关一些找不到理由关但又非关不可的人。那时从理论上说这些人大多属于"人民内部矛盾",对于"人民"不能用"关押"这个词,而用了带有温情的"收容"。北京的收容站设在德胜门外的功德林,人们简称为"功德林"。这里因为是临时关押、流动性大、经费少、收容量大（特别在节庆或有重要外宾来访期间），伙食特别差。1970年代中，北京看守所、监狱的伙食费已经是每月12.5元，功德林才6元，每顿都是窝头稀菜汤，即使如此，晚上无处睡觉的上访者也愿意去。我遇到过一个从功德林转来的犯人，他说，有天晚上，快熄灯了，有个三四十岁的胖女人，听说是通州来上访的。抱着一个孩子，拖着两个孩子，非要进来，看守拦住并轰她走。"去去去，你怎么又来了，这没有你的地方，又想到这里吃白饭！"女人一边往里闯，一边理直气壮地说："谁稀罕你们那两个破窝头，这么晚了，我到哪儿睡去？不到你们这里，到哪去？"说着拖着孩子往里走，看守也无可奈何。因为被关的人从道理上讲是"人民内部矛盾"，所以功德林不上锁，只是把门从外面插上。据说功德林是模仿八卦修建的，关押在这里，开着门也很难跑出去。

拘留所在1970年代属于北京公安局治安管理处管，它关押的大多是违反"治安管理条例"的。行政拘留的处罚，也在这里执行。那时行政拘留最长是15天。这些人进了拘留所，大多是几天、十几天也就放了。少数被公安局"判"（书面语言是"送"）"强劳"（强制劳动，比劳教轻）或"劳教"。一些案情复杂、一时弄不清的嫌犯，那时也采取拘留处理，有以拘代押，以拘代审的。如果被逮捕了（签署了逮捕证）就要升级到看守所了。北京市拘留所在东城炮局胡同，简称"炮局"。拘留所的人员流动仅次于收容站，这里伙食也不行，一些常常出入北京市公安局系统的小青年们有顺口溜云："富宣武（宣武公安分局监押机构的伙食较好），穷朝阳，'炮局'的窝头眼（儿）朝上。"

"看守所"本来应该是关押逮捕以后等待审判的"嫌犯"(这个词也是改革开放以来,搞"法治"和"无罪推定"才用的;而过去是"有罪推定",凡人一被抓起来就是"罪犯")的,但"文革"期间以拘代押,以拘代审的人大多也是关在这里。看守所在普通百姓中是个陌生的词,我曾听一个初次犯罪的中年农民说:"过去,我从看守所门口过,见有当兵的拿枪站岗,以为是看守国家财宝的地方呢!这回才知道是关犯人的监狱。"大多数人称看守所为监狱,这是不准确的,它也只是个临时看押机构。到看守所来的犯人,大多是被逮捕起诉了,在这里等待正式审判和判决。正常的法治社会,看守所一般关押的是被起诉的、但有可能逃逸、串供、继续犯罪或对证人有威胁的嫌疑犯罪人员(如目前台湾的陈水扁就是因为有可能"对证人构成威胁",才被收押的,否则,在特侦组调查完毕、起诉之后,就可以放回家中等待法院传票了)。如果嫌犯没有这些可能,一般是在家中等候法院提审,如被法院判有罪,则进监狱。

1970年代我们是公开说不搞"法治"的,不用说被起诉的人员了,只要一被怀疑有罪就有可能被关押。为什么三十年前平反了那么多的冤假错案,甚至可以说出现了"囹圄为之一空",主要原因就是没有一套健全的法律制度,一切都是领导人和临时性的政策说了算,不仅打击面过宽、过严,而且株连了许多无辜的人,可以说是"冤狱遍于国中"。

上面说的仅仅是北京市一级的情况,市以下的八区九县,各个区县都有公安分局,每个分局都有监押机构,但不可能像北京市分得这么清楚了。

2 | 山雨欲来

林彪倒台之后，略微宽松的政治局面到 1974 年初结束。先是"批林批孔"（暗地里"批周公"），接着"评法批儒"，"评论《水浒》"揪"投降派"，直至"反击右倾翻案风"。贯穿这些运动之中的就是"在无产阶级专政下继续革命"的理论，声言要"实现对资产阶级的全面专政"。这些不是写在报刊上的空话，而是贯穿于实实在在的现实生活中的。那些日子不管工厂农村、还是机关学校，都是每天大会小会，揭发批判，气氛十分紧张。在此之前，我因为高血压、心脏病休了一阵子假，此时也被召回学校，参加"学习"。单位运动虽然紧张，但我确实没有任何问题，日子还算平安。

1975 年春节，我在北京家里过寒假，突然一个大学同学章某到家来找我。他很紧张，一见我，马上说："学泰，《推背图》[1]出事了。我把它借给朝阳区文化馆一个姓顾的朋友，他把它复印了。顾某又因为骂江青被'板团'（指样板戏剧团）的人揭发了。他把我牵扯了出来，公安紧着找我，追查《推背图》的来源，我实在顶不住，只得把老兄交代出来了。对不起你，如果无事便罢；真出事，连累

---

[1]《推背图》是图谶一类书籍。图谶约产生于战国时期。它是用谜语般的图画、短语、韵语、诗句一类的文字预言天下走势。如"始皇帝死而地分""楚虽三户，亡秦必楚""亡秦者，胡也"。传说《推背图》产生于唐朝太宗时期，李淳风和袁天罡是当时著名术士，精于天象，两人推算大唐国运。李淳风某日观天象，得知武后将夺权之事，于是便推算起来，一发不可收，竟推算到唐以后中国 2000 多年的命运，直到袁天罡推他的背，说道："天机不可再泄，还是回去休息吧！"即第六十象所述，所以《推背图》由此得名。

了你，以后补报。"

其实《推背图》也不是我的。1974年我在琉璃厂海王村内部书店买书，结识了一批书友。其中有位中学教师汪先生[1]，他有一本《推背图》。我爱读奇书，没想到因为读此书闯了祸，而且累及汪先生。事情缘起于1971年，当时林彪倒台，社会上开始批极"左"（实际上是针对文化大革命的，这一点"四人帮"看对了）。意识形态，稍显宽松。有个朋友在广西电影制片厂工作，他不愿意拍那些"高大全"的片子，那时有品位的文学作品除了鲁迅作品外就是《红楼梦》了。他想拍《红楼梦》，要我把其中的韵文（诗词曲赋与骈文、对联等）注释一下。在注释《红楼梦》时，想参考《推背图》。它与《红楼梦》第五回《贾宝玉梦游太虚幻境》所看到的命运册子的格式完全相同。

《推背图》是乱世的产物，也给了乱世人许多遐想的空间。因此，社会不安定时期，草民百姓，无可奈何，《推背图》、《烧饼歌》一类图谶便不胫而走，成为茶余饭后的谈资。我是不太相信《推背图》这一类预言书的，但读起来像读谜语书一样也觉得好玩，有时也要猜一猜，以为谈资。当读到第四十二象乙巳，看到上画宫装妇女怀抱琵琶：

一歌女手持琵琶，地上左有一张弓，右有一只兔。谶曰：美人自西来，天朝中日渐安。长弓在地，危而不危。颂曰：西

---

[1] 后来，《推背图》成为攻击"无产阶级司令部"的证据，遂被公安系统没收。汪先生因此还受到公安局的调查。给他造成许多麻烦和损失。每念及此，深感歉欤。

方女子琵琶仙，皎皎衣裳色更鲜。此时混迹居朝市，闹乱君臣百万般。

当时我突发奇想：这不是江青吗？"西方女子"写其来自延安；"琵琶仙"写其演艺出身；"皎皎衣裳"写其重视服饰，推广江氏"布拉吉"；"混迹朝市"写她先卖艺，后发达；"闹乱君臣百万般"不言自明。中国的草民百姓从来都是原谅皇帝，有事了，不是"奸臣"、"宦竖"，就是"女祸"。我也是中国人，自然也难免俗。当老同学章某来访，聊及时事，自然而然就说到《推背图》。说到第四十二象那位"西来美人"，很有些感慨："三千年前，中国第一篇讨伐文告《牧誓》就说'牝鸡无晨；牝鸡之晨，惟家之索'。三千年后还是这个问题。真是古已有之啊。"章某也爱奇书，把《推背图》借走了。接着就发生前面所说的故事。

此时正抓"意识形态领域的阶级斗争"。因为追查"手抄本"（指《第二次握手》、《梅花党》等手抄小说）、"小道消息"、"谣言"，批"文艺黑线回潮"，批判"黑画"，"大抓阶级斗争新动向"等等都出在这个时候。朝阳文化馆干部的那件事引起高层的注意，抄了他的家，把《推背图》复制件翻腾了出来。于是上面把这个案子当做大案要案处理。后又有一位搞创作的老同学找我，说北京文联召开的"业余作家创作大会"上，市里负责文教宣传姓黄的书记讲话中说"北京有几个反革命分子攻击和咒骂江青同志"。我隐隐约约感到，黄某所说就是我们这件事，仿佛一个巨大的黑影向我袭来。

过了正月十五，怀着这种隐忧与恐惧，我极不情愿地回到单位。果然第二天上午房山县文教局保卫科二人（其中有一人是县公安局的）开着一辆中型吉普把我从河北公社口儿中学运到房山县，在文教局隔离审查。

在局里他们安排了一间小屋，让我在那里反省交代。还派了个人看着我，说是怕出事，其实就是看押。我失去了自由。押解我到局里的两位就是主审的，文教局的姓曹，公安局的姓任，两人都是四十多岁。最初还诱导我，要我主动交代近两三年做过什么错事。我回答：没做过。后来他们单刀直入，直接让我谈《推背图》的问题。

我只是从一般读书的角度谈了我读《推背图》的体会和用途，并表明我不相信它对时局的预言与推演。曹轻蔑地说："你别以为就是你在研究《推背图》，我们也在研究。不过我们是站在无产阶级立场上研究，而你是站在资产阶级立场上。"当时我感到很好笑。我在房山文教系统已经待了三四年了，深知当时机关干部大多是不读书的，因为那时除了《毛选》和"马恩列"六本书外也没有其他书籍可读。我想，这次要不是我这个案子，你可能连《推背图》的书名也没听说过。但此时不宜抬杠，你爱怎么说就怎么说罢。

任某是公安局的，比较实际。他说，不辩论《推背图》的问题，就交代你根据《推背图》说过什么反动言论吧。

《推背图》历代都是禁书，因为不管是否灵验，这种图谶毕竟在大胆预言朝代的盛衰兴废，这些道理和话语在皇权专制时代都是敏感的、是统治者一听就要暴跳如雷的。我们虽然自诩是唯物主义，不信鬼、不信神、不信邪，但禁忌一点也不比古人少。前天刚从电视上看到一个可笑的信息。江青在排样板戏《智取威虎山》时，戏中有个反面角色叫"一撮毛"，是个土匪。因为绰号有个"毛"字，江青怕观众联想到伟大领袖,改作"野狼嚎"。禁忌范围如此之广,简直赶上阿Q了。《推背图》这样的书,虽没有明令禁止(就是扫荡文化最严重的"文革"时期也没有说禁书,那时只许读毛主席著作、马恩著作和鲁迅著作),但我明白在那时看这类书就是属于"犯罪"一级的。因此,我只承认"用过"此书,而且是正当的工作需要,做参考用。曹、任二人当然紧追不放,因为只要突破看过《推背图》并有一条与现实有关的言论就可以治罪了。[1] 折腾了七八天,不知道是因为我顽固,需要从严,还是上面下来指示了,把我送到了房山县公安局。

3 | 我的第一个监狱

1975年3月4日中午饭后,曹某说你的态度恶劣,文教局管不了了,公安局"传讯"你了。

传讯比拘留还低着一个档次,现在简单传讯,大约都是叫到派出所问一问,更客气一点叫到饭馆(真是应了"革命从不是请客吃饭,到革命就是请客吃饭"这句民谚)、茶馆、咖啡馆,聊一聊,警告一下,俗称"请喝茶"或"请喝咖啡";时间长的,也有在宾馆开房间软禁的。这是政府有钱的表征。那时有的机关出差还没有宾馆住呢!当时的传讯一般是把嫌疑人关押到公安系统收容站。

---

[1] 最近香港凤凰卫视的"文化大观园"专门介绍了《推背图》。赞誉"它是中华预言第一奇书",其中介绍了一位研究者断定第四十一象预言"文革"和第四十二象预言"四人帮"和江青乱政等。这要是发生在粉碎"四人帮"之前,非得掉脑袋不可。

房山县公安分局收容站在公安局内后院，后院中更大的一块是新建的拘留所、看守所。这两所合二为一，被有电网设施的高墙圈出，四个犄角有炮楼似建筑，上有当兵的守卫。候讯室是在它之外盖了两间平房，表示此处与拘留、逮捕有别。这两间房子不上锁（从外面反插着），里面还有火炉（因为进去时间在3月15日之前，按照北京的取暖规定，此时还有火），用以表示这里是收容和候讯，不同于拘留、看守所和监狱，然而，它比前三者更糟。

因为是"收容"，里面常常关有一些生活不能自理者，如流浪的精神病患者、痴呆者等。又由于这里的多是短暂关押，室内一切安排都没有长久的打算，也没有人为之清理、清洁。一踏入这间屋子，迎面扑来的是一股难以形容的、极其呛人的恶味，是臭？是腥？是臊？说不清楚，这股在外面很少能闻到的混杂气味弥漫着整个空间，我只想呕吐。屋内本是黑洞洞的，大门一开，南面的太阳光射入这肮脏的室内，在那一束强烈的阳光中仿佛有无数小虫飞舞，对面几个小鬼似的人吃惊地从炕上（实际就是半尺高的光板炕箱）爬起来望着我这个穿戴尚属整齐的新客。这就是我进的第一个"监狱"。在此之前虽然也倒过许多霉，但监狱还没来过，这次又添了新的阅历。它给我留的印象极深。

最吸引我注意的是位坐在屋里中心地上的年轻人，他蓬头垢面、头发齐肩、大头、细脖、消瘦、眼大无神。这人对外界反应很小，我一坐定，马上有人把他推开"疯子，你一边去"！众人争着围坐在我的身边。

"什么事？"这几乎是千古不变的老话题，新入监的犯人一进入号子，不论是什么样的人物都会遇到这一类的提问。

我感到为难,怎么说呢?"……就几句话,大约是政治问题罢?""嘻……"周围的老号你看着我,我看着你,笑了。"这屋子还没来过这样的人呢!"大家又笑了。"你们倒高兴?"我有些生气了。有个青年工人把脸伸向我说:"师傅(那时的官称),您看看我眼睛还红着哩,有什么高兴的?大家是看着您新奇。"我说:"这有什么新奇的,现在这类事挺多的。你什么事呢?"青工马上一脸愁苦说:"我是琉璃河水泥厂的电工(这在当时是很体面的工作),新结婚,到'东炼'(东方红炼油厂的简称,即现在的燕山石油化工厂)来换两身军服,被'东炼'保卫处扣了,说我有意诈骗(那时青年人以穿军装为时尚,换来换去的很多),我有个本家哥哥就在房山分局。"他大约没有说谎,整个候讯室就他有床被子,是局里借的。一般传讯是不借给被子的。

我环顾了一下周围的环境,四壁黢黑,大约是烟熏的,因为每天都在室内生火。墙上屋角挂满了蛛丝和尘塔,屋内一个犄角堆着二尺高的麦秸,这是给睡在地下的人准备的。新进来的人,由老号看一下他是否有资格睡在木头炕箱上(主要是脏不脏),没资格就让他垫着麦秸睡在地上。即使监狱也是有等级的。那个疯子就睡在地上。

一会儿我就和这些老号混熟了。他们主动向我诉说他们的案情,让我帮他们拿拿主意。睡在我旁边的一个姓谭的,对我说,他是3608厂的,一天他去房山县城买东西,在大街上碰到一个女人,这个女人抓住他说,某天谭在大石河搂抱她、亲嘴。谭说那天我正在上班,不可能去大石河。这应该是很容易弄清楚的问题,不知为什么,这个谭某在这里被关二十多天了。我对他说,这很容易证明的,让你们单位的领导或同事出具一份那天你在上班的证明就可以了。

另外,有两三个河北老乡,他们有的是到房山收购破铜烂铁,有的是联系买煤(房山许多公社出煤),都以投机倒把罪抓进来。其中有个四十来岁程姓农民一副要哭的样子,对我说:"您看看,不就因为在房山有个亲戚,联系点煤。我们那里是有吃的,没烧的;这里是有烧的,没吃的。我给联系联系,换一下,挣点辛苦的跑脚钱,这就叫投机倒把?腊月二十七那天,被抓进来的,一关二十多天了,媳妇包好了饺子等着我过年,孩子也等我赚俩钱买炮仗呢!"一边说着,一边流泪。旁边一个三十来岁有点监狱油子样子的人厌烦地说:"别说了,翻来覆去就你那点事,怪讨厌的。身子掉到井里了,耳朵还挂得住!年早就过去了,还想老婆孩子,先想想你怎么应付预审员罢!"

这个"监狱油子"模样的人实际上才二十四岁。他十八岁那年被判过一次,此后就成了公安局的常客。传讯室对他来说是最低档次的,他不发愁,该吃就吃,没事就睡,闲了就侃大山。他经得多、见识广,甚至受到一些室内"玩闹"("文革"中后期,一些胡同串子,小打小闹,小偷小摸的小角色,而且经常有点违法乱纪行为的称之为"玩闹")的崇拜。当有的玩闹对他不够尊敬时,他会怒目圆睁地训斥他们:"你们算个屁。见过什么?五处(北京公安局劳改处又称"五处")你去过吗?大镣你蹬过吗?万人批斗大会你撅过吗?"于是小玩闹们只得低头服软。

我问他,为什么那么年轻就被判刑。他说当年与支书吵架,起因是宅基地(这是农村容易起纠纷的问题之一),被判五年,去了劳改场。他把劳改场说成天堂一般:"那里比家里吃的都好,定期吃大米白面,几乎每天的菜里都有点肉,那里搞奖金制度(当时社会上批资产阶级法权,坚决抵制"物质刺激",大批"奖金挂帅",房山有个长沟峪煤矿被宣传为"坚决抵制物质刺激"的典型),每个月能分十来块钱。劳改五年攒了二百多元,出来后可没办法了。老爹因为儿子坐监狱气死了,哥哥跟我分了家。我分了两间小房,每天下地干活,回来是清锅冷灶,还得自己烧火做饭。顾得了吃饭,顾不了下地,顾了下地,顾不上吃饭。我一看没辙,就给劳改场领导写了封信,要求回去。劳改场回信说,你犯罪了,才归我们管,没犯罪,我们管不着。那好,我就再找点罪犯。"我问:"你犯什么罪了?""往河北省倒腾电机、电线。""你倒挺能耐啊。""这算什么,没大钱,有大钱还能赚大的。告诉你,钱赚钱,不费难;人赚钱,难上难。"这是他从生活体验中来的。这就是现在被媒体热炒的"财产收入"。

  旁边有个外表看着窝囊、从外地到房山做上门女婿的小伙子,听"油子"讲述劳改生活入了迷,真想跟他一块去。这位"油子"嘲笑他说:"小子无能,情愿更名改姓(这是农村招赘写的婚约文书的开头语)……你到了人家,被人家打了,反而你被抓起来,这叫什么事?你这点事离去劳改场远了去了,人家就是给你个下马威。你小子就是窝囊,出去跟我干吧。这么棒的体格,给我扛电机,一天就能赚个十块八块的。"这个倒插门的女婿听了兴奋得不得了,以为在监狱找到了知音和出路。

  这个"油子"除了胡侃外就是"逗疯子"。那个精神病患者也很可怜。他是66届初中毕业生,"文革"中父母出身不好,被批斗,斗完之后全家被遣返回房山。房山在"文革"时期批斗"四类分子"手段之残酷，在北京是出了名的。其父被打死，母亲病死，他就疯了。平常在外面捡吃要喝，没人管他。逢年过节或有外宾来，嫌他有碍观瞻，便把他抓到这里来，过了节，也就放了，现在过春节已经二十多天了，估计他也快走了。

疯子不打人、不骂人，别人打他，他也不还手。他"疯"的表现就是唱歌，而且音准，音色也还可以，不让人讨厌。看到当兵的背枪从窗前过他就唱"骑马挎枪打天下"；看见有人进来，冷不丁就会唱一句："王老三，我问你，你的家乡在哪里"；看见公安人员打开门提人，他可能会唱起来："大叔大叔救救我，我不死，我要活"，听起来真是凄惨，可是周围的人却哈哈大笑。他会的歌很多，有时他轻声哼唱"让我们荡起双桨，小船儿推开波浪，海面倒映着白塔、绿树红墙，小船儿轻轻……"这个欢快的儿时歌曲与此时此景是如此地不协调，是不是他的精神世界还残存着他少年时代曾经有过的快乐？"油子"逗他唱样板戏中李玉和"狱警传，似狼嗥……"，看守进来制止，疯子停了，"油子"又鼓动他唱，当兵的又进来干涉，往返三四次，当兵的急了打了疯子两个嘴巴。疯子一改往日眼大无神的木然，表情极其痛苦，突然号啕大哭，把一室的人都惊呆了，大家都没有见过疯子如此强烈的感情表达。我责备了那个"油子"，他说自己也没坏心，就是"解解闷"。

虽然传讯、收容的人尚属"人民内部矛盾"，但这个屋门也是被外面插着的，想出去，要向看守求告。每天两顿饭，窝头、玉米面粥，有点菜。我刚进来，心烦，吃不下去，分给老号吃，看他们狼吞虎咽的样子。我想，人在食和色这两个基本问题上，与动物没多大差别。

每天放三次茅（上三次厕所，北方称厕所为茅房），屋里有个尿桶。厕所在拘留所里，放茅要经过有兵把守的大铁门。拘留所里由劳动号（进了监狱的人失去人的名称，通叫做"号"）清扫，很清洁，厕所也是一样。上厕所时，在屋门口排队，报数，向把门大兵说清有多少人，上完厕所，再集合排队，报数，出来过铁门时向守卫报清楚，很严格。上厕所时，能时时听到拖着沉重的铁镣的犯人在外行走的声音，他或是被提审，或是放风，这是我第一次在现实生活中听到脚镣响。很惊悚、很恐怖。

借放茅的机会，烟鬼们装作很丧气似的垂着头，其实，他们在专注地找寻地上的烟屁，偶有发现，其乐无比。拿回到号里，由室内威信较高的人保存起来，凑够了一支再卷起来抽，大家分享。我刚进去，大约是为了表示友好，有人把存的烟头卷成一支烟，让我先抽，我本来烟瘾不大，谢绝了，说不会抽。旁边一个年轻人说"老师，您把您那口让给我吧"。只听另一个声音说"他妈的，你捡过几个？有你一口还不够，还想抽第二口"！我旁观他们吸烟的样子，眯缝着眼，铆足了劲，长吸一口，憋着气，一点不让烟从鼻腔逸出，完全陶醉在香烟的享受中了。开始时还有火，就在火炉上点烟，后来火撤了，就用鞋底子在木床箱上摩擦起火。这些都是在极小心、极秘密的状况下进行的，要是被发现，起码暴打一顿。看守们的看法是"监狱无小事"。

传讯室几乎每天都有进的，每天也都有走的，大多无大事，只有极个别的被升级（转拘留或逮捕）。有一天进来一个小伙子，外面穿着一身半新不旧的军装，里面是毛衣毛背心，干净利落。一问是从"东炼"来的。案由是他戴了一顶羊剪绒皮帽子（当时极为时髦，要二三十元一顶，经济富裕些的小青年几乎人人一顶），有的玩闹要"飞"（指抢走他人戴在头上的帽子）他的帽子，他把人打伤，那个玩闹进了医院，他进了公安局。他到传讯室已经停火了（过了3月15日），晚上睡觉很冷。我有一件棉大衣，勉强御寒，他就挨着我挤着睡，才好一些。他跟我说："局子里的小警察，冲我瞪着眼说：'他抢你帽子，你也不该把他打成这样。'我说：'打死也应该。'我爸爸要是'解放'了，他敢跟我这样说话！"听着话头，他可能是个高干子弟。当时"东炼"收入高，是个新兴产业，是重要的外宾访华必看的"橱窗单位"，离北京又不远，假期有班车来往北京城里，因此，"东炼"成了很多插队的干部子弟返城的首选之地。这位小青年根本不把打伤人的错误当做一回事。人家一问起来，他只是淡淡地说："房山一个土鳖（当时一些城里小青年对当地人的称呼），要抢我帽子，我教训了他一顿。"我们也都以为过两天"东炼"保卫科就会来人把他领走。不料，他只在传讯室待了三四天就被升级了。至于原因，有的说搜他的宿舍，发现有刮刀（本是钳工使用的工具，街头痞子常常用以打架斗殴。那时公安局收缴流落民间的凶器，它都被列在首位）。也有的说，被他"教训"的那位伤重致残了，人家起诉到法院。当时许多小青年在"打砸抢"风气影响下，常常因为些微小事而使人致伤、致残，甚至致死的案件也屡见不鲜。

　　关在这里，无所事事，只提审一次，简单地问了问案由，没有深问。成天待着，没书看，没有人可聊。这里关得最长的也只有七十多天，似乎人人都耐不住寂寞，一开口就是性，就是女人。那位河北农民老程，别看四十多岁了，还挺活泼、花哨。是个农村文艺积极分子，他时常小声唱"文革"前的"情歌"《小二黑结婚》中

《清泠泠水来蓝格盈盈的天》，东北民歌《小拜年》《丢戒指》一类。并自述其结婚时妻子才十七岁，根本不懂男女之事，洞房跑出、他在后面追的情景，当着大家说，毫无腼颜……

我在这里待了十多天，一天看守叫我，同室的人说王老师，你该走了，别忘了我们啊！我也以为，没事，该放了。到了看守值班的小屋（拘留所前），他检查一下，并问我没落下什么东西吧？"没有。"我很快回答。看守无言，我问"没事了吧？""没事了。"看守回答。我可笑地客气地说了句"再见"，便拿了包，从拘留所往外走，快走到分局门口了。突然，从另一间屋子出来一个警察，喊我："王学泰，等等，还有点事。"我停了下来，他要我在院子等一会儿，我觉得有点不妙。过了十来分钟，开来了一辆带帆布篷子的三轮摩托。那个警察要我上车，我问去哪里？"市局。"我上了车，直奔北京。

传讯室这一段只是三年多牢狱生活的开始，很短暂，但我至今不忘。

三　我的第二个监狱

1 ｜ 摩托车上间隙

从另一个房间出来的警察就是任某。我问他为什么？他回答："市局还找你有点事，咱们一块去北京吧。"我要上车之前，突然警察拿出一副手铐，"这是干什么？"我有些吃惊。他说了一句通俗小说中公差常说的话："这是公事。"这一天是1975年3月23日。今天2009年12月23日忆述此事，整整过去34年半。

三轮摩托离开了房山县城，并未一直驰往北京，在向东行驰过程中，进了良乡镇（现在房山县迁到良乡镇）。摩托七拐八拐进入一个小胡同突然停了下来。警察下了摩托座位，从车棚子里拿出半麻袋东西，背到身上就走，刚走了几步又回过头对我说："我给家里送土豆母子去，你在车上等一会儿，不要乱走。"他这一去有两三个小时，估计是吃饭喝酒去了。因为从房山分局出来，已经十一点了，可能还没有吃饭。不过这个警察对我还真的挺信任，相信我不会跑。虽然上车前给我戴上了手铐，但铐子是狗牙形的活铐，可松可紧，他给我戴得很松，只要缩一缩手就可以退出来。另外，稍有经验的，用细棍状的东西（如火柴棍、头发卡子、曲别针等）就能把这活手铐捅开。这在传讯室时已经听那些常与公安局打交道的"油子"说过多次了。如果我想逃走,转个弯就是良乡火车站,上了火车,两三个小时就能到天津或保定,那就是另一番景象了。我的后半生经历也许改写。此时已经是春分时节,路旁的小草冒出了新芽,屋顶上麻雀叽叽喳喳地飞来蹦去,想起庄子《逍遥游》中所说的"决起而飞,抢榆枋而止"的"蜩与学鸠",感到在中国当个老百姓也都不容易,不知道什么时候会有不虞之灾的降临。所谓"闭门家中坐,祸从天上来"。

后来,同事中也有一位"文革"中坐过监狱的,我们常一起聊天。坐监狱之前,他的工作与我的工作却有天壤之别。那时我在农村中学,他在中央"文革"。当然"伴君如伴虎",靠近权力中心、再有喜怒无常的领导就更加危险。最后他也以莫须有的罪名被投进了监狱。有一次,我们说起"押送"(也就是《苏三起解》的"起解")这件事。他说,押送你的那个警察一点儿没有警惕性。他说,我被押送回老家贵州遵义之时,坐的是212中吉普,那时还在"文革"热潮中,人们的警惕性很高,日夜兼程。有天深夜,汽车在黑黢黢的十万大山中穿行。突然车停了,押送人员要他面对万丈深渊站立,不许回头。他说:"我望着黢黑的夜和山谷,心想这下子可完了。他们会从后面送来一枪,我就扑倒在深谷之中,从此消失于人间。我闭着眼等待最后时刻的到来,不料等了半天,后面没有一点动静。好像有人在撒尿,我也不敢回头看。过了一会儿,他们要我转过身来上车,212照原样驰行。突然我明白了,原来他们是要撒尿,怕我开车跑了,所以使了这一招。这可比押送你的那个警察的警惕性高多了。"

2 ｜ 半步桥边 K 字楼

摩托三轮进了广安门，又向东南驰去，在一座大铁门前，它戛然而止。此时铁门仿佛大舞台的幕布徐徐开启，小摩托徐徐而进，后面的铁幕又徐徐降落，从外面看，这个甲壳虫似的小车被吞噬了。这就是北京市公安局七处——预审处和看守所。

看守所与清朝末年实行新政时盖的第一模范监狱相邻，监狱的大门向自新路开，看守所大门向半步桥开。不过自新路是清末盖了第一模范监狱后，新开辟的一条路（原来这里都是农田、坟地），自新路是因监狱而得名；而半步桥则是老名字了，据说明朝时就有了，大约是因有此路名而建此设施吧。1980 年代，有一次我到上海出差，住在上海古籍出版社招待所，与何满子先生（前不久先生辞世，这里谨致悼念）聊天。他也数次倒霉，坐过数个监狱。他对我说，"很怪，为什么监狱老临桥而设呢？上海是提篮桥，南京是老虎桥、娃娃桥，杭州是六渡桥。"我补充说"北京是半步桥"。"半步桥"，有深意焉，人间、地狱（鲁迅曾说，中国的旧式监狱是取法于佛教的地狱，不但禁锢人犯，而且又有要给他吃苦的责任），仅半步而已。

半步桥在北京南城西南角，过去北京水多，南城地势低洼，水聚尤多，所以桥也多。再向西南就是北京西南角的右安门和城外的护城河了。当时公安局预审处负责最后结案，从这里移送北京市中级法院，准备判决。各个分局履行了逮捕手续的犯人也要到这里来结案，然后打回分局，由分局移送各区县法院判决。这里的代号是 402（信箱号码），犯人俗称 K 字楼（这里关押犯人的主建筑）。关

于"K字楼",诗人聂绀弩有诗云:

奇书一本阿Q传,广厦千间K字楼。天地古今诗刻划,乾坤昼夜酒漂浮。燕山易水歌红日,曲妇词夫惦楚囚。多谢群公问消息,尚留微命信天游。

《岁尾年头有以诗见惠者赋谢》

本来寒士切盼得到广厦千间的庇护,而"文革"期间许多有些向往与追求的读书人却无缘无故被收进了看守所的K字楼,何其荒诞!然而,"天地古今"需要诗歌形容与"刻划";而眼前"乾坤昼夜"却像在酒海之中昏昏沉沉、飘浮不定。现在K字楼拆了,但有了聂翁的这首诗,K字楼之名也就可以传世了。

半步桥看守所关押犯人的处所主要有三处,主建筑是K字楼,其监室多,功能齐全,超出其他两处数倍,乃至十数倍,虽然说不上"广厦千间",但"百间"总是有的,可以住上千个"寒士"。

K字楼,是钢筋水泥建筑,呈K字形。中间是大厅,四只腿是筒道,大楼三层,共有12个筒道。1970年代各筒的安排大体是:1筒关押的是重要政治犯;2筒、4筒关押外国人或特殊犯人;以上三个筒大多是单人牢房。3筒关押的是重病犯人,人称病号筒。5至12筒关押的都是男犯人。我在二层的5筒中的几个号里待过,聂绀弩先生1966年冬至次年秋住9筒1号。

五角楼,俗称"王八楼"。它是个红砖建筑物,是关押女犯的。共有两层,每层有5个筒道,共10个筒道,排号接着K字楼,是13筒至22筒。"文革"中著名导演孙维世和杨宪益先生夫人戴乃迭女

半步桥的 K 字楼仅剩下半壁墙和一个墙角的岗楼

摄于 2013 年初春

士曾关押在此。郁达夫先生的侄女、女画家郁风曾著文说戴乃迭女士受杨宪益先生的牵连也关在半步桥:"碰巧我当时也被关在半步桥同一所监狱,同一条甬道的不同监号里。我当时还不认识她,只是每天听到她在有人送饭时说谢谢。"

死刑小号院。这里有两个筒,排号为23筒、24筒。为死刑筒,俗称"枪号"。有的老犯人说,这里的平房原来是关押"高饶事件"中的饶漱石的。一人一个小院,挺清静的。"文革"起来后,把饶漱石转移了,这里才改造为死刑筒,成了令人恐惧的地方。遇罗克、沈元等都是从这里拉出去枪毙的。张郎郎有《宁静的地平线》(见三联书店的《七十年代》)详记其事。张郎郎是极少的活着走出死刑筒的犯人。这两个筒1975年被拆,在这里建起工作人员的宿舍楼,死刑待决的都被分到"K字楼"、"王八楼"相应的各筒,监管人员对他们说,把你们提到大号,有不死的希望了,要好好表现。这些戴着沉重的死镣、死铐的待决犯分到各筒,在放茅(上厕所)和放风的时候,他们沉重的铁镣在"K字楼"的水泥地板上拖出巨响,仿佛在过坦克车。

看守所本来应该是关押未决犯的地方,也就是实施了逮捕(签了逮捕证)以后,法院尚未判决的犯人。可是"文革"当中是"无法无天"的,这儿关押的有已经判刑的(我就见过好几位)、但当局认为不宜送到普通监狱与大量犯人接触的人犯也押在这里。听说反右时期著名的"右派分子"葛佩琦后被判15年,就没去劳改场,而在看守所服刑。1976年,我被判13年后调到关押已判刑号里,遇到号称"苏修第一特务"的谭自强,他被判20年,也没去劳改场,就押在这里。他的妻子(苏联人)判15年,关押在"王八楼"。更多的是以拘代判，有的连逮捕手续都没有履行，甚至没有拘留手续，就在这里关押着，有的一押就是三四年，我见过有押十来年的。粉碎"四人帮"后，批判这种做法时叫"以拘代押"或"以拘代判"，是典型的"封建法西斯专制"。

"文革"中，"K字楼"一度非常兴隆，迎来了许多专家学者，文人墨客，高官显宦，连佛教协会副会长巨赞大和尚也在这里关了八年。狱中关于他的传说很多。其中有一个是巨赞法师的自述："'文革'开始时，我做梦，梦见我在上山时，突然山上有八块巨石滚下，我紧躲慢躲，才脱过挨砸的命运，大约我要坐八年监狱罢。"后来果然是八年期满，赵朴初把他接回佛教协会。和尚没有家室，被羁押时，都是赵朴初给他送东西。另外如著名的翻译家杨宪益也在这里待过几年。黄苗子有诗云："十年浩劫风流甚，半步桥边卧醉囚。"就是指杨宪益博士"忽于半夜大醉之中，被送进半步桥监狱，酒气熏天，使同牢弟兄，馋羡不已"的故事。其他如王光美女士的母亲、叶帅亲属钢琴家刘诗昆、前宗教局长徐迈进、小提琴演奏家杨秉荪、男高音演唱家刘秉义、作家诗人聂绀弩，还有前面提到的郁风、孙维世等都曾聚集在这里，可以说是才俊云集，极一时之盛。聂翁还有一首诗记录"K字楼"的盛况：

你也来来我也来，一番风雨几帆歪。刘玄德岂池中物，庞士元非百里才。天下祸多从口出，号间门偶向人开。杂花生树群莺乱，笑倒先春报信梅。

这哪里像监狱，简直像开Party一样，各路英杰才俊，欢聚一堂，其乐融融。这首诗是赠给老朋友梅洛的,题为《赠老梅》。梅洛曾是国家物资总局科教局长。这些老一代知识人,口无遮拦。在"天下祸多从口出"的时候,进K字楼一趟,就不可避免,"号间门偶向人开"是极其自然的。当然"K字楼"不像聂翁写得那样美——"杂花生树群莺乱,笑倒先春报信梅"。首先这里的吃,量太少,质太糟。特别是聂翁进K字楼的1960年末,那时粮食8两,伙食费6元。又规定不准家里送任何食物,所以在看守所里根本不可能吃饱,长期处在饥饿状态,饥饿是坐监狱最大的困扰。听说这里的定量是解放初由北京市公安局长的助理制定、局长批准的,"文革"中这位"局长助理"也进了K字楼[1],此时,他才感受到伙食标准太低了。聂翁笔下的"杂花生树",大约指的是朋友多了,可以互相安慰。"老梅"也应该是这些杂花中的一株,"报信梅"来了,这是否预示着将有更多的朋友莅临呢?大约只有聂翁他们那一伙才知道。

我是1975年到这里的,"文革"之初乱抓乱捕的情况已有扭转,老干部大多被释放,有的还被"落实政策"了。也有少数被判刑的,甚至被判重刑的,像聂翁就以七十高龄,被判无期徒刑,被押到山西服刑。我到K字楼,大有冀北空群之感。

在看守所时,常听一个老看守(大家称他"老队长")说的一句话,"我们这里与前几年不同了,那时大批地来,大批地走,日夜

---

[1] 管监狱乃至兴建监狱的人自己也坐了监狱,这是常事。我见过多起。例如监造秦城监狱的原北京市公安局长冯基平"文革"中就被关在秦城。湖南诗人胡遐之原是重庆大学的中共地下党员,1949年随军接管湖南衡山县公安局,留下工作,曾负责修建监狱,他说"当时重在防止逃跑,狱中生活条件多未考虑",不料"文革"中他自己蹲进这座监狱,有诗记其事云:"孰料残冬入狱时,北风抖索冻难持。当年愧少言人道,苦果自吞能怨谁!"

不停。现在都已经是神的归庙，是鬼的归坟了。"此时的犯人大多是"一打三反"运动中出事进来的。

3 | "号间门偶向人开"

进了看守所，第一件事是搜检，我从房山分局带来的东西被一搜而空。身上的几十元钱、手表、书包、书包里的侯外庐的《中国近代启蒙思想史》和王夫之的《庄子解》等都被留在储物间。最后把搜检一空的我带进了K字楼5筒。进了一道带锁的筒道门，看守打开一个"号"的大铁门，屋子空空的，一个人没有。屋子大约有二十平方米，门在中间，对着门是通道，宽度约八十公分，通道两边是炕箱，即用木板做的矮炕。高度二三十公分，不到三十公分。这个炕长约四米，宽约一米八，可并排睡八人。看守所之所以不做高炕是为了防止自杀，因为炕高，晚上睡觉时，把一个重物做个套儿，套在脖子上，就会有上吊的效果。晚上睡觉，要把腰带、眼镜等有可能自残的物品统统交出，第二天早上再发还。那位老队长说，监狱所有的制度和纪律都是血铸成的。

我一人呆呆地坐在炕箱上，思想集中不起来，不知道该想什么，或不该想什么，大脑一片空白。突然阿Q老兄来相助，"似乎觉得人生天地间，大约本来有时也未免要"被关起来的，这样一想，仿佛稍稍轻松了一些。阿Q真是我们的国粹，历百年而不朽。后来读到聂翁的"号间门偶向人开"，感到非有此经历者，很难知此句之妙。一个人在家老老实实地读书，不知什么原因，突然公差破门而入，不由分说，把你揪到官里去。监狱的"号间门"，悄然自开，把一个个吞吃进去，无声无息，一切皆属偶然。后来，有些偶然出来了；有些则跌入深渊。

一会儿号子的铁门开了，看守拿来一个半窝头，半碗咸菜，半桶水，放在炕箱上。说这是你的晚饭，你还没吃饭吧？此时我才想起，原来早上从房山分局出来，到现在（下午五点多钟）已经快一天了，还什么都没吃呢，但虚火上升，肚子一点也不饿。躺在炕上，胡思乱想。一会儿睡去，一会儿醒来。看守所的号子里，夜间是不关灯的。这是第一次进看守所的人最不习惯的。听老犯人说，解放前在看守所关押是一天顶两天的，因为晚上不关灯，人睡不好觉，等于两个白天。如果你在看守所待了半年，将来顶一年的刑期。我不知道解放前的监狱制度，不知这是否为真。然而无产阶级专政肯定是不讲资产阶级"那一套"的。

监室不会久空的，我进来不久便陆陆续续来了三四个，第二天号里就有十来个人了，接近满员。新进来的，大多是第一次进监狱，他们战战兢兢，满脸惶恐，苦不胜言。但只要待上三四天大多也就习惯了，每天照样有说有笑，苦中作乐。有个四十多岁的中年人在上班路上与人打架直接被送进K字楼（这种现象极少），第二天晚上吃饭，菜是煮芹菜，他用筷子挑着芹菜叶说："我四十多了，吃过、见过也算不少了，但我今天才知道芹菜叶也能吃！进监狱真他妈的长知识。"逗得全号哄堂大笑。这真有些像普希金诗中所写："上帝本没有赐给人幸福，习惯就是他的礼物。"

一进看守所，听见"K字楼"这个怪名字，只要稍有文化的都爱讨论为什么叫"K字楼"？有老犯人说，"K字楼"国际通行，"K"是英文监狱的第一个字母。"K字楼"是解放初造的，那时抗美援朝战争还没有打完，如果仗打到北京，飞机轰炸，不会炸监狱的，这里又不是军事目标。因为有"K"的标志，空中的飞机一看便知，战争时这里反而很安全。说完他还很得意，好像买了安全保险似的，一脸洪福齐天的劲头。实际上英文中的监狱，第一个字母是"P"，俄文监狱第一字母是"T"，都与"K"字无关。因此"K字楼"绝不是国际通行的监狱模式。我想大约"K"字就是取看守所的"看"字第一个字母（汉语拼音）。

看守所是一天三顿饭，早上是玉米面粥一碗、窝头半个、咸菜一小撮。我在K字楼期间，早上的食谱从来没有变过；中午是窝头两个，汤菜一碗；晚上是窝头一个半，汤菜一碗。星期天、节假日是两顿饭，即把早饭取消，晚上的窝头改为两个。改善伙食的日子，也只是改善中、晚饭，早上的几乎是雷打不动。这里用"几乎"是说也有极为罕见的例外，据在这里待过数年的老号说，有一次早饭是油饼和玉米面粥。这顿"油饼"在K字楼犯人口中流传了数年之久，为许多老犯人津津乐道。

一天放两次茅，"放茅"是监狱术语，就是上厕所（北方称厕所为茅房）。程序是由看守（通称"队长"）打开监室们，犯人出来进入厕所，厕所与监室在一个筒道里，距离很近，十秒钟就都进入了，此时看守将厕所门从外面插上，五六分钟，厕所门打开，队长就急切地嚷"快点"！"快点"！！"快点"！！！……（"快点"是我在监狱中听得最多的一个词，乃至出狱之后，对这个词很敏感。正像张郎郎的父亲、大画家张仃先生经过"文革"之后对于红色敏感一样）。待犯人都回到监号，把监号锁上，此次放茅就算结束。碰上心眼、脾气俱好的队长，有幸能够按照规定时间放茅，遇到脾气急、或要拿犯人寻开心的，也许厕所门刚插上不到一分钟，就又开了，随之直着嗓子吆喝"快点儿"！也有时，筒道就这一个号有人，把犯人轰到厕所，队长插上门走了，也许半个钟头、四十分钟才回来。十几个犯人就要在一个六七个平方的小厕所中熏着。

一周两次或三次放风。放风就要出 K 字楼，"风场"在 K 字楼东侧，一排有十几间。每间"风场"比监室略大，大约有三十平方罢。它与监室的最大区别就是没有房顶，但在比房顶略高处有一行走的通道，上面站着几个背枪的军人巡逻，看下面风场中的犯人有没有不法活动。风场是用红砖砌的，里面也没有挂灰，放风的犯人常常在红砖上刻下文字，以表意达情。其中有几个字至今不忘："大师兄走了"，不知是什么意思，但其中表达的惋惜、惆怅、哀怨是在 K 字楼的人都能切实感觉到的。后来听说，所谓"大师兄"不过是北京两个流氓头目中的一个，似乎名字叫陈永安；另一个叫大山子。大山子毙了，大师兄判了二十年，用飞机运回新疆服刑（他的户口在新疆），新疆不收，又运回来，赶上1976 年"严打"，还是给毙了。

4 ｜ 预审、逮捕、审判

到 K 字楼住定下来的第一件事就是"照相"。这是拘押犯人之后必不可少的程序，为判刑之后验明正身时使用，免得被人调包。调包的事儿，在监狱屡有发生，直至今日，仍有传闻。最有名的是抗日战争胜利后被判死刑的汉奸（正名应称"满奸"）川岛芳子（金璧辉），报纸报道了在北平第一监狱执行死刑的过程。然而当时就有怀疑被调包，1980年代经过专家的细心考证，确定行刑时川岛芳子被调包，他们甚至找到并查验了被处死刑的妇女的骨骼。确证这是一个有过生育历史的农村劳动妇女的骨骼，而川岛芳子根本没有这方面的经历，说明死者是顶替的，川岛芳子得以逃脱。

看守所的照相室在K字楼东面的一排平房里，与普通照相室一样，屋门、窗子被黑幕布遮盖，一架台式照相机，五六台聚光灯；不同的是，这里没有化妆间，连个梳子也没有。被看守领进的犯人哪怕蓬头垢面，也是进屋坐定，在犯人胸前用别针别个写着犯人名字的白纸条，咔嚓一声，即告完毕，再由看守领人回牢房。有个从山区来的犯人，从来没有照过相，还问照相的警察，什么时候给他照片？他好寄回家去？照相的警察笑弯了腰，领他来的看守嫌他啰嗦，气得骂了他一顿。

到K字楼不久就被提审。预审室很简陋，与普通的办公室没有多大差别。给我印象最深的就是犯人坐的凳子的腿儿是铁的，而且是牢牢地铸在水泥地上，不能撼动半分，大约是防备犯人以凳子为武器袭击审讯人员的罢。

这里的审讯与文教局的干部逼迫我交代问题时态度不同。文教局的干部总爱讲一讲大道理，比如他们是如何站在无产阶级立场上与我的反动的资产阶级思想作斗争呀，揭发、批判我的反动思想就是防"和平演变"呀，等等。而且有事儿与没事儿的地方，都要问一问，仿佛是秋天收枣，有枣没枣，都要打上几竿子，或许有点意外的收获，把案弄得越大越好。

这里的预审人员没有这一套。他很实际，一开始就说："王学泰，我们俩没冤没仇，你也没有把我们家的孩子抱到井里去。今天我审讯你，是因为我挣这56块钱。"的确如此，在审讯时，他也没有多开渠道。因为我的事儿就是几句话，"话"这个东西，说过之后，无影无形，当时也没有录音，人的记忆也不那么可靠。如果他有意扩展，这种事儿是没完没了的。

如果就以言治罪的时代而言，我有个致命的弱点：我说过的话，不管对错，哪怕只与一个人说过，人们问起来，假如我还记得，也总是情不自禁地想承认，很难紧咬牙关，死不认账。如果真没有承认，事过之后，内心总觉得有些不安和亏欠。"文革"当中有许多人，不仅是食言而肥，甚至能够当时说的，马上就矢口否认，用号里犯人经常说的一句话就是"提上裤子就不认账"，这也是能耐。我真是做不到这一点，几十年连续倒霉，也是势所必至，理有固然。

虽然因为言论问题倒过多次霉，可是爱说的习惯总难彻底改掉。只能在单位和大庭广众下说话谨慎一些，而在朋友、特别是多年的老同学、老伙伴之间真是不能做到一句真话没有。前面说过，我的事情就出在一个老同学身上。

预审员也是抓住他认为的"要害问题"——攻击江青。其中介就是《推背图》，正是由此而引发对江青的批评的。我也理解这在当时是犯大忌的。自从林彪倒台之后，虽然公开的政治排位，江青位在七八之间，但在政治现实中除了毛主席外，她自然就成了第二个不能批评议论的人物。我也知道，只要说到江青，不论说好、还是说坏，都可能成为罪状。理解这一点，我本能地回避，只能说记不清了。预审员穷追不舍，他拿出《推背图》第四十二象的图片，那个怀抱琵琶、"此时混迹居朝市，闹乱君臣百万般"的女子，就在眼前。预审员直逼着我的双眼说："记不记得这张图了？"我只得承认记得。他紧接着说:"好。既然你记得这张图,说说它的来历吧。"我只好叙述得到这本书的过程和用途。"好。你说的这些都是正当的。如果你与《推背图》的关系仅限于此,我们也不会找你了。关键是你把这本书借给章某,以及你借给章某书时与章某说了些什么?"我当时觉得这位预审员还算通情达理,但从他的话中我也直觉到"议论江青的任何话都是犯罪"。然而,我思想深处还是存着侥幸,总觉得尽管我与章某谈论过江青,但并没有扩散,这哪能算犯罪呢?预审员:"你想不起来,不要紧,我给你提个醒。你与章说,那个女子像谁?"话说到这里,我也不能假装糊涂了,只好承认。承认了我们私下的不当的议论。

按说私下的议论,不管对不对,影响也就在二人之间,当时我不觉得这是严重的罪行。现代文明社会没有据此治罪的,只有中国古代的法律才有因言治罪的。《唐律疏议》中就有"指斥乘舆"罪。"乘舆"指皇帝,"指斥"指"言涉不顺",也就是"说坏话",言臣民不许私下议论皇帝,如被发现,视言论的轻重,重的则有被杀头的危险。然而,历代还没有法律规定不许臣民非议皇后、嫔妃与大臣。古往今来也没有臣民因为议论嫔妃而入罪(如果事涉宫廷内部争斗除外)的。法律上更没有"指斥凤辇"罪。我承认议论了江青,使预审员松了一口气。但他认为我对这件事的严重性毫无认识。

他说:"你以为这是小事。你轻松地说:'我们不应该私下议论江青。'这是私下议论?这是恶毒攻击无产阶级司令部,是反革命活动!是进行反革命宣传!制造反革命舆论!"我问:"如果与别人说话就是行动,那么'言论'与'行动'还有没有区别呢?"他回答很干脆:"你自己与自己说,别人没听到,才是言论。"这真是令人哭笑不得。

预审员还就章某交代的一些与我私下的谈话进行了核实。如说"上海派"（指当时上海《文汇报》所代表的张春桥、姚文元等人的政治立场）"反周"。他问：你有什么根据？我说只要注意看报，谁看不出来？本来作为"法家"的李斯受到吹捧，可是近来却转而大批作为"宰相"的李斯对于秦朝"二世而亡"负有不可推卸的责任。《文汇报》一连发表了好几篇批判西周的"周公"和"批宰相"的文章，这是不是在影射周总理？预审员说，你这样说是在"分裂无产阶级司令部"！当时我感到特别好笑，一个普通的无拳无勇的小民，却有"分裂无产阶级司令部"的能量！真是不可思议。后来又问了关于手抄小说《第二次握手》，这是我从弟弟那里看到的，那时这本小说在青年工人中流传很广。这些"文革"前夕参加工作的青工，多是初中毕业生。八九年的"文革"，文化被剿灭了。除了装模作样的样板戏外，文化领域是一片沙漠。《第二次握手》虽然在艺术上不甚成功，但其题材的新颖，还是让青年人大开眼界的，许多青工竞相传抄。记得我弟弟是抄在一个日记本上的，许多人传看过，不知谁揭发的，也向我核实。我这次出事也给家里带来了许多麻烦。

有一次我问预审员，《宪法》中也有保护"言论自由"的条款啊，现在《宪法》并未废止。审讯员回答："《宪法》是保护人民的言论自由的。你是阶级敌人，当然不保护你的自由。"我说："我本来也是人民。"他回答："你看看你那些言论。你是人民？人民有你那样说话的吗？从言论来看就证明你是敌人！"这真是"互为因果"。因为你是"敌人"，所以不给你言论自由；而"敌人"的定性又是由"言论"而起。

不过预审员并不太在意我如何认识这些问题,只要我认账,他的任务便完成了。我的印象中,他只提审了我两次,主要问题(议论江青)认了,也就完了,最后他让我在交代上签了名、按了手印,完事。此后一直被拘留,既未升级(逮捕),也未处理,不知在等什么。此时我还有些幻想,希望邓小平主政,对于极左路线有所抵制、削弱。没想到正因为邓搞整顿、力图清除"文革"中的一些极端做法而遭到"四人帮"等的排挤和打压。"无产阶级专政下继续革命的理论"来势汹汹,不久激变为"反击右倾翻案风"。终于许多中国人耐受不住了,爆发了轰动一时、长存青史的天安门"四五事件"。左右矛盾的激化,使我感到前景黯然。

"四五"之后,北京实施了大镇压、大逮捕。K字楼突然兴隆起来,来了大批的年轻人。本来K字楼的许多监号不能满员(每号满员是16人),还有空号。这时大多监号都塞到20人,甚至22人、24人,非常挤,只能侧着身睡,睡觉翻身也要一起翻。有的监号还让新来的犯人睡在两边炕箱中间的水泥地上。此时"放风"停止了,伙食质量也直线下降。全监开了数次宽严大会,重点在严惩。

1976年"五一"之后的宽严大会抓了两个典型:一个是清华大学的工人,所谓罪行,是誓死对抗无产阶级专政,拒不认罪,在监狱中哀悼蒋介石之死,以及反对无产阶级文化大革命和批林批孔运动,判处无期徒刑;另外一个是给党中央写了大量的反革命信件,被审讯一百余次,拒不交代,判处有期徒刑20年。全监惶惶然。

后来得知,前一位是清华大学的张姓工友,山东人。其父是烈士,其母是淮海战役的支前模范。这个工人也是自幼参军,早年入党,后来复员转业来到清华大学当了一名水暖工,平常工作积极,没有任何瑕疵。"批林批孔"运动中要每个人都表态，正像胡适所说，人们没有不表态的自由。因为张某是山东人，从小头脑中就有孔子是圣人的印象，所以在表态中有个疑问："俺们山东人都说孔子是圣人，怎么成了林彪一伙的了？"那时"四人帮"的爪牙迟群、谢静宜掌握着清华大政（让两个仅有初中文化水准的大兵去领导中国所谓的"一流大学"也属旷古奇闻），为了突出"阶级斗争新动向"，便抓了这个"反对批林批孔"的典型。其实这位张工友仅仅是因为困惑而提的问题。然而他不懂得在重大政治问题上，老百姓不能有疑问，是没有"不明白权"的。他自恃根红苗正，有恃无恐，当然不服，坚决抗拒。于是，铁面无情的"无产阶级专政"就给了他点颜色看。最初，张工友决不会想到，他会经历政治运动中被打击对象所要经历的全过程。先是在小单位批斗，然后转到全校，小会大会，不服，送监管队。先是"半托"（白天监管，晚上让回家），到全托（不让回家）；先是"人民内部"，转为"敌我"；再不服，从"触及灵魂"到"触及皮肉"。老张气疯了，抗议、闹场，毫无作用，最后被送到公安局，更不服，绝食大闹。K字楼的看守常说："这里是专政机关，不仅不怕你闹，而且有的是方法，来对付你闹！"看守派犯人看着他，并说："三天之内不吃甭管他，饿不死。"到了第四天，把老张五花大绑捆上，仰面朝天，放在地面上，从鼻子里插上胶管，通到胃中，胶管顶端插个漏斗，从漏斗往胃里灌玉米面粥。

因为老张拒不认错，在监狱里也是不断升级。犯人看出当局要整他，也纷纷落井下石。1975年4月5日清明蒋介石去世，早上七点钟广播就播了这条新闻。恰巧那天早上张某也正在绝食，监督他的犯人看张不吃饭，给他上纲说："今天蒋介石死了，你不吃饭，就是哀悼蒋介石。"张某大叫："就哀悼蒋介石，你能把俺怎么样？"这句话一出，马上成为看管他的犯人"报功"的材料。"哀悼蒋介石"的罪状远远高出原先的"反对批林批孔"了。于是，1976年"五一"节前的宽严大会上，他就成了与"政府"对抗到底和死不认账的典型，被判无期徒刑。他的主要"罪状"也变成为"哭蒋介石、为国民党反动派招魂"，真是莫名其妙。听说这位身高一米八的山东大汉进监狱时膀大腰圆，到宣判时已经瘦得不到八十斤，连站也站不稳了，根本不能去劳改场，只好被送到延庆北京劳改系统的老弱病残队。"坦白从宽，抗拒从严"的政策，有时重点是看"态度"。越是没有罪的，越容易被"从严"，因为这样的人肯定不认罪、态度肯定不好。

那位所谓给党中央写"反革命信件"者，是个忧国忧民之士。其父是负责财政的领导干部，他也知道一些国家经济方面的问题，因此本着对国家负责的精神给毛主席写了二十封信，表达他的忧心与建议。不料被抓到K字楼。由于其父是老干部，又在北京市委担任一定的领导职务，不知道哪股政治力量想通过整他，扳倒他父亲。此人是1950年代北京大学历史系毕业的老大学生，认死理，拒绝与K字楼当局对话合作。他认为当局首先犯了法。当审讯他时，他问："你们这里是什么地方？""北京市公安局预审处。""我给毛主席写信，怎么到了你们这里？是毛主席转给你们的？如果不是，你们胆敢扣压毛主席的私人信件，侵犯毛主席的通讯自由，你们该当何罪？"大约公安局还没有遇到过如此较真、并与他们针锋相对的犯人，自然火冒三丈。双方你来我往，各不相让，对立不断增长，越来越僵。当时的审讯也是两种战术，一是疲劳战术，不让睡觉；二是人海战术，增加预审员人数，给人犯造成心理压力。他被提审一百多次，除了不让睡觉，还受了不少皮肉之苦；审讯员人数也不断增加，最多曾高达百十人，企图以声势取胜。最后，这个老大学生也成为"从严"的样板，被判有期徒刑二十年。然而，一年以后，他保外就医了（审讯时，被打坏了腰）。

"四五事件"之后，监内气氛日益收紧。1976年5月10日，"市中法"来找我，拿出一张"逮捕证"要我填。法院的来人指着这张纸对我说：你的问题与"天安门反革命事件"差不多，都是分裂党中央，恶毒攻击无产阶级司令部、诬蔑无产阶级文化大革命、诬蔑"批林批孔"运动。并说"为了配合打击天安门反革命事件，对你实行逮捕，你签字吧"。这在实行法治的今天，会被视做笑话的。可是在当时，这些是说得义正辞严的，仿佛背后有真理正义作为依靠。要处理惩罚一个人，不是因为他犯了什么罪，而是由于政治形势的需要。

1976年7月26日，刚刚睡起午觉，看守就把我叫起来，带出K字楼，前一天夜里下了点雨，楼外的水泥地面显得很干净。楼外停着一辆212吉普，从车上跳下两个法警，问："你是王学泰吧？"我说："是。"一个法警马上拿出手铐给我戴上，上了车，出了看守所铁幕似的大门，向西北驰去。不一会，经过虎坊桥，和平门大街、北京师大附中，到了西交民巷，再一拐进入刑部街（现在已经拆除），到了北京市中级人民法院。我知道这是走入司法系统，非判刑不可了，直到此时我才打消了过去许多不切实际的幻想。法警把我带到候审室就走了，那是一间不大的小屋子，屋子里用一米多高的小木栏杆隔成数间，每间有个小凳子。我在其中一间坐下来，还没有来得及打量周围，就听得屋子的一端有个小姑娘在啜泣。我很好奇，看她也就二十岁左右，就问："什么事？"她停止了哭，回答"天安门事件"。我的印象中，"四五"的案子，还停留在预审当中，绝大多数还是拘留，没听人说，进入司法程序了。我问："怎么这样早就到法院了？"她说，似乎法院找她来证明什么，并非是审判。后来，因"四五事件"而被捕的，大都在1977年释放了。

1970年代人们基本上没有什么法律意识，包括执法、司法人员。每次审判的判决书上虽然也堂而皇之地写道"特依法判决如下"，但"依"的什么"法"，不仅被判决人不知道，恐怕谁也不知道。因为"文革"中"公检法"已经被砸烂，"法律"是反革命修正主义路线的产物。历史学家唐德刚说当时是"两部法律（《宪法》与《婚姻法》）治中国"，实际上连《宪法》也是"告朔之饩羊"了。1975年初"四次全国人民代表大会"才通过了新宪法。"依法判决"不能说"依"《宪法》吧。

一会儿，法警把我带到一间不大的办公室。一位女审判员向我宣布（76）中刑反字第46号"刑事判决书"。判决书中说该院查明1972年到1973年伙同反革命分子章某"互相散布反动言论，恶毒攻击无产阶级司令部，诬蔑无产阶级文化大革命运动和批林批孔运动"，"罪行严重，性质恶劣"，以"现行反革命罪，判处有期徒刑十三年"。一张纸，几百字，既没有罪行内容，更无证据，便轻易剥夺了一个人十三年的自由。

5 ｜ K字楼的吃

人一进了监狱，两眼一抹黑，谁也不认识，允许看的书又仅限于《毛选》四卷和马列著作，那么最关注的就是人的动物本能——"吃"了。

1974年，毛主席有个关于"监管"的指示"要把犯人当人看"。这个指示不仅向监管人员宣读，也要求向每个犯人宣读。随着这个指示，犯人待遇要比聂翁他们在K字楼时好一些。我到看守所的时候，基本能吃饱。定量每天增至1斤，除了节假日，每天3顿饭，上午2两，半个窝头，1碗玉米面粥；中午4两，两个窝头；下午两个窝头，基本上可以吃饱。伙食费每月12元5角。

十二块五的伙食费在当时不算少了，大学生的伙食费也是这个价码，城市中的一般家庭，如果人口多的，还达不到这个标准。有个老看守就说："十二块五，伙食费不少了，就是没给你们细做。"有个年轻犯人跟他很熟，开玩笑说："老队长，如果再细做，炮楼（看守所四角的瞭望楼）的机枪就不冲里，得要冲外了。"老看守说："为什么？""大家都想进来吃呀。"惹得号里哄笑。

"没细做"，这是真格的。判了刑，到了"一监"，同样还是十二块五，而且粮食还比看守所多出10斤（因为要从事体力劳动），而伙食的质量比看守所高出一两倍也不止。为什么？关键是谁安排伙食和谁做。"一监"是犯人自己做饭，自己安排伙食，每月报计划由队长出去采购，做得好不好是他们的劳改表现，而且他们自己也在这里吃，做得好了自己吃的也舒服。而看守所则是雇人做饭（可能工资也从这十二块五中出），从右安门生产队雇的临时工。这些临时工大多是青年，那时农村收入还很低，伙食指标远吃不到十二块五，因此看着犯人吃饭就生气，你一个罪犯还吃这么多钱？不由得因嫉而生恨，常常与犯人发生冲突。甚至用饭勺子殴打去打饭的犯

三 我的第二个监狱 …

人，做饭时能把粗糙发挥到极致。这是时代风气，以能虐待不能反抗的弱者为一乐。

看守所炒菜的"锅"很奇特，就像澡堂子里的洗澡池子，四四方方，四周贴有瓷砖。这样的"锅"不能用火炒，只能用水煮。煮菜流程是先用铁锹把菜铲到置放在池子边的粉碎机的传送带上，（"粉碎机"与养牛场做青储饲料的粉碎机一样。）菜从传送带送进机器，槽口有三把像室内吊扇扇叶一样的大刀片，快速旋转，把菜切断，由卷扬机喷到煮菜的池子里，在池子里洗一遍或两遍，水放尽，再放进新水，开高压蒸气（高压蒸气管在池子底部），一百多度的高压蒸气，不用几分钟锅里的水和菜就沸腾了，时间稍长就能把菜的魂摧没了。煮菜之间，或加上点廉价酱油，或加上桶盐。有时煮着菜炊事员出去了，也许就忘了加盐，犯人吃到的就是白水煮菜，或者加了一桶盐后，出去聊天，回来时忘了，可能再加一桶，其结果可以想见。反正这些身为"人民"的炊事员，谁也不会去尝一尝菜的口味，因为在牢狱中打工的"人民"有个禁忌，好人不吃牢饭，所以看守所饭菜的口味就很可怕。

第一是泥多。因为菜是煮的，多少都会有汤，吃完菜后，碗底必有土。初进看守所的人受不了，怕生病。其实尽管菜中有泥，但绝不会有细菌病毒，因为高压蒸气能超过摄氏100度，就是最耐热的结核菌也受不了。犯人吃了绝不会拉肚子，监狱当局比犯人自己更怕犯人拉肚子，坐监久了，身体的抵抗力全面下降，一传染不得了。那时，人们也还不懂高温除不去的重金属、有毒分子链等，这些比细菌病毒更危险。没有洗净的菜中会不会有？谁也不知道了。大体上说，当时使用化肥农药还较少，土地污染也较少，菜尽管脏，大体上还算安全。

第二是菜无营养。本来蔬菜也富有营养，可是其做菜的方式使得菜中的营养消失殆尽。用粉碎机切菜，菜切得过碎，煮得过熟，大约除了纤维素以外的营养都破坏掉了。

第三是最大限度地发挥菜中的恶味。比如黄瓜是很好吃的菜，可以说是介于水果与菜蔬之间的。我曾下放到北京远郊的山区，那里没有菜园子，黄瓜种在大田里，栽在玉米旁边，也不浇水，虽然产量低，但黄瓜鲜味极浓。在屋里切根黄瓜，满室香气四溢，能持续很长时间，当地人很少吃水果，以黄瓜为美食之极品。青年人订了婚，有件必行之事，就是到北京去采办结婚物品。他们回到村子时，如果碰到乡人，必然会问："去北京啦？这回黄瓜可吃足了吧！"黄瓜在当地人心中是如此珍贵。我这次在K字楼真是"吃足了"黄瓜。有时能持续吃上好几十天，而且不管嫩黄瓜、老黄瓜、好黄瓜、烂黄瓜，一锅烂煮，煮到不成片，连黄瓜皮肉都分不清了，一扫黄瓜的清香，最大发挥了烂黄瓜的恶味。煮黄瓜只要一搭进筒道，黄瓜恶味马上弥漫于各号，闻着都头疼，别说吃了。可是天天如此，不吃肚子饿，只好捏着鼻子吃。有一度接连几个月都是黄瓜、胡萝卜轮流坐庄。号里人开玩笑说，"我们过珠宝市儿（北京大栅栏儿中一条街名，解放前以卖高档珍贵饰品著名）可要被高看一眼了，脑袋不是翡翠的，就是玛瑙的"。

有人会问，既然伙食如此之糟，"十二块五"上哪儿去了，是不是都被贪污了？我想也不是，起码没听说过，而是钱被胡乱花了，有时这比贪污更可恶。经济学不是讲吗？花钱有四种方式，自己的钱给自己买东西最省；他人的钱为他人买东西最费。如果再加上一条的话：

自认为是"良民"的人花犯人的钱为犯人买东西，那是费之又费，一分钱的东西是能用天价来买的。举个例子，黄瓜从菜园摘下来一直吃到市面没有为止，前后能吃半年多；黄瓜价格有一个从高到低再到高的过程。为自己买黄瓜的都要想一想，什么价格时不能买，什么价格时可以多买。高价位黄瓜买回来，制作和吃上都会有很多讲究。监狱里不管这一套，过春节了，黄瓜已经是人参价儿了（当时还没有塑料大棚，暖洞里出来的黄瓜可以卖到三四元一斤），照买不误，买回来照样拿高压蒸气摧不误。一闻味就头疼的黄瓜汤可能是用三四块钱的天价买来的。那时卖菜只有国营菜站，高档价位的菜来了，长时间卖不出去，菜就蔫了，越蔫就越卖不出去，眼看就要送垃圾站了，菜站的职工就会与看守所买菜的说，"拉回去给犯人吃吧"，尽管菜已经由蔫到烂了（自己花钱绝不会买），但价码不能变。不能让国家受损失、让犯人占便宜啊。您想，这样花钱，别说十二块五，就是一百二十五也照样花出去。1978年，平反出狱后，原单位按照中央平反冤假错案的规定要补发工资，但又要从工资中扣除伙食费，每月十二块五，理由是你不进监狱也要吃饭啊。杨宪益先生出狱后补发工资扣监狱伙食费是每月6元，他开玩笑说，"这像度假一样，伙食费自理"。我平反出狱之后，补发工资时是每个月按照十二块五扣除。

  看守所每周有两顿细粮，或白面，或米饭，有两顿肉，也是用蒸气煮的，这种做法只能把油和瘦肉分离，很难激发肉的香味。用盆子把菜打回来，能看到菜上面浮着一寸多厚的大油。老年人把分到菜的浮油撇下来，放在自己的水缸子里，分几顿食用，放到平日的菜里（平常的菜基本没油）。由于长期坐监肚子里亏油，年轻人能当场把它喝下去，但跑肚拉稀是不可避免的。"四五事件"之后到

1976年8月初我离开看守所这四个月中，犯人伙食中的细粮与肉食基本免掉了，这也是社会上阶级斗争尖锐化的一种表现吧。

吃是坐监狱的人们最永恒的话题，因为饥饿每天如影随形地陪伴着我们。

1976年"四五事件"之后，牢饭的质量大幅度下降，而且量也不足了，窝头个儿越来越小。大多数人更感到饥饿难耐，不知道看守所是如何保持"十二块五"的。我与一位工艺美院毕业，在印钞厂负责人民币设计的狱友把唐人王建的《宫中调笑》（团扇，团扇，美人病来遮面。玉颜憔悴三年，谁复商量管弦。弦管，弦管，春草昭阳路断。）改为：

蒲扇，蒲扇，犯人睡觉遮面（因为睡觉不关灯）。黄瓜吃了三年，不要一个小钱。钱小，钱小，窝头越来越少。

6 ｜ K字楼中的日常生活

这一节的题目读者可能感到很奇怪，难道犯人、特别是押在看守所的犯人也有日常生活？当然这种日常生活不同于正常人的日常生活，犯人日子尽管艰难，但也得要过呀，一天天积累起来的无数个日子就是"日常生活"。

犯人的日常生活是极有规律的，每个监号里都有一个小喇叭，看守所就靠它每天对犯人发出指令。早上六点钟，小喇叭响了，开始曲是《东方红》，此时犯人起床，队长开始打开一个个监号"放茅"。"放茅"三五分钟，在这段时间内要完成两件事，一是大小便，二是洗脸刷牙漱口。7点听中央广播电台的"新闻联播"。7点半吃饭,看守所雇的炊事员把粥桶和装窝头的笸箩抬到筒道,号里出两个犯人打全号的饭。8点开始学习。所谓"学习"就是读《人民日报》。监号的铁门上有个小窗户,外面的看守可以通过它看到号内犯人的一举一动(听说现在改成了闭路电视监视,这比小窗户先进多了),而号内的犯人从这里是看不到外面的。学习时间内,看守常常在筒道中来回走动,并常常通过小窗户查看各个号内犯人的表现,所以学习时间内就是学习,如果闲聊,甚至打闹,马上就会有看守打开小窗户加以制止或斥责。11点半吃午饭,12点半睡午觉,2点起床,2点到5点半学习。5点半到6点吃晚饭。6点到晚8点无安排,犯人可以干自己的事,如缝缝衣服、闲聊一会儿等。晚8点听中央台"新闻联播"。听完后学习到晚9点半。晚10点睡觉。睡觉就一点动静也不许有了,此时看守的查看要严于"学习"时间,哪个号稍有异动,他们就会打开小窗户看看(不轻易开门),因为夜晚最易出事。放风安排在上午8点半后或下午2点以后。上午11点左右放茅一次,下午4点半左右再放茅一次。这就是K字楼犯人一天的作息时间表,也是这里犯人一天的正常生活。

从上面的介绍中可以看到犯人一天紧张而有序的生活中,几乎没有安排读书时间。"学习"似乎与读书有关,实际上只是念报纸,或者是胡乱议论一番。很少有人在这种情况下能看书。当然号里的人也没有读书的要求,因为在押的已经很少有"文革"中被揪出的干部、知识分子了,此时关的大多是刑事犯。诸色刑事犯中以"花案"(男女奸情、强奸等案件,旧称"花案",解放后沿袭了这个称呼)和偷摸盗窃案为多。只要稍有空闲,大家津津乐道的无非是

"食、色"二字。在这种环境下，有读书习惯的人自然会倍觉痛苦。"文革"之中对读书控制非常严，看守所只能比外面更加严格（一监相对宽松），除了《毛选》和每天一份的《人民日报》外，其他书一概没有。我随身带的书都被搜检了，是空手走进K字楼的。

预审完毕后，预审员曾问我有什么要求？我说要给家里写信，要点东西，包括书。预审员答应了，但又补充说，这里只许寄毛主席著作和"马恩列斯"著作，别的书寄来也不会让你拿进去的。生活用品可以寄，食品不可以。这样，我在K字楼的一年半中，得以粗读了家中送的《马恩全集》（1—20）。也算小有收获吧。

读书除了晚上6点到8点无安排的那两个小时外，学习时间内看看书，一般的看守也不管。读《马恩全集》中的《黑格尔法哲学批判》《德意志意识形态》等马克思的早期著作，很难读懂（似乎翻译也有问题，我怀疑翻译本人也不太懂，所以只能硬译），极长的句子，读了后头，忘了前头。这是需要用笔做个记号和对译文长句作一些语法分析以加深理解的。然而犯人不许有笔，理由是怕犯人用笔自杀。有的犯人写交代材料，看守也给笔一用，但写完就要交回。如果一天没有写完，晚上也要把笔交出，不许笔在监号里过夜。最初，就向写材料的借笔使一使。后来一个有狱中生活经验的人告诉我，把牙膏皮卷成蜡笔形状，如果卷不紧，可以用鞋底子压之，使之朝一个方向滚动。牙膏皮卷紧后，颇像一个金属棍，然后在水泥地上磨出尖来，这样就成了一支可以写写画画的"铅笔"了。这样一支笔陪伴了我一年多。在狱中读过的《德意志意识形态》还在，有时翻开看看，三十多年前的"铅笔"痕迹尚在，勾起我艰难时刻读书的回忆。

三 我的第二个监狱 …

K字楼冬天有暖气、很好过；夏天则热得难以忍受，如果再遇到号里人多就更加受罪。天一热，大多犯人便撤去褥子、直接睡炕箱，由于长年的汗渍和不停地擦拭，炕箱的木板呈暗红色，而且锃光瓦亮。夏天的蚊虫叮咬也是大问题，K字楼地处北京的南下洼子，只要下雨，水都往这里聚集，蚊虫自然多于其他地区。监室内又绝不允许用明火熏蚊子，睡通铺又不能挂蚊帐，犯人没有任何防蚊之术，只能一任蚊虫吸吮自己的血液。不过我倒是不招蚊虫，蚊子也很少叮咬我。不过有一个夜晚我也顶不住了。那天又闷又热，蚊子嗡嗡叫，驱之不去，非常讨厌。连我也感觉到蚊子的顽强，它们死死叮在皮肤上，宁肯被你打死，也不肯舍之飞去。整个监号的人都不能睡了，大家起来拍打蚊子，看守闻声而来，看到乱蚊成阵的情景也只好不加干预，任凭犯人做"拍手舞"，轰赶拍打死缠不舍的蚊子。打到夜里三四点钟，人们疲惫不堪，嚣张的蚊子稍有收敛，于是大家倒下便睡。早上起来一看，监号的墙上贴满了蚊子的尸体和血手印。

　　日常生活中也有冒险生涯，这就是偷着卷烟、抽烟。K字楼的犯人出监室的机会要比房山传讯室的机会还多些。如提审、放风，有可能"干上"[1]的犯人还常常被叫出去，在K字楼大院里干活。有了这么多机会，犯人就要利用。其中最多的就是捡烟头。这本来是不许可的，但又非大过，许多犯人因而乐此不疲，就是一些不抽烟的犯人也捡。烟头捡多了，找一个看守不注意的时刻，聚在一起把烟头剥开，除脏去秽，用纸卷好，然后是"钻木取火"（这是号内

---

[1] 到了K字楼的绝大多数是要判刑的，一小部分被裁定"劳动教养"。有极小一部分被释放，这被称之为"干上"。"干"在这里是副词，意为不附带任何条件。

严禁的）。其方法是从棉衣上抽出一小段棉絮，用鞋底在木炕箱上反复揉搓，一般两三分钟即有煳味，赶紧拿出用嘴吹，两三口气，就有火亮，可以点烟了。几个烟瘾大的囚徒，你一口，我一口地嘬了起来，烟很快吸完了，其实人们享受更多的还是制作过程中的乐趣。有人在监室门边听着看守是否开筒道门进筒道了，是否注意自己所在的监号了。几个人选在小窗户视域范围之外的地方操作，还要有应变机制，提防看守随时打开门闯进来。这种冒险的乐趣远远超过吸烟本身。

7 ｜ K字楼中的犯人

河里无鱼市上找

没进过监狱的良民，以为监狱中人多是青面獠牙之辈，千万别挨近，太近了就有被吞噬的危险。实际上，监狱中人不是什么特殊族类，更非某个训练班培训出来的，绝大多数还是与社会上的常人一样，即所谓芸芸众生。他们之所以进了监狱只是因为在生活的某个关节点上不慎"一失足成千古恨"。那时"失足"之后，便被划入另册，成为终身不灭的"红字"，这真是应了古人所云"再回头是百年身"了。

"文革"当中，无法无天，"四人帮"极"左"横行，犯罪、当反革命真是太容易了。连某医院一个小护士搞卫生，擦拭主席石膏像时不慎弄成花脸都能定为"现行反革命罪"判几年有期徒刑。此时监狱成了广大教化主，大门敞开，门槛低，进入极易；而且监狱进进出出,也大有轮流坐庄之意;今天右派进去,明天左派也来,我不慎进了监狱,听说大学整我的左派人士也进了监狱,真是殊途同归,如聂绀弩诗所说"你也来来我也来"。反右斗争后,人们说夏衍"整人像狼一样"狠毒,他在中央美院的一番讲话,不仅多打了许多右派,而且还把一些同志打入监狱;吴祖光也控诉当时戏剧界的领导田汉使用"李代桃僵"之法把他打成右派,自己逃脱。可是到了"文革"之中,文坛精英,被一网打尽。"四条汉子"纷纷落入法网,最后田汉冤死于狱中。夏衍也在秦城蹲了七八年后,侥幸没有丧命,方才有了点感悟,戏改清人的《剃头歌》为《狱中吟》:"闻道人须整,而今尽整人。有人皆可整,不整不成人。人自由他整,人还是我人。试看整人者,人亦整其人。"他终于说出互相整来整去的结果是,大家都堕入阿鼻地狱的真相。

然而不论任何时代、任何地方的监狱还有个共性,其中有极少一部分是在社会上难得一见的最坏的人和最好的人。"最坏的"是永远以伤害他人为自己的生活宗旨、没有任何道德规范的人,这是任何社会也不能容忍的;而"最好的人"会永远不顾实际情况一味地"为他人、反主流"的,这类人也是会让统治者战栗的。这两类人在社会上是凤毛麟角,难得一见,但俗话有云"河里无鱼市上找",这句话也适用于监狱。如果社会相对公正,极好的人被关的会少些,极坏的人会多些;社会黑暗、司法不公则相反。

没有"政治犯"

在看守所的一年多里遇到的犯人绝大多数是一般刑事犯,1976年4月5号之后"现行反革命犯"才多了起来。人们过去无论是口头还是文字上，常说"政治犯"如何如何，连1978年，我平反之后上访时，"市高法"接待我的一位老同志也这样说。我想可能因为她刚刚到法院工作，不知道这是个禁忌。这个说法被认为是错误的，无论过去、还是现在的政法当局都不承认中国有政治犯。为什么？因为你在政治上有了自己的想法、意见，过去叫"现行反革命罪"，现在叫"颠覆国家罪"。这些罪名都是纳入"刑律"的。因此政治上持有异议是触犯"刑律"的，触犯了刑律自然是刑事犯，为了避免与一般刑事犯相混淆，在政法上称为"现行反革命犯"。

按照毛泽东定义政治时说，"政治，不论革命的和反革命的，都是阶级对阶级的斗争，不是少数个人的行为"。"反革命"在大家心目中也就是代表反动阶级的，那么说反革命是政治犯，也是顺理成章的。然而很怪，那时极其忌讳"政治犯"这个词，对外宣传的话语口径也是"中国没有政治犯"。有的法学家说，既然反革命罪已经入了刑法，反革命犯也就是刑事犯。后来我曾经请教过老法学家张思之先生，问为什么中国老不承认有政治犯，是不是外国对于政治犯有些优待而中国没有呢？他回答，也不是。因为政见不同或反对政府当局的言论和行为在外国很难进入受惩罚刑律，而中国的"反革命罪"、"危害国家安全罪"都已经进了刑律，按照刑律条款惩罚犯罪就叫刑事犯。在这一点上往往也与外国人谈不拢。但在监狱中，看守平时谈及"刑事犯"时，绝不包括"反革命犯"，在他们心目中把这两类分得清清楚楚，认为"反革命犯"比刑事犯还低一等，因为刑事犯中有一些是"人民犯了罪，也要坐班房"的，因而对待刑事犯较为信任。我以为中国很注重语词的褒贬，"政治犯"这个词虽然是个中性词汇，然而在长期使用、特别是在革命史的宣传中自

三 我的第二个监狱 …

然而地带有了褒义,所以在中国不能用。而反革命、刑事犯都是有明确的贬义的。

所谓一般刑事犯,那时大体上有三类。一是经济上,包括偷盗、抢劫、做买卖(当时称为投机倒把罪)等;二是所谓"男女"问题,这包括面广,流品极杂,有些双方同意的不正常的男女关系,更多是女方不同意的男女关系(大多定义为强奸犯),特别恶劣的是利用政治上强势的强奸犯(如强奸下乡知识青年),这些人常常有领导身份,他们也常常自称是"生活作风"问题;三是流氓犯罪,打架伤人,团伙滋事,乃至杀人。

进了监狱,成了犯人,本来无所谓"高低"之分,可是在当时舆论和"两类不同性质矛盾"的学说影响下,一般刑事犯都属于"人民犯了法,也要受处罚,也要坐班房,也有死刑";而反革命则是阶级敌人,在当局看来自然一般刑事犯要比反革命可靠一些。当然,在监狱执行上也还是因人而异,大多数看守对不给他找事儿的犯人好些,有些好闹事的刑事犯,看守也会找他们的麻烦。

在犯人中间,由于青年犯人多(打砸抢或偷盗),这些孩子对于"男女"问题的犯人特别敏感、也非常鄙视,称之为"杆(儿)犯",经常拿他们寻开心。我见过一个北京南郊某公社的书记,是个麻子,大高个,因为利用职权强奸知识青年,又正赶上全国贯彻毛主席给"李庆霖的一封信"的精神,清查各地不善待和虐待知青的状况,这位麻子正赶在点上,被抓了起来。进了监狱,还有点不服气,更不屑与各类小青年们为伍。小青年们也常逗他,拿他开涮,称他为"麻哥";有的小青年还捏着嗓子,装做女知青,要"麻哥"赶紧把她调回北京。有一次,他真的急了,急赤白脸地说:"我跟你们这些二流子、小流氓不一样,我是堂堂国家干部。我一不反党,二不反社会主义,三不偷不抢不盗,不就有点生活作风问题嘛!"这话是"一竿子打翻一船人"的,犯了监狱的大忌,坐监狱千万要放下身段,"要与群众打成一片",切不可以高人一等。"麻哥"的话引起了全监号的公愤,不知哪个小青年喊了一声"攒(北京俗语,群殴之意)他"!另一个小青年把被子蒙到他头上,众人(主要是青年)一通乱揍。我觉得"麻哥"真是自找苦吃,进了监狱还放不平昔日的官架子。麻子在被窝中挣扎、乱喊,但外面听不见。过了一会儿,青年们尽了兴,麻子从被子中钻了出来,一脸鼻涕眼泪,大喊"报告队长"。正赶上老队长值班,觉得这个监号喊声有点异样,急忙打开了铁门,一看是麻子。不过平时老队长对他也没有什么好感,听了麻子带着哭声的诉说后,只轻描淡写地说了一句"知道了","砰"的一声,关上大铁门拿着钥匙走了。

所谓"杆(儿)犯"

当时,因男女问题入狱的特别多,在诸多的一般刑事犯中,"男女问题"的大约占了一半以上,各个区县送到市局复核的犯人占的比例更大。我想原因不外有两点,一是性犯罪在当时的刑事犯罪中确实是多;二是对于男女问题指控过严。第一点因为没有具体统计数字,很难置喙。十年前有个韩国律师请我给他讲解清代袁枚"四六文",谈及袁子才的风流韵事并扯到当今的性犯罪问题。他说,"性"这个问题,一个合理的社会里应该使人有正确渠道得到合理合法的宣泄。韩国建国初期一度取缔了娼寮妓馆,结果性犯罪的多了。后来建立红灯区,性犯罪下降。不知道此说是否是事实。

另外，对于男女问题指控过严、打击面过大确是事实。我见过一位因犯重婚罪被判两年有期徒刑的北京工业大学某教授。"北工大"是"大跃进"的产物，当1958年筹办时，很少有像样的教授，于是从全国各地征调。这位教授是从广州调来的，他一人进京，老伴是个中学教员，在广州有她的事业和一大家子人，她曾尝试到北京来生活，因不能适应，又回了广州。这位教授一个人在北京过单身生活。"北工大"是个新的理工大学，实验设备不足，常常要到清华大学做实验。清华有位实验室的女技术员常常为教授打下手，日久生情，两人开始了共同生活，不久还生了个小孩。这件事儿两个学校都知道，广州的老伴儿也知道，而且女技术员及他们的小孩也去过广州。老伴儿并不反对此事，与教授也未离婚。可是到了"文革"末期，不知老教授得罪了谁，硬把他送到公安局。公安局认为这类事儿是属于民不举，官不究；而民一举，官必究的。于是六十多岁的老教授被判了两年，失去公职，女技术员生的孩子那时已经十四五岁了。在这桩不合理、不合法的男女关系中，几乎所有的当事人都不合乎法律规范、但并未给他人及社会带来伤害，单独判老教授不仅过重，也不公正。

还有一位"冶金设计院"的技术员王某，他是"文革"中被派遣到阿尔巴尼亚的援建人员。从1962年到1972年这十年中是中阿友谊"蜜里调油"的时期，特别是在1966年毛泽东给阿尔巴尼亚劳动党代表大会的"贺词"——"海内存知己，天涯若比邻。中阿两国远隔千山万水，我们的心是连在一起的。我们之间革命战斗的友谊，经历过急风暴雨的考验"发表之后。阿来到中国真是"要啥给啥"。被派到阿尔巴尼亚的援建人员也都是精挑细选的。因此，王某能出国、能到"欧洲的社会主义明灯"的阿尔巴尼亚那是很被人们羡慕的。

王某到阿工作已经两三年，工作很顺利，不知不觉间与阿方女翻译有了点暧昧关系。那时这是对外关系中的重大问题，一经发现，马上奉调回国。回国后连家都没让回，在院里交代两天问题后直接送到K字楼。一进监号的铁门王某傻了，因为正值夏天，号内的犯人，每人只穿一条三角裤衩，几乎近于赤裸地呈现在他的眼前。在国外常出现在衣履俨然的正式场合的王某突然进入到这个画面中，对其视觉的冲击之大是可以想见的。王某定下神来，先是坐在炕箱上发呆，不一会儿只见他泪流满面。刚到监号里的王某还有点自持身份，与同号的人很少说话。我还以为他是个内向的人，但一处久了才发现他是个好说、好笑、好闹、好耍活宝的人。有一次放风，他刚刚剃完光头，一边摸着自己的光头，一边自嘲"真是一个标准的光头党员了"，于是就学起欧洲的光头党人（欧洲极右翼分子）集体出街挺胸叠肚、正步行走的样子，青年人笑成一团。这种行为与他近四十岁的年龄很不相称，难怪外国姑娘会喜欢上他。

他是五十年代末钢院毕业生，业务不错，喜欢交际。他是较早到阿国的援建人员，与阿方人员相处甚好，也爱帮助国内新来的援建人员，常常在中阿之间跑来跑去。他知道一些阿尔巴尼亚内幕，也在号里给大家讲关于阿尔巴尼亚的故事。他认为阿国人懒，而且是我们惯的。他们自己不好好提高生产率，一缺东西就跑到中国来要，中国给的往往比他们要求的还多，这是多划算的事儿！阿尔巴尼亚人常说，"你们中国人每人省下一把米，我们全国人一年都吃不了"。我们中国人还懂得修旧利废，东西坏了也舍不得随便扔。在阿尔巴尼亚一根电焊条使一半就扔，认为焊条短了会刺伤眼睛，钢锯条使一两次就扔，认为这就是消耗品，使一次就该扔。工地上水泥、钢板、无缝钢管浪费的多了，王某说看着心疼也没办法。而且他觉得阿国人特别笨。他说大多接待中国的同志都到中国来过、学习过、实习过，可是他们在阿国接待你的时候满不是那么回事。有个大师傅自称在"北京饭店"学习过，会做中国高档宴席，但从没见他做过，平常还是老吃阿尔巴尼亚饭。有一次他兴致冲冲地对大家宣布明天给大家做"炸酱面"吃，能吃上一次家乡饭，大家都很高兴。怎么做中国面条呢？这位大师傅头天晚上用挤塑机把面条"挤塑"出来。挤塑机是拉长金属盘条的，用来"挤塑"面条，你想这个面条会有多硬、怎么煮得熟？大师傅也有办法，第二天一早，他就把硬如钢条的面条泡到大灶旁的暖水罐里，中午煮面条时，面条已经泡得像大拇指一般粗，这样的面条即使熟了，怎么拌炸酱？又说到那个翻译。这个姑娘在中国语言学院学过几年汉语，回到阿尔巴尼亚就会说"绍个王"（王同志）"绍个李"（李同志），其他一句不会。因为王某去得久了，学了点阿语，还得替她翻译。王说：我就纳闷，好歹也在中国待过几年，怎么就学了个"绍个王""绍个李"呢？我说："'绍个'是阿语中的'同志'。就会说'绍个王''绍个李'的，等于一句汉语也不会啊。"大家也都乐了。不知老王对阿尔巴尼亚有偏见，还是阿国就是这个样子。我想老王倒霉也许就"倒"在这位"绍个"上了。后来听说王某被判了十五年。现在的人听了可能会大吃一惊，可我们那个时代的过来人则不然，当时我就想，别觉得他的事儿小，周总理说"涉外无小事"呀，当时估计他就得判十年以上。果然。

当然绝大多数这类犯人都是情欲泛滥不加节制导致的。有个某区副食公司的经理，五十来岁，人很瘦小，但很精干，又非常讲究整洁和服饰，还有些风度。一进监号就愁眉不展、唉声叹气，向号内人诉说其不幸。其妻患了癌症，正要住院做手术，其母前几年去世，骨灰寄存在八宝山殡仪馆，已经得到通知，寄存日期已满，再不找地方安葬，八宝山就要把骨灰处理了。他一被抓起来，母亲的骨灰、老伴儿的住院都没有人管了。其后果如何，尚不可知。听他的诉说就是一位标准的孝子贤夫，号里还真有人同情他。可是在知道了他的犯罪案由后，才感到这位真是人格分裂。他利用自己经理的地位与本单位一个年轻的女售货员长期通奸，后来该女结婚，丈夫知道了事情原委后就把他告了。原来那个女孩刚工作不久就跟他有事了，那时女孩满没满十八岁还在调查。如果不够十八岁的话，那就是强奸。似乎他在单位的关系还好，女孩的丈夫虽然坚持告，但单位为他卖了不少力气，考查出有事时刚满十八。最后只以"奸污罪"[1]定谳，只判三年。这位经理还把他认罪和挖犯罪根源的检查在监号中向大家念了，请大家提意见。他检查自己有"淫乱思想"，这是他犯罪的主要原因。这种思想是怎么来的呢？他把它推到日本人身上。他说自己年轻时，在北平电话局作练习生。那时是日本占领时期，接线员大多是日本女生，他当时只有十五六岁，那些女生老拿他开心，往他脸上擦粉等等。自己思想从此堕落，导致犯罪。今后一定要认真学习毛主席著作，学习白求恩，做"一个高尚的人，一个纯粹的人，一个有道德的人，一个脱离了低级趣味的人，

---

[1] 这种罪名是为不正当的男女关系中男方设置的罪名，比强奸罪轻很多。

一个有益于人民的人"。我听来觉得特别好笑。

　　大多"男女"问题的犯人，形容猥琐，或使人觉得可耻可笑，或让人望而生厌。有一天，监号铁门开了，推进一位脸上有伤、衣服被撕掳得不像样子的中年人。中年人被打开手铐后，坐在指定的铺位上，仰着他那胖得有些发肿的脸呆呆地发愣。闲得无聊的人马上凑了过去问他的案情和遭遇。原来这是个门头沟的矿工，因为"生活问题"被捕的，被捕之后的批斗大会上让当地"群众"修理了一顿。"生活问题"最易成为单调无味的监牢生活的谈话作料。一些年轻犯人拿他开心，说他被"修理"活该，一部分舒服，大部分受罪。这个中年人也愤愤地痛骂殴打他的人不遵守毛主席教导的"要文斗不要武斗"。当人们说得正热闹的时候，大铁门打开了，看守威严地站在门外，监号内马上鸦雀无声。看守问他：××，今天你受到什么"教育"（当时只要是被整肃者，挨打挨骂都是接受"触及灵魂"的"教育"）？××马上站起来，低着头一派驯顺的样子，喃喃地说："官打民不羞，父打子不羞，夫打妻不羞。"不知道是看守没有听懂，还是他很满意××的回答，说了一句"要认罪伏法么"！笑眯眯地走了。这件事给我留的印象极深，事情过去快三十年了，可是当年人们的话、说话的表情和现场的氛围我记得十分清晰。有人笑着问他："你不是被革命群众修理的吗？原来他们都是你爹啊？"××辩解说："革命群众就代表'官'，群众运动还不是毛主席发动起来的。"××表面上看是个壮汉，五大三粗的，一副什么也不怕的样子，大街上遇到这种人，谁也得离他远一点儿走。可是他也很善变，用古人的话说就是"巧言令色"，很会作完全相反的两面嘴脸，前后没有一分钟，可以表演截然相反的角色。他没有什么文化，不过是个小学毕业生,可是对"三纲五常"体会很深,"三不羞"就是"三纲"的通俗版。后来与××一起住久了,知道他是个很有心计的人,对于人情世故有很深的理解。可是这个"理解"就意味着为了生存可以采取一切手段,社会所关注的也只是他的表态和话语,而不是他真实的想法和做法。××给我说过一件事,至今记忆犹新。他所在煤矿,年年超产,年年先进,年年受表彰,大家收入也不错。每回报纸电台(当时电视还不普及)一采访他们,矿党委马上就会根据当时的政治形势讲一套符合宣传需要的话,例如强调"抓革命,促生产",党委就会说,是革命促大干,他们全力抓文化大革命,生产自然就上去了;如果正在搞清理阶级队伍,就会说他们清除了阶级敌人,纯洁了工人队伍,破除了生产隐患,生产才得以大发展;如果搞批林批孔,就说,揭露了林彪、孔老二复辟阴谋、斩断了资本主义的路,自然促进了社会主义生产……关键是说这些都是"活学活用"毛主席著作的伟大成果。他说许多矿到我们这里取经,照着我们说的经验办,但毫无结果。××说:"对生产起关键作用的是那些'臭豆腐钱',没有它谁肯去干?可是这一点谁也不说。"他说的"臭豆腐钱"就是计件工资,物质奖励、物质刺激。当时提倡"政治挂帅",反对物质刺激,说这是修正主义。张春桥在"批判资产阶级法权"的文章里说,体现了资产阶级法权的物质刺激、多劳多得,好像"臭豆腐","闻着臭,吃着香"。因此,当时人们称"奖金"为"臭豆腐钱"。挖煤是个很苦很危险的活,没有"多劳多得"的激励,很难把生产搞上去。可是当时天天批判"修正主义""资本主义复辟"。谁敢冒天下之大不韪?××所在的矿上的领导胆大,偷偷地干了,却用另一套说法去支应和糊弄上级和社会,而且还得到了肯定和表彰。这是当年社会的荒诞现象，它给社会诚信和民风带来极坏的影响。后来××还挺顺利，听说只判了两年徒刑，还是监外执行。比前面那位经理还轻，他犯罪的对象还是未成年啊。

如果说青年们口头流传的男女之间的故事多是浪漫的、美好的，展示着人性美的一面，那么监狱中看到的男女的故事多是丑陋的、令人作呕的。因为这些故事都是与人们简单的、甚至可以说是兽性的欲求联系在一起的。这些我看到的很多。

看守所每过一段时间都要搞一个交代"余罪"的活动，动员已经结案的人员，交代以前没有交代过的"余罪"。这种做法也就是民间所说的"有枣没枣先打一竿子"。号里的喇叭每天要广播好几次，监号里的犯人们在上下午的两段学习时间内互相揭发和坦白交代。每个筒道的看守往往有目的或无目的地打开某个监号的大铁门，坐在监号门口听，并反复叨念"坦白从宽，抗拒从严"，督促犯人彻底交代。有个远郊区县的农民大约有五十岁了，一辈子没结婚，因为乱搞男女关系，被抓了起来。他的案子已在原住地分局审理结清，只是到市局再过一遍，就等着押回分局由地方法院宣判了。此时这个衣服肮脏破烂的农民突然站起来，他瘦长个，有点驼背，一站起来很是显眼。队长正参加这个号的会，警惕地问他："你要干什么？""驼背"赶紧举起一只胳膊哆里哆嗦地说："报告队长，我有余罪交代……"队长："你交代什么？""我还跟我嫂子……""驼背"还没有说完，马上被队长打断："去去去……不要再说你那点儿臭事了！"这些烂事，在农村是司空见惯的，也没人管。不知这个倒霉蛋儿，得罪了当地哪尊神，被拉到了K字楼，回去还要判上几年。

形形色色的"佛爷"

盗窃犯往往自称"佛爷",因为"偷"的黑话是"拂",他们佛、拂不分,因此有此称呼。"文革"末期,北京社会底层流行称"爷"。蹬三轮、拉板儿车的是"板儿爷";倒腾物资,倒买倒卖的成了"倒儿爷";"佛爷"也属于这个系列。因偷盗而进监狱的大多是久与公安局打交道的油子,因为第一二次进局子,怎么也到不了K字楼,最多也就是"强劳"(强制劳动,一种行政处罚,现已废止)、"劳教"。能到K字楼的大多是公安局的常客,进进出出不知多少回了,有的可能还被"强劳"或"劳教"过,出来照样干,最后选出几个屡教不改的逮捕判刑。当然这说的只是小偷小盗,如果是大宗盗窃、入室盗窃(室主人的身份很重要)、拦路抢劫等,一次就可能判个十多年,甚至无期、死刑。大宗盗窃主要是盗窃国家财产,因为当时老百姓已经没有什么个人财产,也就没有什么可盗窃的。要偷也不过就像马三立著名段子《逗你玩儿》中的小偷,绞尽脑汁窃取的也不过就是"衣裳""裤子""被单子"一类不值几文钱的东西。

我遇到年龄最小的"小佛爷"是个尚未脱去稚气的近郊区的小青年,他自称"铜铁佛爷"。听到这个词儿,我就联想到峨眉山圣寿万年寺用铜铁合铸的普贤菩萨,当地人也尊称"铜铁佛爷"。何物小子竟敢与佛菩萨同名,当然作为文盲的"小佛爷"决无亵渎之意,因为那些是远在其知识范围之外的。这个小青年只是个偷点破铜烂铁换钱的小偷小摸,运气好,得了手,高高兴兴把赃物拿到废品收购站卖了,换个三元五元,用以改善生活、吃喝玩乐;运气不好,失了手，不免挨一顿臭揍，自认倒霉，连送派出所的时候都不多。这次是因为混到工厂车间偷了机器上紧要的铜部件，拿出去卖了，又卖给了收私货的，找不回来了，工厂非常恨他，才要求公安局把他逮捕判刑。故而直线升级到了 K 字楼。

这孩子前有锛儿头，后又有脑勺，长得很像漫画上的小和尚，十分可笑。自从进了号子后总是愁眉不展，与他的年龄极不相称。有的狱友问他，你年纪轻轻，又没犯了死罪，发什么愁。他苦笑着说："我从小是在我姥姥家长大的，我要是判了刑会影响我舅舅的。他是'高干'。""你这小东西倒有良心，你舅舅既然是高干，你不会影响他，他能救你出去。""他是部队的，不是地方的。""你舅舅是什么官啊？""连长。"这最后一句惹得全监号哄堂大笑。他没上过几天学，跟文盲差不多。可是每天吃完早饭这段很长的学习时间里，他常常盘着腿，把报纸放在床板上嘴里嘟嘟囔囔似乎在念着什么。有人说他，"小佛爷你认识字吗？不要老霸着报纸，让别人看看"。"怎么不认识，你看黑四哥又来了"。大家一愣，不知怎么回事，待一看，才知道原来是"墨西哥"来宾，接着又是一阵哄笑。

这孩子冬天穿着一件又肥又长的中式大棉袄。有一次提审回来，他低着脑袋揣着手像个小老头。进了监号，"吮"的一声，看守锁门走了。小佛爷抬起头来突然粲然一笑，敞开大棉袄，从怀里掏出一卷《参考消息》。号内有阅读能力的人都笑了，那一大卷，够看俩仨月的；而那些对阅读没有丝毫兴趣的"佛爷"们更是开心，这好像展示了他们的能力，觉得不管在哪里，他们都是不可或缺的。

有个因盗窃而入狱的，姓南，公安局进进出出不下十几回了，可仍然不太"油"，保留了几分青年人的淳朴与纯真。有一次我们聊起家常,"家住北京哪儿"?他回答:"就在崇文门内的船板胡同。"我高中有个同学的家就住在那里,我曾经去过那条胡同:"多少年没回家了?""年年过年都回家,就是没有进去过,都是隔着玻璃窗看着他们过年。"我大吃一惊:"为什么不进去呢?""怕有雷子(指警察)等着我,我倒是不怕雷子抓我,好歹也被抓了十多回了,就是怕让爹妈看着受不了。"后来知道他是被自己的父亲送去劳教的。

南某上初中时,是个特调皮的孩子,学校家里都不待见。1965年上初三,有一次拿走家里五元钱,把他爸爸气坏了,就把他送到派出所,说自己管不了这孩子,要求政府替他管。起先派出所不肯收,父亲不走,派出所无奈就把孩子留下了。那时正赶上北京要搞"水晶石,玻璃板"(意思是要把北京打造成纯洁而又纯洁的城市),地富反坏右都要清除,有点儿错误的就要赶出北京。因此派出所一上报就把他送去劳动教养了,说是教养半年。家里不懂"教养"是怎么回事,就糊里糊涂同意了。南某被发配到东北兴凯湖劳改农场,确实就半年。但有期的教养,无期的就业,而就业就是"二劳改"。半年之后,期满了的南某解除了教养,仍然不让离开兴凯湖。这是劳改场,对就业人员的管理与劳教人员没多大区别。"文革"起来之后,这个农场解散了,但仍然不让这帮人回北京、回家(那时,北京人劳改、劳教释放后,想回北京几乎是不可能的),把他们安排到就近的生产队去。到了生产队,当地把他们当做戴帽子的"四类分子"看待。在劳改场虽然活累,但还能吃饱。到了生产队就不行了,活重吃不饱,天天还要听民兵连长训话。稍有过错就挨打。后来实在受不了了,在快过年时逃回北京;不料还没到家就被抓了回来。后来他多次逃跑,也不敢回家,就在外面漂着,没钱,就走上了行窃之路。他说:"在外面'刷夜',夏天还好,冬天冻得受不了,到火车站被抓的机会多不敢去,就睡在暖气井盖上,或暖气管道上。北京哪儿的暖气管道埋得浅,适宜睡觉,我都知道。过年,特别是三十晚上,到船板胡同家门口,我们家有个临街的窗户,我就远远睄着,看着爸爸他们在那里喝酒或玩牌……不敢久待,怕巡夜的民兵。"怪不得他一到了号里,倒头便睡,原来他太缺觉了。南某说K字楼就是他的休养所,到这里足睡。后来,调号后,遇到过他的同案钟某,证实了他说的大体不差。钟某说:"真怪,他爸爸送了他,他还那么想他那该死的爸爸,活该!"钟某与南某显然不同,钟的性格很硬,很少听他说起家里的事,颇有一人做事一人当的劲头。到了K字楼后一语不发,死不交代,戴背铐(用一种叫梅花铐的死铐子把双手铐在背后,日夜都铐着)半年,一切行动都靠自己,拒绝同号人的帮助,后来摘了铐子,一只胳膊都抬不起来了,他连一声都不吭。听说这两个人,每人各被判五年。1990年代我一度住在东交民巷东口社科院宿舍,离船板胡同很近,常到那儿的菜摊买菜。我每进这条胡同就会想到K字楼的偶遇,想到那个兴凯湖劳教的南姓青年,想知道哪扇对外开的窗户是他在除夕夜里常常从远处瞭望的地方。他们一家团聚了吗?

颇有点"老大"潜质的"马路提货"者

我遇到搞得最大、最嚣张的盗窃犯是个"马路提货"的司机。"马路提货"是我到K字楼第一次听说的。20世纪六七十年代,北京市内各类工厂很多(现在北京几乎没有工厂,都成了"公司"),都是国营或集体的单位经营的。他们大多没有仓库、院子,来了大宗原料、机器设备等一般先堆在街道上，然后逐渐倒腾到院内、车间内；有的商店、机关来了大宗货物也有很多一时不能入库、拉进单位的，也常常堆在马路旁边。这些都是"马路提货"者们"提货"的对象。

"马路提货"都是团伙作案。他们有信息来源，有作案工具（如汽车、起重设备等）、有销售渠道。一旦有了信息，这些"马路提货"者便开着汽车，带着起重工具和搬运工成群结队而来，到了就装车，装满了就拉走，大模大样，与正常搬货运货毫无区别，也很少有人质疑，待到失主报了案才知道这里发生了大宗盗窃。那时农村许多公社与生产队办的企业，没有物资计划供应指标，就成为销赃对象。

我遇到过一个"马路提货"的司机，他是这个盗窃集团的首犯，是个老北京的小市民。他对生活要求细腻、干净利落，有点"老大"的气质，对谁都有些横，却含而不露，甚至表面上还有些谦恭，是个老北京的场面人，注意自持，但会给他不满意的人碰软钉子，让人下不来台。在K字楼找医生看病叫"求医"，先通过看守，叙述病情，经他们允许后，待医生来时通知你。

K字楼的医生是一个医疗经验不多的女护士。她医疗技术不行，但为人用当今话说"很牛"。从心理上说，她要在看病时充分享受她作为"人民"和监狱"干部"的优越感，获得一份精神享受。犯人看病被她呼来喝去是常事，她还常常说点儿不酸不咸训斥的话。这样的医生，除了年轻的街道混混，谁都发憷与她接触。那些有点自尊心的犯人不是万不得已，都不愿意找她看病。她还有一个毛病，爱打听犯人的案情。犯人求医，一到她那里，她就像预审员似的，板着脸训斥:"交代你的罪行!"犯人不得已只得复述一遍。当时"K字楼"的"花案儿"多,有的大老爷儿们不好意思当着年轻妇女讲这些苟且之事,可是医生的好奇心来了,还要追问一些细节,犯人就更加吞吞吐吐。此时她还会训斥道:"怎么着?嫌寒碜呀?早知道寒碜别犯罪啊!"犯人回到号里议论起这位大夫无不嗤之以鼻。

这位"马路提货"者到K字楼不久就闹肚子。腹泻在监狱是个大病,他向看守一说,第二天上午就被叫出监号去看病。那位女医生见他刚刚坐下,就厉声问道:"你大模大样的,犯的什么罪?"他不假思索,回答得很干脆:"强奸了一个女大夫。"这句话一出,女医生一惊,反而没话了,局面十分尴尬。这个老油条跟没事儿人一样,极自然地诉说了病情,取回了药。当天下午,看守打开监室的铁门训斥他,说他"侮辱干部",并铐了他半天。后来,他颇有些得意地在监室内转述了此事。许多人都笑了,老油条的笑意含在皮肉里。

他出身于社会底层,生怕别人看不起他,因此,闲聊时常常说起自己家中生活的殷实与体面,但从不提这钱是怎么来的。他是由宣武分局逮捕的,案子审结,已经许可家属送东西,到K字楼只是走个程序,但他还是带了一大包衣服进来。每天只要有空,他必展示包袱里数件不同颜色、而且极鲜艳的运动衣裤。那时对于大多数人来说运动衣裤是奢侈品,喜好运动的青年人也只是买一两件换着穿。他却有那么多,而且五颜六色。每当他从容地翻腾和细心地折叠这些"宝贝"时,旁边的"小佛爷"们无不垂涎三尺。他喜爱传统的摔跤,常常在监号夸耀曾向天桥的"宝三""满宝珍"请教过(这都是五十年代初活跃在天桥的老一辈的摔跤名家,很有震慑力。

他比我岁数还小,可能只是听说而已)。他还经常与小青年比划比划,教他们几招儿,在狭小的监室内遛遛腿脚,小青年们对他挺崇拜的。

我在K字楼待了一年零四个月,没有见到过牢头狱霸,像这位"马路提货"者就有成为牢头狱霸的潜质。当然,他不是牢头狱霸,甚至还有意识地抑制自己向这方面发展的可能。另外就是他想成为狱霸也不可能,因为K字楼常常调号。队长一看到哪个号的犯人一起待得久了,彼此熟悉了,就要调号了。我对云南发生的"躲猫猫"事件感到不可理解,如果不是看守有意纵容,看守所根本不会有牢头狱霸(然而劳改场比较容易形成牢头狱霸,那是管不胜管的)。因为这不是十天半个月就能形成的,看守一旦看到有这方面的倾向会马上调号,有这方面潜质的人要找到追随者是需要一定时间的,因此看守所的牢头狱霸都是看守纵容或支持的结果。

懵懵懂懂的杀人犯

有一次调完号后,监号里就剩下我一个人了。这时已到下午四五点钟,突然铁门开了,进来一个花衬衫,使我眼前一亮。这是一个身穿白底小碎红花衬衫,留着齐肩长发的年轻人。待定下来,坐到炕箱上我才看清楚,这是一个小伙子。大家别忘了那是1975年,正是大批"资产阶级法权"和从各个方面向"资产阶级全面专政"的时候,男的要是这种打扮,走在街上,巡逻街头的首都民兵非干预不可;即使民兵不管,小孩也会追着看这种新奇动物。不一会,铁门又开了,一个看守,带着另一个犯人进来,犯人手里拿着理发用具和一条围巾。这个看守姓郝,脾气也好,对谁都笑,大家叫他

"郝队长"。他胖胖而油光的脸上泛着笑,拉着这小青年的衣领,对拿着理发工具的犯人说"赶紧给他推掉"。那个理发的犯人,给小青年围好围巾,在脑袋中间就是一推子,只见中间立刻出现一道鸿沟,那长长的、稍带点儿飘逸的长发此时是楚河汉界两下分了。一会儿,一个正常的男青年的面貌就展现在了我们的面前,不过此时因为心疼头发的小青年已经泪流满面。郝队长说了一句:"你连掉脑袋的事儿都敢干,心疼个毯头发。"说着带着理发的犯人,关上铁门走了,青年始号啕大哭。我把地扫了,问他:"哪儿的,穿得这么花哨?还留长发?""门头沟城子的。我们那儿的男青年留长发,穿花褂子的有的是。"我摇了摇头说:"我不信。你们门头沟不是中国?"小青年有点急了:"我们那里就这样,不信,你可以去看看。"说着,他又笑了,露出小孩儿天真的模样。

我问他:"什么事?""打死一个人。"他轻描淡写地说。"死了一个人,你还说得轻飘飘的。什么人,你和他有仇?""我跟他都不认识,有什么仇?""杀一个不认识的人,你抢他的东西,他反抗了。""咳!你别这么说好不好?你把我看成'老抢'(北京郊区称抢劫犯为'老抢')了?我可没抢人家东西。""那是为什么无缘无故就杀人?""上个月礼拜六快吃晚饭的时候,我在屋里听到外面嚷嚷,出去一看是两拨人打群架。我回家拿了一把菜刀就出去了。天黑了,我就乱砍一气,后来他们说我砍死一个人,就把我抓来了。"

最初我以为他就是一个混打混闹、浑不讲理的人,待久了,我觉得也不是,平常在号里有个事儿,他都抢着去干,也能遵守纪律。他的犯罪原因,用俗话说就是"人来疯",这是男人青春期一种逞能的冲动,没有正常的宣泄渠道,而造下不能挽回的悲剧。预审员把这种行为定为流氓打架致死，我觉得也不完全准确。预审员说："你们流氓打架，好哇！你把他杀了，你给社会除了一害；政府再把你毙了，又为社会除了一害。"不过对这个小青年的判决是个例外，一是作为杀人案没戴镣铐；二是杀人致死，只判了死缓，这在当时是很少见的。

至于故意杀人，在当时是很难脱过一死的。当时有个著名的学校杀人案，被害者是初中二年级的学生，杀人者是他的四个同班同学。这个案子发生在石景山区的一个中学。被害者年龄比杀人的四个孩子大一两岁，家庭条件比较优越，父亲是个军官。杀人的四个孩子则是工农子弟，平时这个被害者有点欺负班上比他小的同学。有一天这四个商量如何报复。其中的李一说，我和张某在河边埋伏，你们俩（一个姓靳，另一个也姓李）把他引到河边来玩，我们揍他一顿。大家同意了。待把被害人骗到河边以后，李一、张某蹿了出来，张某把被害者放倒，李一用一块大石头砸在被害者头上，当场死亡。四个孩子被抓了起来。这个案子早已审毕结清，但拖了两年还未判，李一等人进来时只有十四岁。

李一与我同号有数月之久，没戴镣铐，大约因为他太小吧。我觉得这孩子品质有点问题，一点儿小孩，懂得看人下菜碟，有势力者则依附之，弱势者则打击之。他爱参与成年犯人之间的争斗，喜欢给人作马前卒，编个瞎话，造个谣比成年人都熟练。他还爱挑事，无中生有，制造矛盾，许多与他同过号的，说起李一，没有不摇头叹息的。其实，他也挺可怜，父亲是近郊某生产大队的支部书记，平常没时间管他，到了监狱，又专门学坏，而且一学就会。他常说的一句话就是"待不了多久，就到卢沟桥底下听蛐蛐叫了（当时处决犯人的刑场在卢沟桥),可我这一辈子连顿好饭也没吃过呢"！听他讲述他的贫困生活经历时,让人心酸。他穿的是一条工人劳保发的裤子,已经很破旧了,还是再生布做的。听他说到这些,我也曾安慰他说:"不可能吧？当时你们才十四岁,不够法定年龄(其实当时已经没有法了,可是习惯上还这样说)。"李一不领情:"所以等我们到了十八岁再毙呀。"有时常听他说一些狱油子才说得出口的下流话,做些成年人才懂得的纵横捭阖的事情,也很生气:"小李,你才多大？怎么学得这么坏,就是从娘肚子里就学也到不了这个地步！"面对我严肃的责备,他只是"嘻嘻"一笑。

1976年7月中旬的一个早上,天刚蒙蒙亮,突然监室的大铁门开了,我被惊醒。一个看守叫道:"李一,出来。"李一睡得还很香,我捅了捅他,说"李一,队长叫你"。李一揉了揉眼睛,睡眼惺忪地站了起来,拿起那条再生布的破裤子,套上了一条腿,当他要穿第二个裤腿时,不由得颤抖起来,穿不进去了。我扶了扶他,他穿上了裤子,披上一件上衣就出去了。一会儿,从大厅里传来扑倒人和砸镣子的声音,号里有人自言自语"五花大绑了、上镣了,可能卢沟桥去了……"后来才知道真的像他自己常说的那样。

上面说到,看守所的23筒(死刑筒)已拆,许多已经结案但尚未执行的死刑犯大多调到K字楼的大号。有个李姓死刑犯曾一度与我同号,这是个二十三四岁的青年,戴着重镣死铐,因为在死刑筒待得太久,不见阳光,脸色惨白中带着青。他的皮肤又很细腻,整个脸庞青而亮,仿佛是个极薄的豆青瓷罐,一弹就碎。在号里,他从不说话,甚至听不到他发出任何声音,最初我以为他是个聋哑人。后来才发现,他耳朵很灵,永远立着,警惕地听别人在说些什么。

他用戴着死铐的双手端着一本《毛选》，心不在焉，但姿势永远不变，仿佛是电影中的定格。他发现问题后，就会在放茅时走在最后，悄悄向队长报告。"四五事件"之后，"严打"日紧，一个深夜，人们都在深度睡眠中，突然他从炕箱上一蹦而起，微驼的、瘦瘦的脊背紧紧靠着一个墙角，发出一种人间未曾听闻的、撕心裂肺的怪嚎，而且不停地抽搐，重镣死铐发出激烈的碰撞声。这惨绝人寰的声音直刺每个人的心脏，令人不寒而栗，也震动了全筒道，一筒的人全惊醒了，两三个看守跑到这个筒查看发生了什么事。看守打开门一看到这种情景也很紧张，站在门外高喊："把他捆上！""把他捆上！""把他捆上！"与此人一个炕箱睡的犯人也是四顾茫然，不知怎么办。一个看守突然悟到监号内根本没有绳子，他马上跑到办公室，拿来一根长绳，扔到室内，监室内的犯人早已把这个变态者扑倒，他们接过绳子，费了很大力气，才把他捆住。看守簇拥着把他押送到小号，单独监禁。全筒折腾了几乎一夜，人们才重新躺下。然而这次怪叫所留下的恐怖气氛过了许久也没有消失，晚上睡觉虽然开着灯，人们仍然不敢入睡，有时恐怖就像阵阵阴风从外面袭来，有时惊恐又似乎从心底产生，不绝如缕。有人说，他以极残酷的手段杀了与他恋爱过的女友，现在像戏曲里的"活捉王魁"，人家来揪他了；有的说上天鬼神在警戒他，让他看到地狱的情景……号里唯有一个人像往常一样吃饭、睡觉、祷告，他是因为信仰进狱的老申。

处处留下温馨的好人

老申是个铁路工人，看道口的。矮个，面皮苍老，黧黑，精瘦精瘦的，眼睛仿佛患甲亢，有点鼓。按他的经历来说，他是不该来K字楼的。他出身贫农，当过八路军，打过日本，后来又当了三年解放军。建国后，他不当干部，转业做了工人。有革命经历、又非当权派，平常洁身自好，乐于助人，怎么会被投入监狱呢？原来"文革"中，老申看到世道混乱，遂信仰了一个有中国特色的天主教，说它有"中国特色"是因为在他们的信仰中居然有人自称是圣母玛丽亚的化身，教众对她十分崇拜。这个教派在河北、北京一带广有信众，这在当时被视为是"阶级斗争新动向"，被北京市革委会点了名，"教主圣母"在河北省被捕，北京也不断地有信徒被抓。

这个教派的信众用今天的话说，多属于弱势群体，以退休的工人职员、鳏寡孤独、残疾人等为多。他们之间只要有一人被抓，便有人自动去他家帮忙。老申就是因为帮助一位被捕的教友照顾孩子而被请进K字楼的；他的女儿是为了照顾鼓楼中医医院退休单身老护士被抓的。我不愿意就别人的信仰说三道四，但老申不仅是个虔诚的信仰者，更是一位先人后己，愿意帮助他人的好人。每天天未亮，他就醒了，围着被子做祈祷，常常用他那双微鼓的眼睛望着天花板；吃饭时，常常是他去打饭，他分配，永远亏待自己。我在房山传讯室待了十多天，棉大衣已经肮脏不堪，K字楼比那里干净许多，天也暖和了，我就把大衣拆洗了，待这些棉布片干了以后，却做不上了。老申帮我做好，一穿，还挺合身，这件棉大衣我一直穿到出狱。老申对谁都如此，前面说到的那个戴背铐姓钟的青年，吃饭很困难，脾气很坏，用北京话说"整个儿一个三青子"。看守也禁止别人帮他。老申每顿都给他喂饭，喂了有两三个月，直到调号。其间看守多次制止，老申好像没听见，依然我行我素。气得他也想给老申铐上,可是一来老申连拘留都不是(未履行拘留手续);二来老申的案子是市革委会某领导亲自抓的,他不好做得太过分。后来只好把他们调开了事。老申一家四口,夫妻俩,一儿一女,夫妻和女儿都在看守所。后来妻子(公共汽车售票员)从宽回了家,不知老申的结局怎样。时隔三十余年,我仍然记得他的样子。如果他在应该八十多了罢!愿好人一生平安。

8 ｜ 上诉期,地震与悲痛的父亲

1976年已经恢复了上诉制度("文革"中被砸烂了),判刑之后,从普通号转入等待上诉的11筒。这个号关的有两种人:一是已经判刑,不宜于送劳改场的;二是判刑后等待上诉的。这个号有三个人给我留的印象极深。

一是在小号关了近十年的张姓农民。见到他时,他还戴着重镣死铐,从镣铐的光洁度可以测知这副镣铐陪伴他的年头已经不短。张某已经很久没有与人说过话,一到大号,他的话多了起来,仿佛害了"话痨",似乎要把这十来年没有说的话全都补回来一样。张某是个杀人犯,判死缓。1962年困难时期,饿得不行,便到玉米地中去偷半熟的玉米,不料,张某刚刚掰下一个棒子,还没有来得及装进衣兜,后面就有一双手死死地把他拦腰抱住,高喊"抓贼"。张某十分紧张,马上蹲了下去,从地上捡起一块鹅卵石向后砸去,也是十分凑巧,一下子砸中对方头部要害处,伤重而死。这个案子很简单,1964年张某被市中法判死刑,他不服,上诉到市高法,市高法维持原判,他再次上诉到最高法院。不久,"文革"爆发了,"公检法"被砸烂,这种纯刑事案没人管了,案卷一直躺在市高法档案柜中。这个农民则一直戴着镣铐关在小号里。直到1975年,邓小平主持中央工作时搞整顿才重新捡起这些积案。一个是时间久了,环境变了;二是当时对反革命案判得重,刑事案则相对轻些,法官高抬贵手,张某便从死刑立即执行,改为缓期两年执行(这个档的死刑,实际上是不死)。十年等待,从"立即"改为"缓期",他还挺高兴,特别是上诉期过后,给他摘下戴了十多年的镣铐,虽然走路还显着别扭,但他的神经一直处在兴奋状态,一天到晚不停地说。他说的是什么我一点也不记得,但他说话时的兴奋状态,是我毕生难忘的。实际上从死缓到出狱、重新获得自由,一般还要三十年[1],对于这个农民来说,他还有漫长的监禁生活需要慢慢熬过,可是这并不妨碍他高兴,他毕竟能活下来了。从这个人身上我看到了人求生欲望的强烈。

第二个是个初中二年级的学生李某,16岁。住在北京近郊,父亲是首钢工人,父母都上班,是脖子上常挂着个门钥匙的双职工子女。就是前面说的李一的同案。这四个孩子全部判了,一个死刑,一个无期,一个15年,一个8年。这个李某15年,他是个与李一完全不同的小孩,平常老拿着一本《新华字典》让别人考他难字,好学,也爱帮助人,什么活都抢着干。他说在家里干惯了,弟弟妹妹都是他照顾。李某对判他15年不服,但他也没有上诉,那时刚刚恢复上诉,一上诉就被认为是不认罪,态度不好,有可能被加刑。这

---

[1] 在正常状况下,由死缓改为无期徒刑要2年,从无期徒刑改判有期须8年,由无期徒刑改判的有期一般是20年。

个胖圆脸的中学生拿着判决书对我说:"他的一条命就那么值钱!我们为他抵命还不说,还要一个无期,一个15年,一个8年啊!"说这话时小脸涨得通红。他的不满是因为被害者有背景,他爸爸是军官,在北京革委会中有亲戚,所以对这个案子追得很紧,因此对这四人判得很重。

我看这个孩子"判决书"上写的是"反革命杀人犯"。很奇怪,一个16岁的孩子、作案时才14,怎么就成了"反革命"了呢?"判决书"书写之奇,也使我很难忘怀:"该犯思想一贯反动,说什么'在家不自由,上山当土匪',并扬言要到'云南打游击'。"这些是给他定为"反革命"的根据。一个住在乡镇的十几岁小孩儿大约连"云南"在哪里都不知道,判决书引证的那些话无非是小孩子作"猫捉老鼠"游戏时的信口开河罢了,哪能做数?宋代范仲淹的儿子范纯礼,曾奉命审一个所谓"村民谋逆"案。原来刚刚看完"三国戏"的村民,回家的路上见匠人做桶,便拿起一只戴在头上说:"我比刘先主(刘备)如何?"匠人告他想当皇帝,是"谋逆"大罪。范纯礼审的结果是"村民无知,说了句不该说的话",只打几板子了事。看起来现代人还不如古人明正通达。

我到了这个号的第二天(7月28日晨3点42分),天刚刚有点儿亮,突然一片嘈杂之声,灌满了整个的K字楼。人们睡的炕箱仿佛立起来一样,把炕上的人推滚到一边,刹那又滚了回来。暖气片甩出一二尺远、又甩回来,敲打着水泥墙壁,发出震耳欲聋的轰响;暖气上放的茶缸子被震得稀里哗啦,摔了一地,屋里的人都惊醒了。当我们醒过神来,听到许多筒道监室的铁门被无数拳头捶得咚咚作响,"地震了"!"地震了"!"快开门"!"我们要出去"!这大多是青年人的吼声。最初,还有一些弹压声,"不许闹监"!"违者严惩"!但这些弹压声很快消失了,任凭监中人吼叫。此时外面下起了瓢泼大雨,电闪雷鸣,监室之外大自然制造的各种声音与监内人们的叫嚷声、手捶脚踹声组成了一部不和谐的交响乐。大地还在颤抖,我们躺在炕上,随着大地的起伏也在不停地颠簸。我想到 K 字楼的监门不可能洞开,反而安下心来,听天由命罢。正像孔子说的"天生德于予,桓魋其如予何"。

睡在我旁边的老谭(我下面要说的第三人)大约快六十岁了,头顶的前半部已经光秃一片,他拿起一条破旧的羊毛毯折了十几折,顶在光秃的头顶,紧紧地靠着一个墙犄角坐着,眼睛直愣愣地望着天花板。我觉得他的样子有点可笑,劝他说:"算了罢,躺着睡觉罢。房子真要塌了,那是没有用的。外面下这么大的雨,大概所有的北京市民都在雨地里站着躲地震,K 字楼的队长不是都跑到外面去了吗?全北京只有我们 K 字楼的人还安稳地躺在床上享清福呢。"我眯着眼睛养神,炕箱板的反复震荡还是搅得我心神不安。幸好,第一次大震是这次地震的主震,其后的都是余震,虽然震来震去,但 K 字楼都能扛住,除了碎了几扇玻璃窗之外,没有大的损伤。当天打饭时,在饭桶后面有两个荷枪实弹的士兵,可能怕因地震犯人会铤而走险。

7 月 28 日后的十余天内,余震不断,但越来越小,有逐渐转弱的趋势。但整个北京警惕起来,搭起防震棚,绝大多数的北京人都睡在建筑物以外的防震棚中。看守所的工作人员与士兵当然也不例外,筒道里除了送饭、放两次茅基本上就见不到看守了,有通知也多是通过每个监室的小喇叭广播传达。号里的犯人万般无奈之下,自然是吃罢饭后就海阔天空地神聊。

被称为"苏修第一特务"的老谭是K字楼中资历很久的老犯人，那位"死缓"的农民虽然在看守所的时间比老谭更长，但他长时间在小号，什么也不知道。老谭在K字楼待了近十年，见过的犯人有数百人之多，不少是名人。他的记性又好，说起K字楼的掌故如数家珍。后来听说他平反后移居澳大利亚，不知道他写没写回忆录，记录这段神奇的遭遇。

老谭有一半血统是俄国，另一半是中国。他的父亲是山东人，清末民初闯关东，来到了海参崴（现在俄罗斯的符拉迪沃斯托克）。那时那里的中国人比俄国人还多，但多作苦力。老谭的父亲有点文化，能写能算，这在苦力中是凤毛麟角的，因而成了工人的头领。后来一个俄国姑娘看上了他，结了婚。我想那位俄国姑娘一定十分漂亮，老谭快六十岁了，鼻直口方，额头圆亮，天庭饱满，双目深蓝，儿随母相，其母可以想见。

老谭特别爱回忆年轻时代无忧无虑的生活，那时他生活在靠近海参崴的东西伯利亚。老谭的父亲后来在那里务农。我问："你们有多少地？"他回答得很奇怪："想有多少就有多少。""这是什么意思？""那里太大了，又没有什么人家，你想种多少，就种多少。只要你有那么大的力量。""那么多的地，一定出很多粮食，为什么苏联粮食老进口呢？""西伯利亚地方太大，劳动力缺乏，那里的俄国人整天喝酒，不求致富。再说西伯利亚有粮食，离欧洲太远，中央政府也收不上来。""老百姓生活怎样？可好？""那当然啦。牛奶绝对喝不完，除了做奶油、做酒，大部分浇灌到田地里，回归了大自然。夏秋是西伯利亚最美丽的季节，那时天高气爽，一片片红黄绿，到处可见大自然给予人类的馈赠。"我对老谭说：这种景象可用杜甫《北征》中的几句诗概括：

> 山果多琐细，罗生杂橡栗。或红如丹砂，或黑如点漆。雨露之所濡，甘苦齐结实。缅思桃源内，益叹身世拙。

我为他详析了诗意，他说，真好，既能表现西伯利亚的夏秋之美，更能代表他此时此刻的心境。到了秋天，那些知名、不知名的果实，都长成了，等待万类的采摘。它们或甜、或酸、或苦、或者各味兼而有之，大自然的阳光雨露没有偏私，把能够给予它们的都给予了。想起西伯利亚少年时代，那真是身在桃花源啊。再看看现在的囚徒生活，真是造化弄人。我说，你也有过好的时候，五十年代，您老头上有多少光环啊！"那也不是我想要的。从内心说我热爱中俄两大民族的文化，希望从两者融通交流中弄懂文化的真谛。谁知道搅到政治里面去了。"

老谭对我讲："父亲因为有文化，收入比苦力高出许多，所以他特别鼓励我上学。我一连读了两个大学。"解放前老谭毕业于中央大学（现在的南京大学）中文系，后来又到苏联学习，毕业于高尔基大学俄语系。他既是中国通，又是俄国通，娶俄罗斯姑娘为妻。他这种身份与学历，在苏联还是"老大哥"的1950年代，真是风光无限，大红特红。据说中共八大，苏联米高扬率领代表团代表苏共参加，这是此次会议上最尊贵的客人。老谭是翻译组组长，专门为米高扬做翻译。米高扬是苏共的第三号人物。也是老谭这种特殊身份，在中苏分裂和对立之后便倒了大霉。困难时期，因为物资极端短缺，他常常跑苏联大使馆搞些吃的、喝的，最后搅到一桩苏修间谍案中被判20年徒刑，妻子被判15年，押在王八楼。老谭的英文也很好，那么长的刑期，又没有劳动，只好用英文与俄文翻译中国诗歌散文。一遇到有文化的狱友，他便让别人给他背诵，他记下来再翻译（不知在哪里他搞到一个铅笔头）。他给我看已经译完的文字，密密麻麻写在《毛选》的边边角角和各种各样的零碎废纸上，他很担心自己几年辛辛苦苦的劳动被看守抄走。那是个精神劳动被看做犯罪的时代。

很庆幸自己少年时曾背诵过一些古诗与古文，能为他提供精神劳动的材料。我给他背诵过一百余首杜甫诗，其中有许多是他没有收集到的。记得背《自京赴奉先县咏怀五百字》和《北征》等杜甫长篇史诗时他就很高兴，因为这些长篇是一般诗歌爱好者不会用心去背的，因而是他没有收集到的。我还给他背过司马迁的《报任安书》，这封书信中有许多与监狱、冤狱有关的荡气回肠的文字。虽然，我在上大学时就能背诵司马迁的这篇血泪文字，但进监狱以后却没有想起过它。这次我给老谭背诵，书信中的血泪文字再次给我以震荡。司马迁在述及往古的贤人君子所遭遇的冤狱与其人格尊严所受到的侮辱，往往饱含血泪：

> 故士有画地为牢，势不可入；削木为吏，议不可对，定计于鲜也。今交手足，受木索，暴肌肤，受榜箠，幽于圜墙之中。当此之时，见狱吏则头枪地，视徒隶则心惕息。何者？积威约之势也。及以至是，言不辱者，所谓强颜耳，曷足贵乎！且西伯，伯也，拘于羑里；李斯，相也，具于五刑；淮阴，王也，

受械于陈；彭越、张敖，南面称孤，系狱抵罪；绛侯诛诸吕，权倾五伯，囚于请室；魏其，大将也，衣赭衣，关三木；季布为朱家钳奴；灌夫受辱于居室。此人皆身至王侯将相，声闻邻国，及罪至罔加，不能引决自裁。在尘埃之中，古今一体，安在其不辱也？由此言之，勇怯，势也；强弱，形也。审矣，何足怪乎？且人不能早自裁绳墨之外，已稍陵迟，至于鞭箠之间，乃欲引节，斯不亦远乎！古人所以重施刑于大夫者，殆为此也。……

且负下未易居，下流多谤议。仆以口语遇遭此祸，重为乡党所笑，以污辱先人，亦何面目复上父母之丘墓乎？虽累百世，垢弥甚耳！是以肠一日而九回，居则忽忽若有所亡，出则不知其所往。每念斯耻，汗未尝不发背沾衣也！

当我把这些文字翻译成白话、讲给老谭听的时候，他流泪了……

老谭给我讲的是K字楼过去的故事，前面说的巨赞大师的逸事就是他讲给我听的。巨赞还赠给老谭一首七律——《咏绿珠》。我说："什么不好咏，为什么单单咏绿珠？他又是个和尚。"老谭说："你别忘了，他是个政治和尚。"我还朦胧记得诗中有一句"不与豪贵通声气"。总之，我们相谈甚欢，因为我在K字楼几乎没有遇到过文史爱好者，老谭是我遇到的第一位。他也认为没有白认识到我，给他提供了一些有用的资料（指古诗文）。然而最使我难忘的是同监室的十多天中，我看到一位做父亲的最悲惨的一幕。

也许是缘分、也许是老谭过于寂寞，在同室的十多天中除了地震最紧急的一两天外，老谭与我谈得很多，他的个人家世、生活、历史，几乎都谈到了。然而他似乎有些避讳谈及他的两个女儿。我只是从他零零散散的叙述里得知他有两个混血儿的女儿，那是他的骄傲，每当偶然涉及她们，他必然双眼发亮。可以想见，那是一双玉璧，纯洁无瑕，光鲜亮丽，像是芭蕾舞剧《天鹅湖》中的小天鹅。老谭没有细说她们，可能要把那点珍爱深藏在心底，也可能是不愿意在这没有自由的、肮脏牢房里谈论他心中最为宝贵的事情，好像这会玷污其神圣一般。

有那么一天，号里来了个小流氓，因盗窃被判5年。一到了号里便夸夸其谈起来，其实都是些自吹自擂，但大多青年也很爱听，这更增加了吹嘘者的乐趣。比如说吃过哪个饭馆（当时北京也没有几个好饭馆，大多是人所共知的那几个），在哪里刷过夜（这是"文革"中流行于流浪青年中的一句黑话，指在外面睡觉），哪次得手拂（偷）了多少张叶子（钱），拍过几个婆子（指与陌生女孩子交往）等等。这些虽然是司空见惯，我们这些中年以上的人对此毫无兴趣，但由于监室就那么大，青年们谈得热火朝天，我们不听也得听。当他说到在海淀区"北外""拍""两个洋妞"时，我突然感到我坐的床板颤抖了一下，我侧身一看，坐在我旁边的老谭（他在"北外"工作），全身处在紧张状态，脸色变得特别难看。那个小流氓仍在兴致勃勃地说着，听众则是垂涎欲滴。吹嘘者不时地喷出些污言秽语，我侧目偷看老谭，他头上青筋暴露，眼睛微红，痛苦与愤怒扭曲了他的脸部轮廓，似乎一场暴风雨就要发生。我有点震惊、甚至恐惧，担心会有什么意外发生……

此时我对身边的一个小青年说，你不是要听故事吗？我给你讲林冲吧。号里的青年人大多知道我做过教师，喜欢听我给他们讲故事，于是听众都转到我这里，小流氓的谈话圈子遽然解体，于是，鲁智深出场，倒拔垂杨柳……青年人都围了过来，听我讲述。我用余光扫了老谭一眼，他颓然地倚靠在自己的被褥卷儿上，望着天花板呆呆发愣。中午，他没有吃饭。同号都以为老谭病了，只有我知道，孩子的遭遇给他带来的打击。后来我也从其他人口中得知，他的女儿——"柳芭"、"丽达"在北京很有些名气。"文革"当中，这种现象不是个别的，许多家庭（特别是知识分子和干部家庭）父母都被抓了起来，儿女尚小，无依无靠，有的甚至流离失所，走向堕落，酿成悲剧。吴晗夫妇的养女吴小彦就是一例，在监狱听到许多小流氓谈到她，吴晗是幸运的，他在1969年已经死去。

四 我的第三个监狱

我的这段监狱生活,绝大部分的时间是在粉碎"四人帮"以后。我所在的又是"反革命中队",其中有不少"犯人"是单纯反对"四人帮"的,或对"文革"不满的。虽然在"四人帮"倒台之初,北京市委还强调在1976年10月6日以前,反对"四人帮"的还是反革命,但随着形势的发展,特别是1977年7月邓小平恢复工作以后,这个底线,越来越守不住了,否定"文革",要求给"四五天安门事件"平反、给彭老总平反的呼声越来越高,形成巨大的浪潮。这个浪潮对监狱也有冲击。有些监狱看守和工作人员虽然不会跟犯人谈论这些,但从他们的态度上也可以看的出来。对于"现反"、特别是单纯言论性问题的,他们也不特别为难了,对他们很少训话。这些人愿意看书就看书,愿意上诉就写上诉材料,愿意和其他犯人聊天,就聊聊天,甚至违反点儿监规,只要无伤大雅,也不过分较真。他们这样做的原因,肯定是心中有杆秤的。

在这样的时代背景下,我在"一监"这段时间里,显得特别宽松,此时写来,有人会怀疑这是不是中国监狱?简直成了俱乐部了。不是"一监"一直如此,以后也不会是这样的。我所处的是个特殊时代,读我的文章之前应该先有这样一个认知,以免发生误解。文中所记录下的"犯人",只是"一监"三中队中的一小部分,并非

北京市中级人民法院刑事判决书

(80)中刑反字第40号

公诉机关：北京市公安局

被告 王学奉，男，三十三岁，山西省浑源县人，学生成份，原系北京市房山县河北公社红九村中学教员。住本市宣武区栗子街乙号。夫妻朋附十七号。王大学读书期间曾因散布反动言论、受劳动考查三年处分。回乡行反改命后，一九七五年三月四日放村设销。经本院审查查明，故告王学奉思想反动，于一九七一年至一九七三年间，伙同反革命分子李海生（另案处理）互相散布反动言论，恶毒攻击无产阶级司令部，歪曲无产阶级文化大革命和批林批孔运动。

上述罪行，证据确凿，本人也供认。

本院认为，故告王学奉思想一贯反动，曾因散布反动言论受过处分，但其拒绝改造好阶级世界观，又继续散布反动言论，恶毒攻击无产阶级司令部和伟大的无产阶级文化大革命运动，罪行严重，性质恶劣，为打击现行反革命分子的猖狂气焰，巩固无产阶级专政，判处有期徒刑十三年（刑期自一九七五年三月四日起至一九八八年三月三日止）。

故告王学奉如不服此判决，可于接到判决书的第二天起十天内，上诉于北京市高级人民法院。

上诉书及副本，上诉于北京市高级人民法院。

一九[...]

关押了一年多之后于1976年7月26日被北京市中级法院判处有期徒刑13年，此是当年判决书。

全体如此。我写他们，因为他们给我留下了难忘的记忆，即使经过了三十多年岁月的淘洗依然没有退色。我想这必定是与我内心深处的理念或情感有某种契合，因此回忆所及总是带着许多同情与理解的。

我是1976年7月26日以"现行反革命罪"被判有期徒刑十三年的。先要在K字楼上诉犯人的筒道待上十余天，谁知第二天就碰到了百年不遇的大地震，本来只有十天的上诉期，不上诉的十天过后就要去监狱或劳改场了，碰上这倒霉的地震，在这里憋了二十余天，待8月中旬才转到与K字楼只有一墙之隔的北京第一监狱。

K字楼在西面，一监在东面，这两所大院仿佛是两个做上下手活的车间，在西院的K字楼处理完了，便传送到东院的监狱劳动改造，完成了一个把正常人变成真正犯人的过程，因此，这个监狱才是真正的监狱，才是法律意义上的监狱[1]。这是北京第一监狱，犯人统一穿监服（监狱犯人制服），上衣左边的口袋上方印着"监01"三个大字，它也简称为"一监"。

1 │ 北京第一监狱

北京"一监"是大名鼎鼎的，它不仅是北京监狱的"第一"，也是中国监狱史上第一个"文明监狱"，是清末清廷政府实施政治改革、法治改革时，建筑的第一个示范性的监狱。本来是打算做橱窗、让洋人参观用的，没想到大清国还没有使用就倒了台。

---

[1] 监狱应该是"监禁被处徒刑及拘役者之所"。

正像鲁迅所说本来中国"旧式的监狱,像是取法于佛教的地狱,所以不但禁锢人犯,而且有要给他吃苦的责任。有时还有榨取人犯亲属的金钱使他们成为赤贫的职责。而且谁都以为这是当然的。倘使有不以为然的人,那即是帮助人犯,非受犯罪的嫌疑不可"。因为主流社会的人们认为"犯了罪的就应该叫他受苦",这种惩罚观念、复仇观念根深蒂固。可是自从欧风东渐,洋鬼子来了,这套观念就受到了冲击。比如洋人在中国犯了罪,如在中国公堂上是要脱了裤子打屁股的,并叫他享用一下体现东方文明的监狱。洋鬼子受不了,觉得这不文明、太野蛮。然而最初洋鬼子也没办法,谁让你不老老实实在贵国待着、不远千里、巴巴地跑到敝国来。因此稍有过失被官府抓住,这种鬼门关,也要请他们走一走。如咸丰年间,英法联军与清政府谈判,谈判人员招惹与之谈判的满大人发怒之后,都以"叛逆犯"的罪名,统统被关进了刑部大牢,像猴子一样锁在尿桶旁边,让他尝尝天朝监狱的苦头,而且每天用"明天推出斩首"的消息震慑他们,于是其中有吓死的,也有憋疯了的,后来英法联军打到北京,个别存留下来的被救了出来,他们就特别痛恨这个大清国的法律。大清国的"东方文明"毕竟抵挡不了洋人的船坚炮利,满大人屡战屡败,丢失了治外法权(犯了罪由洋人自己审理,关在洋人自己开办的监狱里),其借口就是大清国法治不文明,并且端不上世界的台盘。治外法权的丢失,使得大清国的执法权力被剥夺了很重要的一部分,这也促使官僚中的有识之士,倡导政治改革、司法改革,其中就包括监狱的改良。

清末大理寺正卿(相当于现今的最高法院院长)、改革者沈家本指出监狱是国家文明进步的标尺,除了监狱思想、监狱制度要改革之外、建立新式监狱也很必要。于是，几经出外考察之后，在北京右安门内原镶蓝旗营操场俗称南下洼子的地方觅得一块空地，来建造亘古所无的"文明监狱"。

监狱建好了，大清朝也寿终正寝了。民国元年（1912）开张第一任典狱长是王元增（写过《监狱学》），这是一监的起始。我在翻检有关"北京第一模范监狱"的史料时，看到一则关于招收监狱看守人员的资料，很有意思。其招收条件为"相貌端正，有文化、有家私，不靠做监狱管理人员养家糊口"。我想入招"第一模范监狱"的看守未必都能达到这个条件，在招收监狱看守时能有这样的想法，可见清末民初时人们对于"文明"标尺期待之高。

这里位处北京外城的西南，"地势卑下，众水所归"。我小的时候常到这里捉蛐蛐，逮蚂蚱，水很多，下挖一尺深就见水，颇有些像南方湿地。这里杂草丛生，蚊蝇成阵，在北京城中是块很烂的地方。盖了这座监狱以后，正对着监狱门修了条路，名为"自新路"。路名也体现了当时新派人物关于监狱的新理念——犯人被关，限制他的自由，并非只是惩罚他的既往，更着眼他的未来，望其改恶迁善。

民国初年，一监叫做"京师模范监狱"。小时候，家就住在米市胡同南口，经过珠巢街向南走不多远就是自新路，只有四五百米。上小学时就知道这里是第一监狱，是关押坏人的。也了解它的曾用名，然而那时只知道英雄人物才叫"模范"，"模范监狱"？难道这里是关押"英雄模范"的地方吗？这个问题困扰我许久。

解放初，自新路北口有个私塾，到了五十年代还在教《百家姓》《三字经》《千字文》和《幼学琼林》之类。有个邻居小孩从河南老家初到北京，没地方念书，曾在这里就读过一个时期，我常去学校找他，因此常常看到"北京市第一监狱"这块牌子。牌子下有军人荷枪守卫，很好奇。没有想到二十多年后亲履其地，并且还在里面关押了足足两年。

鲁迅在其著作中多次谈到第一监狱，他的一些木器家具就是在一监工厂买的，物美价廉，受到他的赞美。他在谈到苦难的中国人被现实折磨得没办法，老构想"苟活的理想乡"：

中国人的虽然想了各种苟活的理想乡，可惜终于没有实现。但我却替他们发现了，你们大概知道的罢，就是北京的第一监狱。这监狱在宣武门外的空地里，不怕邻家的火灾；每日两餐，不虑冻馁；起居有定，不会伤生；构造坚固，不会倒塌；禁卒管着，不会再犯；强盗是决不会来抢的。住在里面，何等安全，真是"千金之子，坐不垂堂"了。但缺少的就有一件事：自由。——（《北京通讯》1925年）

鲁迅仅把一监视为是没有自由的地方，实际上这也是最没有尊严的地方。有独立人格或向往个人尊严的人坐监狱是最痛苦的。

1990年代初传说要拆K字楼，香港商人想在这里投资盖游乐场，后来没建成，但这片楼群确实拆了；随着就是一监，都被夷为平地，把这里改造成为北京公安局干警的宿舍区，高楼林立，命名"清芷园"（"芷"为生长在南方的香草，屈原作品中大量出现，谁能想象这里曾是藏污纳垢之所呢）。其实，这个监狱应该是个文物，它负载的近代历史太多了，在民国历史上的地位，可与王府大街北口路西的北洋政府总统府、张自忠路"执政府"和新华社内"国会礼堂"相比。可惜，已经四去其二了。偌大的北京，曾是民国的首都，但这里已经没有什么民国时期的文物遗迹了。

2 | "文革"末期的监狱

初入监狱，除了心怀惴惴之外，总免不了有点儿好奇，没有进过监狱的读者也不免有了解监狱的好奇心。

一监除了监狱行政的办公机构、看守人员和狱警的宿舍外，犯人所居住的地方分为入监队（刚转入监狱者）、出监队（快到期的犯人，在那里学习出狱后的生活）和十个中队，以及犯人劳动的工厂车间。

被判刑的犯人，只要不是立即执行的死刑，不论轻重，一般是先送到一监的入监队。在这里学习监规纪律，稍作停留，刑期长（十年以上）或有特殊需要的留在一监；老弱病残送往延庆；其他的便是送到劳改农场，近的有团河、天堂河，中距离的有清河、茶淀，远的有兴凯湖、青海，反正都是带三点水的。这一点很怪，正像许多看守所都带"桥"（半步桥、提篮桥、老虎桥等）一样。

在入监队换了监服（或说"囚服"），8月正值盛夏，发的是两件白短袖衫、两条黑裤子，上面都有"监01"的标记。因为犯人没有布票，做衣服的用料都是再生布的。上衣说是"白"的，实际上是没有经过任何印染的本色白，有点儿略带暗红色，布的纤维很粗，有的地方仿佛还夹杂着不太发育的棉花籽和棉花秆的皮纤维，表面粗糙之极，穿在身上，有解烦止痒之功效。

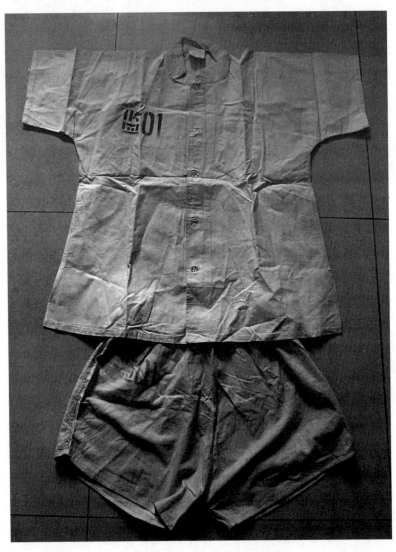

这是北京市第一监狱发的夏日监服

我只在入监队待了几天就被正式发往监狱了,由于是重刑犯(十年以上),被留在一监,分在三中队。这是个专门关押反革命的中队,劳动的工厂对外的名称是"清河塑料厂"。一监十个中队里,有九个男队,一个女队。一至五队在塑料厂,六至十队在清河织袜厂。每个厂里有个反革命中队,一般说来,分在袜厂的犯人年龄相对较年轻一些,女犯中队也在袜厂。

三中队大约有一百三四十个犯人,分为三个小队,我在三小队。三中队分住在两个筒道,一、二小队占一个,三小队与保全组、小报组(所谓"小报"是由监狱方面主持,犯人编纂的《劳改通讯》)以及杂务(管理各种杂事如清洁卫生、监规纪律的犯人)共住一个筒道。

监狱的形制

一监的主要建筑与 K 字楼不同,它是传统建筑,是砖木结构的平房,而 K 字楼是水泥钢筋洋式建筑的楼房。一监的格式如匍匐的乌龟,中间是个龟背形的圆厅,四面伸出四腿一尾——五个筒道,筒道两侧是监房,两条通道之间相夹的空地叫做"三角院",是犯人洗漱放风活动的地方。入监队只占其中的一个筒道。

我找到两幅照片,题为"民国时期的北京监狱",有的题为北京的"二监"。我认为这就是"北京第一模范监狱",也就是解放后的一监。

我曾碰到过一个解放前坐过一监的老人。1977 年的一天,监里来了一批新犯人,分到我所在监舍的是个形容猥琐的小老头。他是个刑事犯,判五年,只是从这里一过(大约当时入监队人太多住不下了），待不多久，都要去劳改场的。他一进监室就坐在炕上发愁，而且东张西望，说这里特别熟悉，好像来过。大家笑了起来，问他什么时候？他说："四十年前，我们就住右安门外的草桥，我爸爸送我'忤逆'。"大多年轻人不懂什么叫"忤逆"，问我是什么意思。我说就是"不孝"（其实民国时期的《六法全书》中无论是"民法"还是"刑法"都没有"忤逆罪"，只有"遗弃罪"，可能民间仍用《大清律》的罪名来称呼不赡养老人的"遗弃罪"），几乎所有的犯人都嘲笑他。可见他当年进的监狱就是这个监狱。问他这次是因为什么进来的？他支支吾吾，说不清楚。后来才知道，老头早年丧偶，守着一个儿子过活，后来儿子大了，老头又娶个寡妇，寡妇带个女儿。冬天为了节省柴火都在一个炕上睡，老头把寡妇的女儿糟蹋了，儿子为了侵吞老头的房子，把老头告了，结果以流氓罪判了五年。早年以"不孝"、晚年以"不慈"进了同一个监狱，案子很离奇，至今我还记得那个老头猥琐的样子。

　　下面所附图片第一幅展示的是一监监舍的全景，从高处俯瞰，各个筒道呈放射形排列，中间空地就是"三角院"，有树有草，还有水龙头，洗衣服的水池子，供犯人洗漱用。第二幅展示的是某个筒道，是从筒道底部（筒道底部封口处还是一间小房）向中心圆厅拍摄的。如果我住的就是这个筒道的话，我所待的监舍就是痰桶之侧的那一间，对面就是上面说的"保全组"，"保全组"的里侧就是"小报组"。

这是从网上下载的民国时期的照片,在六七十年代基本没变。

图片中的筒道与我三十多年前所住的大体上一样，其间的差别有四点：

一是到了冬天每个屋子门口左侧都有一个用砖砌的炉子。其长宽高均在二尺左右，以供烧水取暖，这里与K字楼不同，冬天屋子里没有暖气，很冷，只靠筒道里的炉子烧出的热气暖和暖和屋子。犯人还可以在上面热热饭，烧开水。二是墙上隔个十来米就有一段大约一公分长的小电阻丝，接着一个开关，打开开关，电阻丝烧红了，犯人可就之以点烟，点完烟，再一拉开关，这个小火头就灭了，十分方便，又不会发生火灾。第三，在筒道的中间摆了一张理发馆用的大靠椅，三中队都在这里剃头刮脸，半个月一次，胡子浓的一周刮一次脸。我在监狱时的理发师水平不错，三十多岁，姓刘，瘦高个，细长的脖子，一双斗鸡眼。他是老北京，一口北京土话，声音很脆，如果他学相声无论从语音还是从外形都会是个好演员。他是刑事犯，很快就出狱了。第四，照片的景深处，开着口，可通往大厅；而监狱平常是锁着栅栏门的，左侧开着门的地方是通向三角院的，三角院门口有个厕所。筒道的左侧口的旁边有张桌子，三四把椅子，这是杂务坐的。

不过听老犯人说，监狱筒道中的火炉也是1960年代有位叫孙英任监狱长时的德政。在此之前，冬天，监号中是滴水成冰，晚上睡觉得把所有能御寒的都盖在身上，也是一宿伸不直腿。现在冬天筒道里烧几个煤火炉，监舍内的温度能保持在摄氏10度以上。另外，筒道高耸上方的出气天窗，夏天是打开的，蚊子小咬出出进进，咬得人睡不着觉。也是孙英在任时，给安上的纱窗，筒道内夏天还可以熏蚊子。因此我在一监时，冬夏两季，大体还可安度，这应该感谢这位孙先生。老犯人还说，孙英为此在"文革"中付出了巨大的代价，被批为黑帮刘仁（"文革"前北京市委第二书记，负责政法）的走卒，受了许多罪。

监舍内是大通铺，我所在的监室是三开间的，可睡十四五个人，执行号（组长）睡在两端。平常除了睡觉、干活、学习，大多是在筒道里待着，因为室内除了通铺（约一尺半宽）以外，就没有多大地方了。所以犯人只要住在一个筒道内，平常交流机会就很多。这与K字楼有根本的不同。

三中队工作的车间是压制塑料凉鞋的，车间大门与一、二小队住的筒道相连。车间只要开工就是二十四小时三班倒，三个小队轮着转。早班是上午六点至中午两点；中班是两点到晚上十点；夜班是夜里十点到第二天六点，与社会上一样。因为一监地处宣武区，那时北京是分区轮流停电，宣武区是星期四停电，所以塑料厂也是星期四休息，监狱的犯人接见家属也安排在这一天。

监狱规矩与话语

在看守所时规矩特多，比如晚上睡觉时眼镜、腰带要放在监号之外，监室内绝不许有杆状和尖锐的东西，弄得连铅笔都不许有。到了监狱，规矩较看守所少了许多，也宽松了许多。这里规矩的立意与看守所有所不同，其关注点在于让犯人记住自己的身份。比如与政府干部说话一定要站起来，进队长办公室一定要喊报告。初到三中队，我看到一个很奇怪的现象，队长领着犯人到他的办公室谈话，走到办公室门口，犯人仍然喊"报告"，领着他的队长机械地回答进来，然后两人一同走进办公室。看来很可笑，但"到此方知狱吏尊",其意在于说明犯人与看守是分属不同等级的。

语言有很强的社会性,监狱是个相对独立于正常社会之外的小社会。在这个小社会中造就了独特的话语。例如每个看守都被称为"政府",他们也以此自称。每到训话时一说到"政府"如何如何,就是指他们自己如何如何,如果不懂这一点,有时就听不懂他们的话。比如有时他们就会说"政府吃饭时……""政府洗澡……""政府上街买菜……"等。实际上就是说他们自己。

话语往往是一个社会群体文化的标志性的东西,最易识别。1970年代的中国是个完全泛政治化的国家。1975年、1976年正是流行"批邓、反击右倾翻案风"时期,那时所谓的"阶级斗争"、"路线斗争"特别尖锐,火药味的语言、暴力语言泛滥。监狱更是阶级斗争的风口浪尖,除了社会流行的政治套话之外,监狱内部流行的话语暴力性更强。什么"坦白从宽,抗拒从严""认罪伏法,重新做人""只许规规矩矩,不许乱说乱动"等,当然,这些也流行于社会,但大多局限于搞阶级斗争、路线斗争之时,不像监狱每时每刻都要面对这些。

监狱的话语也在不断地变化,解放初,一切都处在上升时期,特别自信,深信劳动改造政策具有无往而不胜的力量,连日本战犯、宣统皇帝也改造好了。这样在改造中就不免要多多晓之以理,动之以情。如抚顺战犯管理所的管理干部还有给宣统皇帝溥仪系鞋带之类的动作。第一监狱在"文革"前,端午节、中秋节也要发粽子、月饼之类,让犯人体会劳改政策的温馨;而"文革"当中强调敌人的阶级本性不会改变,就像"冬天的大葱,根枯叶烂心不死"。对于阶级敌人,"你刺激他也是这样,不刺激也是这样",对于他们只有打倒"再踏上一万只脚"。犯人当然是绝对的敌人,只有加强专政。在这种风气下,绝不会再有像对待宣统那样带有温情色彩的事情发生了。这种情势下,话语也产生了变化。比如,犯人之间的相互称呼。在"文革"以前犯人还可以互相称为"同学"(现在大律师张思之先生一见我就称"老同学",朋友觉得奇怪,问我是何因缘?我说张老错划右派时曾在南口农场劳动,我在当反动学生时也曾在那儿劳动,张老是戏仿解放初监狱犯人的称呼)。这是个带有温情的词,细想也不离谱,因为改造中学习也是很重要的一项。"文革"来了,强调阶级斗争,尤其关注犯人与正常人的区别,并严禁犯人之间拉拉扯扯的不正常关系。于是,犯人之间如何称呼便成了问题,叫"同犯",有同案之嫌;叫"同监",所指范围太广,似乎有连看守都被囊括而入的嫌疑。其他如"难友""狱友"之类更是不许使用,在监狱当局看来,犯人成"友",必然对抗政府。又如犯人住在一起,政府一定要指定一个头,这个头在"文革"前叫"号长""组长""班长"之类。这个风气解放前就有了,小说《红岩》中写装疯的犯人华子良得以与看守一起到监狱外买东西,商店的老板称看守为"队长",称华子良为"班长"。"文革"了,对阶级敌人彻底专政了,犯人哪能称"长"呢?但"头"还是要有的,政府也是要指定的,不过名字改了,叫"执行员""执行号""值星号"等,一律取消了"长"字。我刚进监狱时,听到"执行号"等词觉得非常别扭。

监狱的独特话语体系,给刚入监的犯人造成困扰,特别是在预审阶段(当时是在公安局,现在是在检察院),审讯方与被审讯方在谈一个问题时,因为话语不同,对话就是鸡同鸭讲,特别是遇到极其执拗的人犯。也就像俄国作家契诃夫的独幕喜剧《预谋犯》（也有译成《明知故犯》的）中用铁轨上的螺钉作钓鱼坠子的那个乡野老农与法官大人的对话。法官问他为什么破坏铁路运输，他回答钓鱼没有千斤坠儿，鱼咬钩了发现不了。三十多年前，在政法、公安就业的多是复员转业军人，没有受过审讯学的训练。那时又是"有罪推断"，人一被送到公安局，马上被视为罪犯。他们与自认为无罪的疑犯无法对话，常常发生互相听不懂对方语言的尴尬情境。

我曾遇到过一个中年美术教师，在中学任教。他是南方人，有些江南文人气质。抗美援朝时当过志愿军，上过前线，1950年代转业时留在了北京，当了中学教师，教美术。他娶了一位近郊女工为妻，女方出身农村，长得膀大腰圆，说话直来直去，看不上自己这个说起来文绉绉的纤弱男人，常常争吵打架。老婆能打能闹，又有家中弟兄相帮，打骂老公成为家常便饭。老公苦不堪言，数度提出离婚而不成。男的实在受不了就分居了（实际上是被老婆"扫地出门"），工资在单位就被老婆拿走多半，仅给他留下一二十元作为生活费，他在东城租了一间小房，穷愁度日。他很气闷，而且奇怪为什么双方已经反目成仇，还不能离婚？便想了个奇怪的办法，到北京火车站去"拎大包"（窃取旅客大件行李），看自己被抓走、住进了监狱，当了犯人，老婆离不离婚？更怪的是，他数次得手，多次"拎"走了大包也没有被发现捉住。他把"大包"都堆放在自己床下，甚至没有打开过。就在这个过程中，其命运有了转机。有位返乡女知青花钱跟他学画，他教的很有成绩，从此跟他学的人也多了起来，收入也多了。这次转机不仅经济上得利，而且与那位女知青发生了爱情。这个信息传到老婆耳朵里，老婆怒气冲天，带了一帮人气势汹汹地打上门来，不分青红皂白，把他揍了一顿。美术老师气死了，坚决离婚，老婆带人撤退时撂下一句话："死了这条心吧，甭想，除非你死了！"死，他不敢，但敢去蹲监狱。于是，他喝了点酒，当晚又鼓足了勇气去拎大包，又很得手。夜里十一二点了，他拎了大包，从东单路口回家，走累了，在"青艺"前的台阶上（现在的东方广场前）歇一歇。那时正是八月，小凉风一吹，他倒地枕着大包睡着了。70年代中是阶级斗争意识最强、最敏感的时期，夜里到处有"首都民兵联防"巡逻，何况是在人流熙攘的长安街上。联防的民兵一看他这样子，马上断定这是"新动向"，叫醒他，问大包是谁的？回答说是我的，问他有什么，他傻了，支支吾吾，说不出来。就这样他终日向往进监狱的日子到来了。

联防队员把他送到不远的"炮局"，进了治安拘留所。警察一搜查他的家，许多未开封的大包还堆在床下，还有他的日记，记录着与女知青恋爱的经过及种种让外人看着肉麻、当事者看着温馨的信物。于是，他升级了，被送到K字楼，签了逮捕证。预审时，一场幽默的对话开始了。他与预审员完全是两种话语，仿佛是两个星球的生物。预审员一看到他记载与女知青两性生活的日记，斥责他的种种流氓行径；而这位江南秀士则大讲爱情的伟大和甜蜜，怎样激发了他新的生命和重新生活的动力。预审员斥责他对工农兵的背叛；他讲自己一生的不幸和命运的关照。预审员讲知识分子应该接受工人与贫下中农的监督改造；他讲家庭暴力。预审员说他"五毒俱全"（又偷，又流氓），不知人间有羞耻事；把这位教师气得七窍生烟，因为他从不贪财，连拎来的大包也未打开过。狱中许多人都知道这个故事，有人还能惟妙惟肖地模仿这场精彩的对话，胜过现在一些矫揉造作的小品。后来这位江南秀士以流氓盗窃罪被判五年,送去劳改农场,但还是没有离成婚,在监狱中,家属一提离婚就批准;如果犯人单方面提出离婚,家属不同意,这是谁也没有办法判离的。有的犯人调侃他说,政府判你"有期徒刑五年,监外管制无期"。就是指老婆大人统治更苛于监狱。

一监有一些特殊的规矩,是阅读反映监狱生活的小说中还没有遇到过的。如对女犯人有个规矩就很奇怪,我说这规矩体现了国粹精神。女犯人如果在监狱中碰到男犯人(这种机会少之又少,因为犯人百分之九十九以上的活动都在筒道里,只有本队的犯人和看守,男犯人根本就看不到异性,连每周来一次给犯人诊病送药的医生都是男的),女犯人必须马上转身面壁而立,等男犯人离开之后,再回转身来办自己的事,该去哪儿去哪儿。不知道最初为什么定下这个规矩,是女犯人比男犯人还低一等,还是古人所谓"冶容诲淫"、怕让关久了的男犯人产生性冲动呢?不得而知。

一监的生活

进了监狱不仅断绝了自由,以往的事业也一笔勾销,家属也见不到了,万念俱灰,人生的乐趣只残留下吃了。一监的伙食费与K字楼一样也是十二块五,但与K字楼相比可以说是天差地别。这里的十二块五真正发挥了它的作用,其关键在于犯人自己做饭,做饭掌勺的自己也吃这个。

听老号说,伙食安排一度由犯人自理。让刑期短、表现好的犯人管账和安排伙食。他们当中有的为了讨好监狱当局,省出好几大桶油来,那时油是何等的珍贵。三中队队长当着全中队犯人的面儿骂了他一通："你克扣犯人伙食就是重新犯罪，这样做，就是积攒下一座金山我也不会减你的刑！"后来一连吃了几天的炸油饼，才把省下的油消灭掉。此后，谁也不敢这样做了。

十二块五在当时是北京市中下层人的生活标准，比一般农村不知高出多少。一监的厨子多是真正的厨师，其技艺也是那些K字楼雇的右安门外生产队只会煮猪食的临时工无法比拟的。平常三顿饭，早上窝头玉米面粥、咸菜，中午窝头汤菜，晚上仍是窝头汤菜，内容基本上与K字楼一样，但口味却不一样。每周两顿细粮，或米饭，或面食。两顿肉，节日假日有改善，特别是在改善伙食时才能显示出厨师的水平。至今我仍然怀念一监蒸的馒头。现在蒸馒头多用发酵粉或鲜酵母，发酵效果不好；北京市民一般是自然发酵，面和好，待变酸后，用碱或小苏打等碱类物质中和。而一监厨师是发酵后不用碱中和，用手揉，揉到恰到好处，馒头发的大，满是蜂窝，稍稍有点酸头，有股发面的香味，这在外面极少能吃到。

一监属于宣武区，休星期四，监狱怕休息日犯人无事生非，就给找点事儿干，上半天多吃饺子。面、菜、馅发到每组，由组内人自己包，包好了用床板搭到厨房去煮。星期四又是接见日，农村犯人因为家里有孩子来看，往往会端上刚刚煮熟的饺子给孩子吃，弄得家在农村的犯人家属以为一监老吃饺子，甚至羡慕犯人的生活。

在一监两年的冬天里，我深感食物热量的差别及其对身体的影响。因为监室内没有取暖设备，冬天很冷。晚上睡觉时要把能御寒的衣裤都压在身上，这是吃窝头。如果晚饭是馒头，睡觉时就觉得暖和许多；如果主食是馒头，菜是炸橡皮鱼（1977年北京常卖橡皮鱼，北京人不认识这种鱼，也不知道怎么吃。厨师拿来炸，简单省事),那简直是火上浇油,一晚上都会热得睡不着。

在一监是管饱的,窝头按定量是每人两个,实际上,往往还有吃不了的又拿回去的。犯人还常常把窝头切成片(在车间干活时有修塑料凉鞋用的小刀),放在注塑机的机筒上烤,外面用鞋箱厚纸扣上保温,机筒温度一百二三十度,烤不煳,两个小时以后,烤得焦黄酥脆,用以作零食。这大约是犯人能保留的仅有的饮食乐趣,还常常被禁止。

有劳动力、又从事劳动的犯人按规定每月有两块五的收入,用以购买牙膏牙刷肥皂。城里人拿这点钱不当回事,而农村人舍不得用,给家里攒着,年底寄回去。那时北京郊区许多生产队的农民干了一年活,年底分红,拿不到钱,有的还欠生产队的钱。

3 ｜ 初进三中队三小队

号内人物扫描

三个执行号

我被分在三中队三小队一组。我住的监室中有两个"监龄"最长的老号,一个是执行员刘永志。大约有六十来岁,他资格最老,即使在整个第一监狱也是数一数二的。他在1948年就被共产党捕获并关押起来了(1948年平谷就已经解放,他是在该地被捕的),1976年还没有到期,已经蹲了28年大牢。他是个反革命杀人犯,其实说"反革命"有点勉强,他的犯罪动机可能就是图财害命。那还是在1940年代,他与父亲在平谷给一个老板打工,为贪图财物,父子俩把老板谋杀了。这个老板是个地下党,平谷解放后,通缉他父子。刘永志把他爸爸出卖了,结果父亲被判死刑,他检举有功,被留了下来,解放初被判为"死刑缓二"。"死缓"一般就不处死了,两年后改判为"无期","无期"八年后改判有期二十年或十八年,他因为表现好,受到过减刑,我到三中队时他还差两三个月就到期了。这个在监狱中过了大半辈子的老人已经与监狱生活合二而一了。在监狱中,他是那样协调自然,从没有不自由和别扭的感觉,也许除了监狱,他也没有过多少时间的正常人的生活,即使有过,也是遥远的过去了,早已忘却。

他睡在大通铺左端(执行员一般睡在通铺的两端),行李、日常生活用品都收拾得干干净净、井井有条。人已谢顶,头皮光亮,再生布的小白短褂,洗得刷白。他常常靠在属于他的小角落里吧嗒抽小旱烟袋。通常,他一语不发,只盯着别人,只要发现与监狱氛围不和谐音,立马就会制止或者汇报。比如人家谈到老婆孩子,他就会制止:"嗨!说点别的,这不利于改造!"谈吃谈喝谈女人是监狱中永恒的主题,人家一说到吃,他马上就会严厉质问:"监狱吃得不好吗?我觉得比我小时候在家吃的好多啦!"他心中只有监狱这一本词典,一开口就是监狱语言,其词汇不能溢出监狱词典之外,别的话不会说,别的词儿也没有。他最引为自豪的是五十年代的改造窑台(就是现在的陶然亭公园)工程,包括拆永定门到右安门那段城墙,这个工程建造了宣武区最大的公园——陶然亭公园,但也毁坏了宣武城南的原始风貌。他常说:"那时,每天我们干十个钟头,解放军端着'三八大盖'(大约他也就知道这一种枪)押着,我们抬土、背砖,我光跑镣就蹬断了十来副,二十天一副。那是闹着玩的!"所谓"跑镣"是指细长的脚镣,犯人外出劳动时戴的。他说这些洋洋自得的劲头儿，仿佛是当官的炫耀权力，有钱人晾晒财富，就凭这一点他就有权看不起那些只会围着机台转来转去压塑料凉鞋的犯人。

我初到这个监室就感觉到，这个人既无知又讨厌，你不招他，他会管你，而且无事不管；你与他顶撞、争吵，不值；不理他吧，他自觉有理会唠叨个不停。待了几天我发现只有铺位在我旁边的"反革命流氓犯"徐连生能够制服他。徐连生年轻，自称流氓，什么脏话都能骂出口来。刘永志一冲他来，徐便指着脸骂他，揭他的老底，骂他出卖亲爹。徐连生口若悬河，秽语连珠，骂得他张口结舌，直到气得喘不过气来为止。此时全屋的人都想笑，真是恶人自有恶人磨。幸亏他快到期了，很快就离开了三中队，到了出监队，我们全室才逃脱了一场噩梦，但从此也终结了"徐刘大戏"。听说这场大戏已经成为"连台本"演出了许多年了。徐连生能伸能缩，有时把刘气得找不着"北"时，也会主动放弃进攻，向刘示好，甚至安慰刘几句，胡撸胡撸他的秃脑袋顶，也就没事了，两人维持了"斗而不破"的局面。

另一个执行员叫董清旻，他年轻，才三十来岁，为人精细，手也巧，经常做点小东西，剪纸、写美术字。他长得有点女相，仿佛明代仕女图上的人物，很文气，平常老抱着琵琶弹练习曲，有时也弹《春江花月夜》、《十面埋伏》（当时"评法批儒"它被定位为法家代表的进步古曲，而《霸王卸甲》被定为儒家反动的古曲。理由是前者赞美擒获项羽，后者同情项羽）。他也是"现行反革命罪"（无非也就是议论了一下"文革"）被判十年。他惯于认罪，每开会发言必然联系自己的罪行，念一通"改造八股经"（任何领域都有八股，监狱也不例外），表示认罪悔过老实改造。他的口头禅是"老想出去，出去干什么？里外还不是一样"。听多了，有一次我驳斥他说："你这是对监狱的美化，还是对社会的丑化？"他只是神秘地笑一笑，不反驳，也不回答。

他是中专毕业生，学的是印刷装订，现在的北京印刷学院大约就是由这个中专发展来的。其所在学校在现今的安定门内国子监旁的孔庙之中。他跟我谈过好几次"文革"初期，1966年红八月时，在孔庙大成殿前广场上批斗北京文艺界的"黑帮"，破"四旧"的情景。他绘声绘色，说：老舍、侯喜瑞、荀慧生一帮三四十人，围成一圈儿，有的跪着，有的低头弯腰站着。中间把京戏行头、盔头、道具、古今书籍堆得像小山一样，点起大火开烧。八月天正热，骄阳似火。这些"黑帮"在烈日下像烤鸭一样再接受熊熊烈火的熏烤，红卫兵拿着演戏用的刀枪把子，打那些老头，老舍就被打破了头，血流满面。这些学生也真下得去手。老人一个个冒着油汗，在脸上留下黑的、红的（有血）、白的（京剧行头上的银粉）道子，又可笑、又可怜。批斗完之后，孔庙的松柏树上挂满了金粉银粉，都看不到绿色了。红卫兵觉得劲儿还没有使完，又找来梯子、斧子去劈大成殿上面的"大成至圣先师"的匾额。不想常年不动的匾额后面有马蜂窝，斧子一劈，惊动了马蜂，倾巢而出。那个勇敢的红卫兵从梯子上滚了下来，摔个半死。董数次对我说到此事，可能那场大批斗以及焚毁文物给他的刺激太深了。老舍先生就是在那次批斗后投太平湖而死的。

在监室中，董清旻是个抹稀泥的角色，别人做了点违反监规的事，他会装作没看见，比如刘永志挑毛病，他往往会把大事化小，小事化了。徐连生痛骂刘永志时,他也在徐基本尽兴之后,出面制止一下,安慰一下刘永志。刘永志出监后,换了木匠马宜来替刘,马宜也是个忠厚人,从此监室的气氛好多了。我在这里待了两年,始终没有感到特别受压抑,与董、马这两个执行号有很大关系。

董清旻1979年平反。出监后,从师文字学家康殷学习篆刻,给到中国旅游的外国人刻章。他买了一辆摩托车作交通工具,跑各大饭店接活,连夜刻完第二天送到饭店,不耽误人家的行程。那时我住在六铺炕,他住鼓楼后街,常骑着摩托到我那里坐一会儿,因而得知他的生活有了很大的改善。董结婚时我曾到他家祝贺,见到他的老爸,八十多了,依然精神矍铄、衣履俨然、风度翩翩,稀疏有数的几根头发梳得一丝不乱,仿佛随时准备出席什么重大典礼似的。他是位老医生,日本占领东北时学的西医,生活自律颇严,听说享寿百岁。董清旻的性格作风深受其父的影响。

结婚不久,董清旻就到日本谋生了。最初也是出售篆刻技艺,开个小店,后来连家属也接了去,做起了买卖,十多年前加入了日籍。回来探亲,有时还到我家坐一坐,示我以"司马清民"的名片。我们谈起一监往事,恍若前尘。

马宜是个极为灵巧的木匠,三十多岁,可是初一看,简直就像五十多岁的。门牙也没了,脸上能打褶子的地方也都打了褶子,满面风尘,一脸沧桑。他是门头沟区的,小时候家里穷,当过和尚,办法事,放焰口都跟着师傅去;吹拉弹唱,不说样样精通,大多都能拿得起来。大跃进,破除迷信,和尚没饭吃了,不得已,才还俗。他喜好说笑,最初听他说自己曾是小和尚以为是玩笑,马宜为了证明他真的当过和尚,一次睡觉前在室内念起大悲咒(梵语,他不懂意思,只是死记那些"音"),人们才信他当和尚一事并非神侃。为了维持生计他改行当了木匠。马宜是因为参与武斗,又有点反动言论才被判了八年。像他这样的轻刑犯也被留在一监,大约与他会木工有关。看守很相信他,给他单开了一个木工室,地点就在我们所住筒道的顶端。小屋里摆满了斧子、砍刀、锯子、刨子等,这些都能成为凶器的工具是监狱当局特别关注的,严禁犯人接触。三中队大约只有他才能单独掌握使用这些工具。监狱当局在三中队有两个特别相信的人,一是马宜,另一个就是负责剃头的小刘。他们二人手中都掌握着可致人死命的工具。

马宜的手艺心思与他粗陋的相貌成反比,他不仅能做各种家具,三中队从房子到工具的维修都是他一人担当,还能给队长干点私活,如打把椅子,修修立柜等。做这些,其目的不是巴结看守,他天生闲不住,手里有点活干才舒服。他还会做乐器。三中队有个能作曲、并能担任乐队指挥的人,名叫马贵峰。政府叫他组织了一个乐队,领导大家唱革命歌曲(也就是现在所谓的"红歌")。这个乐队除了董清旻有自备琵琶、还有三四把小提琴和监狱原有的锣、镲、鼓之外,其他二三十个人的乐器都是马宜做的。包括中提琴、大提琴、贝司,二胡、四胡、月琴,各种笛子、唢呐等。我看他做大贝司,真是辛苦,琴箱的里外都是用砂纸细细打磨而成的,而且一边调音、一边美化琴的外观,小心翼翼,生怕打磨多了失去了音准。笛子、唢呐,马宜都能吹,三中队乐队的管乐主要靠他。有一次演出之前他的门牙掉了,拢不住气了,这下可糟了,怎么能吹笛子呢?一时半会儿,三中队还找不出人来代替他。最后,还是他别出心裁地找到一块硬塑料板,做了一个临时假牙戴在嘴上,练习、排练、演出时用,平时摘下来,否则会妨碍吃饭。

马宜爱笑,一笑就应了过去"蒙学"书中说的"狗窦大开",显得特别滑稽。他也把监狱当成了家,从不见他有不稳定的情绪,也许在外面他没有任何亲人了。马宜是凭着自己的能力和憨厚在干部中留下好印象的,这一点与刘永志不同。他只给别人带来快乐,从不害人、也不与人争。是做和尚时给他留下的善根吗?

同监室的另外几位

前面说这个监室有两个"监龄"长的老号,除了刘永志之外,还有一个是杂务张贵。他是近郊的农民,四方脸,头很大、头顶全秃,他的习惯性动作就是用食指残缺的右手(开注塑机时压的)抚摸自己光而亮的头皮,仿佛老有解不开的难题似的。张贵1950年就进来了,到1976年也快六十了,牙也快掉光了。吃窝头时都是把窝头碾碎了,泡在菜汤里然后灌入口中慢慢用牙床子咀嚼,看他吃饭费力的情景也令人心酸。他上过几年学,当过一年国民党青年军。国民党从北京撤退后,他就自动回了家,家里还有媳妇和女儿,要靠他养活。有一次村里宰了羊,村民分肉,村子的支部书记在井台上洗肉,血水汤子流了一地,也流到了井里。张贵去打水,看着书记这样做他有气,认为把水井弄脏了,就与他吵了起来。书记说,你一个国民党兵,新社会哪有你说话的份?那是在解放初,有大小历史问题的人们还没有"夹起尾巴做人"的意识。张贵脾气火爆,就与书记吵了起来。两人跳着脚对骂。张贵气得大叫:"看我不花了你。"(意为用碗打破头,使之血流满面)书记说:"看我不送(解放前有地位或威势的人可以随意把属下交给司法机关治罪,北京人称做'送')了你。"张贵还犟嘴说:"你送!你送!"结果张贵没有

"花了"书记,而书记真的叫两个民兵把他绑了"送"到派出所。张贵最初以为,就是个两人打架的事,关两天也就放出来了。不料正赶上了镇压反革命运动,把他定为阶级报复,一下子判了个无期徒刑。后来村里的书记换了十来个了,那位跟他打架的书记也因为强奸罪被判了徒刑,听说也曾从一监经过(如被判刑必然经过一监)。可是张贵照旧服刑,照旧还是"反革命阶级报复"犯,照样要认罪伏法。不过,我听同室的犯人议论这些时,张贵也快到期了,没有了任何火气,他仿佛在听别人的故事似的,平静的脸上泛着些轻松的笑容。他已经不用在车间干活,在筒道当上了杂务。扫扫地,传达个事情,平常没事儿也就在筒道口一坐,除了队长从那里走过,他要稍抬抬屁股表示起立外,真是很清闲。

张贵也是监狱坐久了,好像不觉得是在监狱,平常一副散淡的样子,很难看出他是犯人。张贵在谈自己的经历时也很坦然,似乎也不觉得那些就是苦难。徐连生很爱尖着嗓子学他女儿数年前一次接见时说的话"爸,我和我妈就跟我叔一块儿过了"。张贵听了也就憨厚地笑一笑:"反正肥水没流外人田。"惹的满屋子人大笑。

挨着张贵的是个工人,名叫刘义山。是个大块儿头,大四方脸黢黑,双眉间有个黑痦子。两胳膊肌肉鼓鼓的,好像现在练健美的。他是石油部门的建设工人,专门建设炼油厂、石化基地等大型工程。刘义山是个管工,接管子、套丝、涨管这些力气活他都干得很熟练,因为我也干过一段管工,所以常与他聊起干管工的事。大约也就是这种强力劳动才使得他如此健壮吧。刘义山沉默寡言,只要闲着,他总是坐着小板凳、趴在炕头上写些什么。我以为他在写上诉,一次下工偶然问起,他回答:"哪敢上诉,我判的是死缓,一上诉,拉出去毙了,我老爹还不急死。""那你写什么?""就是练字,旁边有什么就照着写什么。有报纸就抄报纸,有毛选就抄毛选。"这也是一怪。后来才渐渐知道他的案子在当时是个"惊天大案",不仅轰动北京,而且形成中央文件,举国皆知。

　　刘义山就是父子二人,很贫困,他只念到小学就去当学徒工了。大约觉得自己没文化,字写得难看,下了工没事就练字。他买了小学生用的横格本,一笔一画在上面抄写,用完了再买一本,不知抄了多少本。作为石油部的基建工人是四处流动的。刘原先在湖南一个基地搞基建,得到一本手抄本的小说《第二次握手》。他没事就抄这本小说,抄完了,基建也完工了。他们转到北京东方红炼油厂(现在的燕山石油化工厂)搞基建,就把这本手抄小说带到了北京。从此这本小说就在北京流传开了。那时人们的精神生活很枯燥,就这样一本艺术性一般的小说,因为题材新颖,被人们狂抄,抄来抄去,很快就在北京流行起来。我都看到过一本,是我弟弟他们工厂流传的。后被北新桥街道一个"小脚侦缉队"的老太太发现了,作为阶级斗争新动向上报到北京市委,北京市委报到主管意识形态的姚文元那里。姚文元批示说"这是一本很坏的东西,实际上是搞修正主义,反对毛主席的革命路线。他写了一个科学家集团,如郭老、吴有训,写了很多人。如果不熟悉情况,不可能写出来。还写了与外国的关系,如写了吴健雄。这不是一般的坏书,也绝不是工人能搞出来的"。虽然知道绝不是"工人能搞出来的",可是这位只是传抄了一下的工人还是被判了"死缓"。进了监狱的刘义山还是以抄写打发时间,有一次看守随便翻翻他的抄写本,突然,他很惊讶,责备他说:"怎么你还抄江青的'为人民立新功'啊?"刘义山回答说:

"我也不知道它是什么,反正抄的都是监号里有的书。"幸亏,此时人们已经不太计较这个了。

上面说的都是认罪的。室内还有两位不认罪的,一个是睡在我的左侧,上一章我曾谈到过的、在K字楼被从严处理判二十年的那位。到了一监我才知道他真正的案情。原来他身处高干家庭,看的内部材料多,"文革"当中生产下降,经济面临崩溃的情景,令他十分忧心。他才给毛主席写信,指责中央犯了左倾错误。这个案子当时闹得很大,有一次预审中去了将近一百个预审员。他悄悄跟我说:"真他妈的吓人,将近一百个预审员,黑压压一片,跟听我讲课一样。我就咬住了一点。我给毛主席写信,怎么到了你们这里。是毛主席转给你们的?有毛主席转信的指示吗?没有!那你们就是剥夺毛主席他老人家的收信自由。你们才是犯罪。后来他们打我……"说着他对着我转转腰,"你听,这腰都被打坏了,一转动就响"。粉碎"四人帮"不久(大约一年),他就保外就医了。我平反后,还到他家去过。他父亲是北京旧市委的领导,彭真被打倒后,他也被斗过,后来被解放,本来已经作为领导干部进了新市委的班子,因为儿子出事,再度受到牵连。

另外一位不认罪的是石景山的中学语文教师刘。他毕业于北京师范大学中文系,戴着一副深度的近视眼镜,个不高,也就一米六多,脸也小,脚也小,手也小,真有点小巧玲珑的感觉。他真是个很执拗的人,收工后大家都在筒道里歇着闲聊或抽烟,室内只有三人老不出屋,一个是董清旻坐在他的小角落里拨弄琵琶,一是刘义山像小学生一样在练习本上一笔一画地写字。另外就是这位刘老师认真地写上诉。我劝他说,"没有用"。他也只是笑笑,不置可否。写完上诉后,他开始写小说了。这是经过政府许可的,所以他买了稿纸，一本正经地写。听他说小说写的是他们家乡早年的革命事迹。他的老家在湖南益阳，旁有资水流过，他的小说名字就叫《悠悠资水》。每当他写累了的时候就在筒道里背着手散步，走到我身旁会低声对我说说他的小说进度，或诡秘地笑一笑。我平反出狱前，他的小说已经写完了，放在监狱保管室里。粉粹"四人帮"后瞬息万变的政局是他最关心的，这时他常常悄悄地与人交换对政局的看法，实际上此时已经没有必要像他那样神神秘秘地与人交换意见了。

还有一个可怜人

在我左侧隔着上书毛主席的那位，是个快六十的老人。号里的犯人对他没有好脸色，几乎谁都骂他。他长着一副冬瓜脸，但脸蛋子两侧的肌肉松弛，已经完全耷拉下来，仿佛随时要掉下来似的；一副八字眉，好像随时要哭一样。他姓张，北京密云人。公子哥儿出身，肩不能担担，手不能提篮，只是学过医，也不太精，解放前后自己行医，还能混口饭吃。"文革"来了，私人行医被禁止了。再加上他又有些历史问题，弄得衣食无着。他急得给中央"文革"小组写信，给江青写信，没人理他。此时碰巧他偷听台湾对大陆广播，得知国民党帮助支持大陆的反共人士。于是他按照广播中告诉他的地址，给台湾写信，说自己是反共地下组织，要台湾支持，快寄钱来。信寄出去了，钱没来，公安局来了，把他抓了起来。当时还以为他有多大的组织，审讯了很久，张连句整话都说不利落，先以为他装傻，后来才知道这是真的。他就是穷疯了，才出此下策。判了十五年，来到一监。他身形臃肿，又特别贪吃，地震逃跑时还摔断了一只胳膊，在监狱里接了接也没有完全恢复，一只胳膊老是端着，穿衣吃饭都不利落，弄得又脏又邋遢。而且不论干什么，比如集合出工，上床睡觉，打饭都比人们慢半拍，要人催，连董清旻那么温和的人，也常常因为他的误事而申斥他，弄得人人讨厌。传言他又有"同性恋"倾向，据说曾经摸过挨着他睡的一个小青年的下体。在纯粹的男人群体中（比如监狱、军队），对于这类人是十分痛恨的，这大约是他特别招骂的最重要的理由。粉粹"四人帮"后，批判"文革"中的种种极"左"的不人道行为，大家很开心，他也跟着傻笑。徐连生就说他："你笑什么？这有你什么事？"张急赤白脸地笑："我也高兴，我也反对'文革'，判决书里还写了呐……"徐抢白他："那你干嘛给江青写信，向江青求救？江青是你的干妈？"张支支吾吾回答不出一句整话来，脸上呈现出一副痛苦的样子。后来他身体越来越差，连咳带喘，监狱把他送到延庆的老弱病残队了。不知道他结局如何？人们常常说"可怜之人必有可恨之处"，是不是宽容些，可恨之人也有可怜之处呢！

本筒道的杂务

这是我初到三中队三小队一组监室的情况，除了这些人外，每天与我们打交道的还有本筒道的杂务。"杂务"这个专有名词我也是在一监初次听说的，他的职责是：在看守不在的情况下，他可以管犯人的一切事务，重大的事情也要先"管"起来，再及时请看守来做最后决定。三中队是反革命中队，杂务多是刑期比较短的、非暴力犯罪的刑事犯。我在时，也有一些快到期的反革命犯充当杂务。

杂务也是三班倒，我所在的筒道杂务一般情况下是三人，除了张贵外，另外两个姓张与姓孙。

姓张的外号叫"大了"，不知谁给他起的（"文革"前，反革命中队中多是旧社会过来的各种人物,自然也有不少北京痞子,估计是他们起的)。旧社会妓院男掌柜的俗称"大了"(或称大茶壶),因为娱乐业、下处等都是多事的场所,主持这种行业的人黑白两道都得说得上话,吃得开,这样才能化解各种矛盾冲突,平安喜乐地赚大钱,因而这个总管事的被称为"大了",含有赞美之意。杂务大了五十多岁,听说三反五反时(1950年代初)就进来了。他一张白白的大长脸上,长着一坨犹大式的鼻子,一看就是副"奸臣"的样子。他嘴非常碎,这点很像执行员刘永志,经常唠唠叨叨,几乎挑所有人的毛病,给人的印象非常坏。一些老号老拿他开心,甚至使用旧社会的污言秽语,让人感到有侮弄他的意思,但他却一仍其旧,别人也很少同情他。后来大了如期走了,人们才公正地说:"大了,人不坏。他说你,怕你出事。他很少给人汇报。犯人在筒道出点儿事,到他那里也就给'了'了。我们筒道事少,都靠大了。犯人事少,队长也就事少,大家都高兴。不像一些杂务以挑事儿为能,其实老这样,队长也不待见。"

孙姓杂务,比"大了"更老,六十多了,花白头发,圆脸。他往往很有尊严地在筒道门口的凳子上一坐,不管犯人还是队长从他前面过,他都是一动不动,稳稳地坐在那里,很少管事。有时三个杂务张贵、大了、老孙都坐在杂务值班的筒道口,当看守从此路过时,老孙纹丝不动地,坐在那里,好像什么也没发生一样;张贵就只抬抬屁股,而大了就会突然立起站得笔直,并向队长献媚地笑一笑,尽管他的笑容很难看。后来才知道,老孙在进监狱前曾是个部长级干部,老革命,山东人。"文革"初期抄家,抄出了他的日记,日记中议论了他的老乡江青、康生,便被抓了起来。像这样级别的干部一般就由公安部送到秦城了。不知怎么搞的把他整到了K字楼,因为证据确凿（写在日记本上——按照文明规则，这种取证方式是野蛮的、不允许的），经过当时的军管法院以"现行反革命罪"被判八年。他为人耿直，在监狱中仍坚守一点儿个人尊严，不过三中队的看守也不怎么为难他。他与看守很少说话，跟犯人话很多，我是新进监狱的，与他尚不相熟，有一次他还问我，《水浒传》中的李逵是不是监狱里的杂务啊？我回答他说："李逵是个小牢子。相当于干部中的小队长。李逵还能外出跟人赌钱，同宋大哥一起到浔阳楼上喝酒吃鱼呢？您能吗？"他笑起来："我和李大哥还是不能相比的。"老孙之所以能坚持点儿尊严，不全因为他原来的身份，也在于他自尊自爱，几年一贯；不像另一位高干，每当看守中的指导员或队长训话，其实说的大多是监狱套话，他也站得笔直聆听，不时地还要点点头，仿佛是在享受妙语纶音，"点点滴滴到心头"似的，令人目不忍睹。不过老孙还是蹲满了八年，粉碎"四人帮"不久，他也到期了，转到出监队。那时北京的社会还很僵化，他出去了，反而觉得没有能谈话的人了。有三中队的犯人到出监队去取东西时，他捎进一首五律，前六句记不得了，其结尾两句是"举目无谈者，长吁自惋伤"。出去了反而没有能够谈话的人了，可见当时他的心境。我平反之后在报上时时看到他的消息，他不仅平反了，一度官复原职，后来好像又进了全国科协的领导班子。大约于1990年代去世。老孙是个好老头。

在劳改厂

"清河"是北京犯人劳动场所的总名。我所在的是"清河塑料厂"，生产塑料凉鞋。我所在的车间有五台卧式注塑机，七八台立式的。卧式注塑机压制聚氯乙烯（俗称硬塑料）凉鞋，大多是十七号以下的小孩鞋，立式注塑机压的是发泡的聚乙烯（俗称泡沫塑料）凉鞋，是大人穿的。我被分配在3号卧式机上工作，我接一小队的班，二小队接我的班，三班倒，因为注塑机一开动就没法停，停了一定要把塑料使用干净，再启动很麻烦，调好机筒温度，需要较长的时间，耽误生产。

在"卧3"上干活的一小队的是李少白，二队的叫李佐新。粉碎"四人帮"后，我与少白先后被平反出狱。而李佐新是门头沟"大峪红旗"的，他只是在"文革"中参加武斗，死了人。原未判刑，只是在一监押着（因为武斗在"文革"中不好定性），"文革"后定为反革命的"打砸抢"，于是这个小青年被处死了。

少白与我同岁，刑期也一样，都是十三年，不过他进来早，1970年代初就入监了，属于老号。他爱好足球，最初考上了北京体育学院足球系，上了两年，转到北京邮电学院，所以"文革"时还没有毕业。他在家里与兄弟、老妈等人议论过江青及"文革"，"一打三反"时被揭了出来，这在当时是了不大得的罪状。结果弄得两人被判刑（少白与他的弟弟少文），母亲被戴上"现行反革命分子"的帽子，交给革命群众监督改造。母亲当年也是民国的湖南名媛，真是情何以堪！

李少白消瘦，戴一副近视眼镜，颇有书生气。父亲是北京邮电学院的教授，但喜欢西洋音乐，希望儿子能学音乐，给他起名为"舒伯"（舒伯特的缩写）。不想儿子却爱好体育，不好音乐，而且写的字像火柴棍堆积，或说像甲骨文，简单的"舒伯"两字写不好，于是，删繁就简，改为"少白"，许多人以为慕李白而取了少白。虽然少白不喜欢音乐，但对诗、对艺术却有很好的感觉。他的新诗写得不错，在监狱时常常要搞些文艺活动，要写点应景的歌词、小诗一类，就这些应酬的作品让少白写来也往往有新意。可惜平反后，他专力于艺术摄影，不写诗了。当然在这物欲横流的时代也没有诗，现在他是"紫禁城"的专职摄影师，还组织了"影友会"，很活跃。我初见到他时，他显得比较"闷"，不善言辞。我接他的班时，他简单地问了问我的情况后有点儿高兴了，"这下子好了，来个学中文的，以后我们不懂的古诗就问你了"。于是他收拾好自己的几个小卡片，上面写的都是他在班上背诵的英文与诗词。少白此后与我交往颇多，下面再补充。

我第一天上机台干活，有点手足无措。压制塑料凉鞋不是一个特别简单的活。机筒的温度低了，塑料没有充分熔化，挤出的塑料疙疙瘩瘩的，颜色也不一样；温度高了塑料煳了，便会有些煳点散落在鞋面上，很难看，成为废品。另外，塑料注入进了模具后，什么时候开机取出，太早，鞋软而烫，而且易于变形；晚了，鞋变硬了从模具上取不下来，这也是两难。我正感到特别尴尬时，同监室的徐连生来了。他是三小队的保全工（中队的保全工上正班，小队的保全工跟班走），负责机台维修和排除故障。他帮我设置好自动协调，压鞋正常了。徐连生便坐在放置生产成品的工作台上考起我来。提的都是文学与诗词上的问题，特别多的是一些诗词中典故的解释。大约他常用这种态度考新来的有一定学历的犯人，很随意。我很快一一回答了他，而且大大超出了他的提问。他突然起身走了，后来我才知道原来他就我的回答去问保全工中的一位老号李聘伟去了。李是1958年划右，后来升级进了监狱的，被判无期。他读过大学，因为坐牢久，读书也多，文学与诗词的知识自然要比只有初中文化水平的徐连生高许多，得到他的肯定后，徐连生回来了。对我说，您今后就是我师傅。这句本来是开玩笑的话，后来却成了习惯，他还真称我为师傅，又说"我是小和尚，你是老和尚"（在监狱都被剃秃头）。董清旻给我起了一个老夫子的绰号，有时徐也跟着叫我夫子。

徐连生比我只小六七岁。当时他二十七，我三十四。然而从外观上看，他显得小。他十七岁就进了局子，十八岁被判二十年，在监狱里已经待了近十年。但监狱是个"保鲜盒"，人一进了监狱，岁数就停滞了，进来时多大，出去时还多大。当然不会是生理上的"保鲜"，而是心理、心态或性格上的"保鲜"。进去之后，原有的社会关系中断了，原来在社会上积累的一切，顷刻消失。社会角色他可能是丈夫、父亲，可能是老师、教授，可能是领导或受到一定人群尊重的长者。到了监狱，这些统统消失了，你只是个徒具姓名的犯人，有的监狱还不许叫名字只许叫"某号"（一监没有这个传统）。人几乎被还原为赤裸裸的没有正常的社会联系的自然人。这个地方没有任何人买你的账、尊重你，除了靠自己的定力重新积累人望，但那也需要低调和谦卑。三中队二小队有个据说是美国特务的陈虚威（有人质疑他说，你真的是美国特务？尼克松访华之后，怎么不把你要走。每当此时，老陈或急不择言地与人争辩，或是双眼黯淡下来，一语不发）。他从1950年代就被押在秦城，1970年代被判二十年，送到一监时，牙都快掉光了，两腮深陷，可是还觉得自己是个年轻人，动不动就双手握拳，要与小伙子玩玩拳击。徐连生也是这样，他还觉得自己是初中生，少不更事，调调皮没多大关系。也许真的是来得久了，他调皮也没见被哪个看守责罚过。这样，像我这三十好几的人，做他"师傅"也属于情理之中的事罢。

徐连生是门头沟城子人，祖父是办教育的，从解放前就做小学校长，在当地颇有威望。他从小好闹，一到文化大革命，停课了，成了脱缰的野马，搅乱社会秩序是不可避免的。可是"文革"中有哪个学生不搅乱社会秩序呢？毛主席鼓动他们起来不就是让他们打乱秩序，搅乱社会，其出发点就是"不破不立"。可能这个放荡不羁的徐连生又说了些反动话，遂以反革命流氓罪被判处重刑。

徐连生虽小，但由于入监时间久，保全工活动范围大及队长对他不太计较等原因，在三中队他的活动能量是比较大的。他又与我同一监室，睡在我的右侧，经常问我点儿问题，于是便到处替我宣扬，使我很快融入了三中队。

4 ｜ 编写节目

读者看到这个题目也许觉得好笑，因为"编写节目"（换个庄重的大词就是"搞创作"）与囚犯是完全不搭嘎的。在外面生活的人们，很难设想监狱中也有人干这种事情。其实，监狱的犯人不仅在干，而且弄得还挺隆重。从不同的单位调人，把有这种能力的人凑在一起，给他们时间，为干好这件事创造了物质和精神上的条件。当年周总理组织文学家、艺术家创作《东方红》不也就是这个样子吗？当然，编写节目不是监狱头脑发热、灵光一闪出来的主意，而是与当时政治的变动和社会生产的变迁有着密切关系的。

最重大的历史事件

初到三中队，由于地震刚过去不久，从狱方到犯人惶惶然的状态仍在，管理较严，害怕出事。由于政治是暗箱操作不透明，所以中国人喜欢从一些外在的表现去猜度政情的变化。此时我和三中队的其他一些犯人不约而同地想到毛主席的健康问题。当然八十多岁的老人有个头疼脑热本属正常，可是只要毛主席一出现，那时的报纸就会说"他老人家红光满面，神采奕奕"，好像他有金刚不坏之体一般。可是由此也给了民众一个误导，只要毛主席有段时间不上报纸，就说明一定是有大问题了。五一之前，毛主席接见菲律宾马科斯夫人时，大家从看电影时放的新闻纪录片（一监每两周看一次电影，一般是放两个故事片和一些短小的"新闻简报"片）中看到老人的身体明显的不行了。他的健康关系着许多"现行反革命犯"在监狱待多久、因而反革命犯中不管说不说，头脑都在转这个问题。然而我又有点担心，这样绝对权威人物的弃世会不会导致天下大乱？如果两派、甚至多派斗起来，会不会先拿现成的"反革命"开刀祭旗？我根据自己的体验感觉到最近几十年的政治斗争往往越斗越左，因为在中国只有"左"才能证明自己的正确、正义。为了证明这一点，最简单的办法就是杀一些现成的、已经被关起来的反革命。这最省事、最安全（早已被剥夺了反抗能力）、成本也最低（这正像"文革"之起，不论保皇派、还是造反派都是先斗、甚至先杀五类分子一样）。因此我也对这个不可避免的事件的到来而心怀惴惴。此时的刘老师在小说写累了的时候，背着手在筒道散步，如果碰到我就会小声而神秘地说："看来，我们那位老乡不行了，他撒手归西，你们那个老乡接班后，会不会有点变化呀？"他是湖南人，我是山西人，华国锋也是山西人，所以刘才有"我们老乡"、"你们老乡"之语。我很难回答，也不愿回答。

这个日子终于来了。九月九日中午十二点，监狱筒道的扩音喇叭，郑重宣布，下午四点有重要广播。广播员声音凝重、悲怆。我暗暗猜度："这个不可避免、不知是福还是祸的日子来了。"下午四点犯人每人拿着自己的小板凳整整齐齐，低着头笔直地坐在板凳上，队长、指导员在一旁瞪着眼睛监督。一会儿，喇叭响了，先是哀乐，然后是播音员低沉的播报，这证实了我的猜度。完结之后，指导员、队长训话。自然是"只许老老实实，不许乱说乱动"一类。会后要求每个犯人写思想汇报。回到监室内我坐在床铺前，回想起1976年1月在K字楼时的一幕，那时赶上周总理逝世，那时K字楼的领导虽然没有让在押的犯人写思想汇报，但许多犯人也觉得悲从中来，而在主席逝世时则是恐惧大于悲痛，人们大有吉凶未卜之感。这种紧张没有持续多久就粉碎了"四人帮"。这在三中队也引起一片欢腾，不管在政治倾向性和敏感度上，绝大多数犯人对这四位没有什么好感。

平反出狱后，由于工作调动我回房山河北公社办户口和人事关系时，公社干部对我说，1976年7月，县里得知你判了十三年，准备开全县批斗大会，以促进"批邓、反击右倾翻案风"。我们公社有个重点发言，筹备了一个多月，全县花了十来万，定在9月10日开会。没想到9月9日主席逝世，这些钱都打了水漂，还让你逃脱了一个受教育的机会。他说这些时还在心怀耿耿，有点遗憾，真是有点"不知有汉，无论魏晋"了。

伟大领袖去世了，"阶级斗争"也消沉了下来；"英明领袖"华主席也不怕人家批"唯生产力论"，要实现当年周总理号召的大搞"四个现代化"、全力抓生产了。这开始了一次"洋跃进"，"洋跃进"一来，本来已经十分虚弱的经济马上东倒西歪，失去了平衡。这一点我在监狱里体会最深的是压制塑料凉鞋的原料——树脂供不应求了（当时著名的短篇小说《陈奂生进城》就是写社队企业千方百计进城弄树脂以维持塑料厂的生产的）。清河塑料厂的生产也开始了"三天打鱼，两天晒网"。料来了，就干几天，没有了就停工。塑料厂每天有五六百人干活，停工了去干什么？最初还是安排犯人整理整理内务（一监的清洁整齐在北京卫生评比中是榜上有名的），拆洗被子衣服，被窝叠成一条线，与军队营房类似。然而内务总有整理完的时候，后来又强调学习。此时正值周总理去世一周年，总理去世时"四人帮"禁止悼念，这次动员大家悼念，有文化的写诗作文（三中队大多有文化），在壁报上贴出来给大家读，好的发表在小报上，还可以编些节目让没有文化的唱或演。

小报组

上面说的"小报"是指一监自己办的《劳改通讯》。这小报很受监狱领导重视，专门派了一个队长管理，它是北京劳改系统由犯人编纂的一个小刊物，一个月一期，报道各队的情况和发表犯人写的文章。小报组四个人，由他们负责全部的编纂和写刻。这四个人同住在独立的一间号子里，人称"小报组"。在停工和编写节目这段时间内我与小报组的人打了不少交道。

初看到《劳改通讯》，使我大吃一惊，没有想到在监狱条件如此差的情况下，能把小报刻印得如此精美。特别是封面，根本不像蜡版油印的，神似胶版印刷。里面刻的字大小匀称，笔画轻重一致，仿佛是铅印的楷体字。我在学校也曾帮着教务组刻过蜡版，印油印的考卷，即便做到极致也到不了这种程度。小报组的人说，油印在张培利的手里是无所不能的。他是小报组的美编，为人精细，而且每天琢磨此事，精益求精。

张培利比我大个一两岁，一米八以上的身材，是个刑事犯，因伪造火车票被判十五年。他犯的事在北京"文革"中也算个大案，造假火车票，获利较多，这个案子曾广泛传达，没进监狱时，我就听说过。

张培利肄业于艺术师范学校，音乐感不错，也会一点美声唱法；绘画篆刻都有一套，因此，他造的假火车票简直跟真的一样，拿给售票员和剪票员看，有时也分辨不出来，后因为假车票的票底是用站台票改造的，而站台票比正式车票略薄，有经验的剪票员，拿在手里就感到不对，才被发现。他曾对我详述其半生经历。父亲原来是追随冯玉祥搞倒蒋（推翻蒋介石）活动的，在政军两界都有一定的人望，受儒家影响深，很爱面子。解放后他以民主人士身份任政协文史资料办公室主任。张培利爱好唱歌与美术，初中毕业就考上艺术师范。父亲本来就不太同意他不上高中去上师专，他又在上学期间与女同学搞恋爱，并发生了关系，而且怀了孕。这不仅在家里引起轩然大波，学校当局也不会轻饶。1950年代，青年人的恋爱受到多方面的干预，学校、特别是中学严禁学生恋爱，按规定艺术师专是中专、也就是中学，是不许恋爱的，而且女方竟然怀了孕。在当时，这被视为接近犯罪的。他们双双被开除学籍。张培利也没别的办法，只好回家结婚。培利的资质不错，父亲对他期许甚高，没想弄到被开除的下场。

两个青年人结了婚，整天在家待着，没有正式工作，父亲很生气。他们住的又是政协的宿舍，父亲的老朋友、同事很多。父亲看

四 我的第三个监狱 …

着人家儿女或留学，或上大学，或工作，没有一个被开除的，觉得很没面子，十分尴尬。父亲催促他们搬出去住，那时租房子还容易，于是，培利就与妻子搬出去过起了独立生活。好在夫妻二人全都会画，那时中国工艺美术进出口公司有些简单的工艺美术品散发到街道，请一些闲散人员加工。因为是计件付钱，二人收入还不错。那时青年人没有正当工作（所谓"正当工作"是指某个单位的正式职工）是被视为异类的，如果父亲不是民主人士，不是较高级的国家干部，像张培利这样的情况很容易被送去劳动教养。不过这样平静的好日子没有延续多久，文化大革命来了，工艺美术搞的都是"四旧"，被砸烂了，夫妻二人没了收入。父亲那样的经历，历史问题肯定不少，被赶回农村，没了工资，再也无法帮助他们。最初张培利还去拆城墙，做些简单的体力劳动以糊口，但收入太少，父亲已老，在农村也难以养活自己，还要给父亲寄些钱和粮票，张培利的生活马上陷于极端的困顿之中。据张自己说，有一次他丢了粮票，那时丢粮票比丢钱还要命，他急得没辙了，就自己画了一张，没想到竟然用了出去。他突然发现自己竟然还有这种"能耐"，于是他开始了犯罪。画粮票、油票、布票，这些仅仅还限于个人消费，画火车票、还有画其他有价证券都是为了骗钱、骗东西以维持生计。就这样他沿着这条路滑了下去，直到被发现。

张培利一度关在炮局（北京拘留所）。那时男高音歌唱家刘秉义搅在作家杨沫女儿的自杀案（怀疑是他杀，怀疑对象就是刘）中，刘被抓到了炮局，被关在死刑号中。张培利被派去陪他，防止他自杀。培利也跟刘学了一些发声学的知识，他很看重这段经历，说刘使他在唱歌上进了一大步。

小报组能写的是之雄，他比我小几岁，虽是工人，但喜欢中国的传统文化和旧体诗词，其"犯罪"也与写旧体诗有关，在他的判决书中就写着"恶毒攻击无产阶级司令部"，其举证就是之雄的两句诗"故宫旧撰无疆赋，南海新兴万岁歌"。平常一块儿聊天也爱说"大周天"、"小周天"、"子午流注"一类的话题。他也是被关押到了刑期（七年）后出去的，他出去时我尚未平反，到我家去过。

后来又来了一位姓孙的美术编辑，就是在K字楼与我一同把王建的《调笑令》改为打油词的那位印钞厂的美术设计。他也是"文革"前的大学毕业生，毕业于中央工艺美术学院，分配到印钞厂。那是悠闲而又被重视的单位。孙每天没什么事儿，常常出公差写生。如果不是搞对象过程中出了问题，过得几乎是神仙般的日子。谈对象时孙已经三十多岁，其性格又是多谋少断，遇事总是犹豫不决。本来已经谈妥的对象是河北石家庄某农场的职工，可是相处越久，孙某越觉得对方脾气古怪，自己不能适应，想分手，女方不同意。双方吵得不可开交，最后女方说宁死也不分。孙一生气买了两瓶农药，一人一瓶。两人都喝了，女方死了，孙没有死，涉嫌谋杀，被抓了起来。孙死不承认他是有意杀人，农药是一样的，喝的多少也一样，一死一活与个人体质有关，怎么能说我"故意"呢？听孙说他与预审员争吵过多次，谁也说不服谁，但最后还是判他无期徒刑。孙誓言"上诉到底"，不知他后来解决没有？虽然孙是正宗工艺美院毕业，设计封面是正当行的，可是与张培利这个半吊子比起来还是差着一大截。张是现实生活中练出来的。

小报组中之雄与我们一起写，大多时候是在小报组的监室。因为小报组上正班，白天都到小报组办公室去上班，住宿的监室空着，我们几个就躺在那里海阔天空地胡吹，有时也写一些文字。

编节目及其副产品

活报剧与相声

这次编写节目、负责文字稿的主要是李少白、之雄和我三人。少白主要负责写歌词，当时监狱要求写一组歌颂中国革命的联唱，共有五首歌，由马贵峰、董清旻作曲。借这个机会，董清旻等人还让家里寄来关于谱曲的书籍，如和声、对位、变奏、旋律的专业书都拿了进来。我见董清旻整天沉入学习之中，连弹琵琶的时间都少了。我也趁机从家里要了许多书，如范文澜注的《文心雕龙》，杜预注的《左传》，王力的《汉语诗律学》等，不过这些与编写节目毫无关系。有些黄色纸的线装书，看守不认识，要质疑，只要你跟他说，这是法家著作，那时法家正吃香，很容易就拿进来了，而且还会嘱咐你："好好学习学习。"

联唱是仿照《东方红》那样写的。从"三座大山"压迫写起，然后第一二次国内战争、抗日战争、解放战争、建国等。这个联唱曾在全监演出过，受到好评。我和之雄主要写了一个活报剧和一个相声，内容都是讽刺"四人帮"的，这个题材是我们和狱方都能接受的。活报剧名为《故宫惊梦》，用的是京剧形式，以念、作为主。当时批判江青的重要罪状之一，就是说她想复辟封建主义，要当"女皇"，其实那些年搞的就是皇权专制主义的一套，有没有皇帝的名义无关紧要。这个小戏是通过江青游览故宫，袒露了她女皇梦的野心。在当时还挺受欢迎，好像还在全监演过。其中最吸引人的是第一场，为了保护首长安全，先派两个小丑上台为首长来"扫雷"。两个小丑由徐连生和一小队一个能闹的年轻人扮演。两个人分别从左右上台，每人端着一个扫雷器（一根竹竿，前端安个铁圈儿），弯着腰满台跑，口中还念叨着我们编的"数板"，如"忙扫雷，扫雷忙"等。人们已经笑得前仰后合了。这个戏的出场人物，除了扫雷小丑以外，王张江姚"四人帮"也都出场了，人们还缝制了一些简单的行头，制作了纱帽。这个小戏演了多场，最后一场出了事。大约是在1977年8月，天气很热，演姚文元的是二小队的蔡志刚。他是走江湖跑大棚、走野台子戏的，比较会演，而且能够吃苦耐劳。"文革"中，干这行的被视为搞"和平演变"，是要严厉打击的，被判死刑缓刑两年。他自己有件很厚的毛巾浴衣，演姚文元时就穿这件衣服。他头大，光而圆，又胖，有点像姚文元。他一扭着上台就引起了大家的哄笑。这天天气太热，又是在仓库（本来是存料的，由于没料，已经空了）中演，密不透风。戏到了快结尾时，有个姚文元弯腰头顶扇子耍活宝的动作。蔡把折扇放在头上，慢慢地弯腰，突然他摔倒在用桌子拼合的舞台上，脸色铁青，汗流满面，晕了过去。大家都惊呆了，队长和几个杂务赶紧上台，掐人中的掐人中，脱衣服的脱衣服，一会儿，把只穿着背心裤衩的老蔡从台上运了下来。他牙关紧咬，直直地躺在地上。我马上想到演《没病找病》之后死在舞台上的法国戏剧家莫里哀，想到田汉的《名优之死》中的刘振声，难道监狱中也会出现一个死在舞台上的演员吗？蔡被送到监狱医院抢救了过来，他是中风，从此说话不利落了。后来听当时在医院的王湘恒说，中风摆脱了危险之后，最困难的是康复，帮他恢复语言能力。后来蔡被送到延庆，那里有个北京劳改局老弱病残队，没有了他的消息，不知道以后平反没有？

相声名叫《白骨精现形记》，写江青游览北海（北京北海公园在

"文革"时关闭，专供首长休息游览）湖心岛，见岛上有寺庙名为永安寺，特别反感，觉得没有革命性，与当前形势不合，非要把"永安"改为"大乱"；而且还把寺庙两边墙上镶嵌的"四大皆空"（这是我们的设想，不一定是事实，但北京广济寺大门两边有"法轮常转"）改为"四大不空"（意为"四届人民代表大会"上虽未由江青来组阁，但"极左派"也捞到几个部长，所以"四大不空"）；"法轮常转"江青认为"'法'字好，改为'法家掌权'"等。我们通过叙述虚构的故事设计包袱，揭示当时推行的极"左"路线的荒谬性。这个荒诞故事中的包袱很多，还有讽刺"罗斯鼎"、"石一歌"（这些都是"四人帮"在上海的笔杆子）的包袱，时隔太久，多已忘却。但这个相声不成功，缺点是"皮太厚"。由于我们都没有写过相声，以自己觉得可笑的当成是包袱，不懂得"包袱"皮有薄厚之分，而且应该面向一般观众。像上面提到的几个"包袱"都是皮太厚，也不够通俗，听众一时反应不过来，很难发笑。例如其中有个包袱，甲说："'四人帮'的谋士螺丝转走出来说（螺丝转是北京早点中一种小吃，用以影射罗斯鼎）……"乙（打断甲）："有蜜麻花没有？"（蜜麻花也是北京小吃。）这样的包袱皮就薄，听了就懂，马上引起哄堂大笑。可惜这类包袱太少。这个相声经得起阅读，读时会发笑，而演出时则恰恰相反。另外，也缺少好的演员。这个相声只在三中队演过，有高中以上文化程度的还是予以肯定的。

不过，通过写这类东西，我感觉到写这种不反映个人思想情绪的"作品"，由几个人一起议论着写，非常快，一个活报剧，半天就完了。这个五六千字的相声，也就用了两天。前前后后给假一两个月，三四天就完了，其他就是闲聊。1990年代以来，我发现一些人写电视剧就是这样,有个故事梗概,设定几个人物,有几个能侃的躺在炕上神聊,雇两个文字誊录人员,一个二三十集的电视剧一个月就完了,谓予不信,打听一下电视剧制作过程,可知此言不虚。

读书与听音乐

也是因为粉碎了"四人帮",对于"文革"中倒行逆施的批判已经逐渐启动,狱方对于大多数"现行反革命犯"是否犯罪也起了疑惑,所以管的逐渐少了。停产写作,其实也是监狱领导希望少出事而已。只要你不闹事,不违反监规,许多事情在过去是要管的,现在也懒得管了。这样就给我们带来了许多空间,也可以凭自己的爱好干点儿其他的事。例如看看书,记点读书笔记;聊聊天,只要没有太出格的话,基本上不管。我在筒道里写读《文心雕龙》的笔记也没有人干涉。此时由于存犯人东西的库房出了点问题,把犯人的东西交还给犯人自己保存,一下子书多了起来,过去存起来不让看的书都发还了。还有不少线装书,如袁枚的《小仓山房集》正编续编就三四十本。袁枚的四六骈文很多,如果在外面有许多书可读,谁有那么多时间读这些,在监狱中,生产断断续续,有的是时间,慢慢去读。在这种情况下,读了许多在监外不一定读的书。

关于读书,还有个笑话。有次下了早班,下午两点多钟,按规矩是睡觉,睡到下午四点。大白天的我躺在被窝里睡不着,就拿了一本线装的《左传》看。此时监狱领导查监,一看我那本线装书很醒目,他一把拿了过去。看了题目,笑了笑说:"你们犯右的错误,向左边转转也好。"我的确也花了许多时间"向左转",用白话翻译了《左传》中很大的一部分。可惜平反后没有抓紧时间整理,不久《左传》有了多种译本的出现,我花的那点儿工夫也就作废了。

最令人兴奋的是一小队的邢长春有台手摇留声机，许多唱片也搬到监室来了。他的唱片多是西洋交响乐和室内乐，这引起了我们一阵狂喜。这些曲目当时在外面也未必能听得到。我们首先找出了著名的施特劳斯轻松明快的《蓝色多瑙河》来听，洗洗监狱的霉气。您想象一下，主角是一群穿着黑色监服的被整得已有几分滞重的犯人，在监室通铺上围着一台旧唱机，聆听着奥地利金色大厅演奏的音乐是一种什么样的场景？久未使用这台唱机的长春笨拙地为机头安上尖利钢针，吹干净唱片久积的尘土，把它轻轻地安放在机盘上，打开旋钮、唱片旋转起来，然后把机头轻轻放在旋转的唱片上，我们都屏住了呼吸，静待那美妙的仿佛是浅蓝色的音调从唱片中流出，刚刚有几个音节出现，接着就是长长的牛吼……

"没弦了，没弦了"，长春边说边不停地摇唱机手柄。终于音乐就像多瑙河一样静静地流淌在这间不大的监室中，一曲听完，长春抱怨"我胳膊都快折了"。大家松了一口气，有点"雪夜闭门读禁书"的感觉，可是谁也没有找我们的麻烦。我不相信，看守真的不知道。唱片中还有一些小夜曲、小提琴曲、钢琴曲，都是五十年代和六十年代初流行的唱片，二小队有个专业小提琴手可乐坏了，有些曲子他已记不全，有了这批唱片可以核对一下了。

5 ｜ 三中队其他犯人

两个中队统计

初到三中队只认识同一个监室的犯人，待久了特别是通过劳动接触和停产编节目认识了更多的人。真是感叹世界的荒诞，感到谁都有到监狱一游的可能性。2007年，我住过一次医院，花了一万多，住院费、医药费两三千元，而检查费用花了八九千，结论也多是似是而非。我很感慨，写了篇文章说，"现在从医院门口随便拉进一个路人，检查上一个月，花上一两万，都能查出两三样病来；正像'文革'当中从公安局门口随便拉进一个路人，审查上两三个月，内查外调，都能判上三年五年的"。其实这还说轻了，北京那时判刑，只要你够上"现行反革命"这个衔，一出头就是七年，我没有见过判七年以下的现行反革命犯。头两年有位老者自吹自擂者云："'文革'当中，我因反对江青、不肯为江青所用，以反革命罪被判五年徒刑。"这是欺骗那些对于"四人帮"的"封建法西斯专政"一无所知的小青年的。（当年军事法庭，反而相对宽松。有个石景山小青年是现役军人，被查出有反动日记，被定为"现行反革命犯"，军事法庭判其有期徒刑五年，被关押在一监，与我一个小队。）

李芝源 三中队作为一个生产车间，有个负责统计的犯人，名叫李芝源，是个脾气极好，很有修养的人。他干的活是要与三中队所有的人打交道，统计他们的产量进度和产品质量以及原料消耗。这是个最得罪人的差事，很容易与人发生冲突。可是从没有见他与别人拌过嘴、吵过架；遇有分歧，总能够和颜悦色地与当事者进行讨论分析，以理服人。就凭这份修养，不知道的以为他有多高深的文化，其实不然，他来自北京最贫困的延庆县的山村，文化程度大约也就是初中，修养是他生活历练的结果。他是七十年代初进来的，判七年，也快到期了。李芝源的罪行很可笑，"文革"初期，他是所在生产大队"文革"筹备小组组长（实际上就是生产大队队长）。

有一次同村的一些青年夜里吃喝闲聊，也许是喝了点酒，人们兴奋起来。中国人一发狂，马上就会联想到皇帝。有个领头的青年说我要当了皇帝就封谁为大臣、宰相，谁为将军等等。李芝源后到，他开玩笑地问：怎么把我忘了，封我什么啊？那个青年说，就你这个样子，封你为狗头军师吧！

到了"一打三反"时，强调对于阶级敌人要深挖细找，于是就把"我要做皇帝"这件事挖了出来。那时北京每年都会出几件皇帝案，这个"我要是做了皇帝"的案子不仅在运动中被作为重点来抓，连公安局也关注了。那个说"我要是做了皇帝"的青年家庭出身是富农，很恐惧，马上交代了"反动用心"是变天复辟。因为运动是"坦白从宽"，那几个"大臣""将军""宰相"一看形势不好，也纷纷"坦白从宽"了，结果就剩了李芝源。李芝源出身贫农，又是干部，觉得那纯粹是一场玩笑，根本没有什么"反动用心""反革命目的"。他强调实事求是，不仅自己没问题，那些已经坦白从宽的也没问题。于是，他自然而然的就"抗拒从严"了，以"现行反革命"的罪名进了监狱。徐连生给我讲了李芝源的另一个故事，更可笑。李家所在的村子很穷，到了一监后，李芝源过上了他从来没有过的好生活。家里来探监，李芝源把刚煮出来的饺子端了出去，着实让老婆孩子大吃一惊，没想到老李比家里人过得还滋润。老婆回去以后，在村里一传扬，于是，老李的岳父大人给他来了一封信。信中说你老婆回来说，你到北京享福去了。长久下去会不会把老婆孩子忘了呀？古人说"糟糠之妻不下堂"，将来你可别把老婆扔了呀。据徐连生说："老头大半是个私塾先生，信还是用疙疙瘩瘩的文言写的，当时我在车间里一读，大家都笑得喘不过气来了。"老李1977

年底就到期了，走的时候，徐连生还半开玩笑地嘱咐他，回家别把老婆扔了。

董毓琨　接李芝源班的是原来在保全组的董毓琨。小董三十来岁，就住在昌平回龙观一带，现在已经算市区了。出身富农，原是高中毕业生，好文学，常写日记，"文革"一开始被斗得厉害，几乎难以存活。为了求生，他逃跑了，一下子跑到东北，游过鸭绿江，到了北朝鲜。刚一上岸就被抓了起来，关了四五天，连饭都不管，快饿死的时候才送还给对岸。在中国看守所里，好歹还管饭，他真是从内心深处认识到错误，无论如何不该跑，尤其不该往朝鲜跑。大约由于认识深刻，给他定的虽然是反革命叛国投敌罪，但只是无期徒刑，没有处死，这在"文革"初期还是不多见的。跑到非洲大使馆的沈元与董毓琨这两个案子是一同交给"革命群众讨论"（当时在正式宣判前都要印成传单交给"革命群众讨论"。其实这只是杀鸡儆猴，因为听新华印刷厂的工人说，讨论稿与判决公告往往一同交到印厂，只是先印讨论稿罢了）的，沈元被枪毙了，而董活了下来。

董毓琨胖胖的，一脸的惠山泥人大阿福相，很爱笑，为人温和，许多人爱跟他开玩笑。说："你怎么能算叛国投敌呢？应该算叛国投友啊！"后来他也被平反了。1980年代他到北京当民工，由于经验丰富，有组织能力（可能是在监狱当统计锻炼出来的），成了包工头。有一天，他找到我家，我很奇怪，"你怎么知道我住在这里"？他回答，"我是你学生啊"。这一说我更是一头雾水。"我是文学所当代文学研究班的函授生，到所里办事交费，看到你的名字，起先以为是重名，后来一问果真是你，我就找来了。"他还跟我讲，他在《北京日报》《北京晚报》上都发表过文章。那时他已经快四十了，还没忘了学习，真为他高兴。最近传闻他去世，但愿这是一个谎信。

老保全李聘伟

李聘伟在老号中间是比较有文化的一位，又为人稳重，坐牢时间长，很会处理与看守、犯人之间的关系，但又不害人，因而受到年轻犯人的尊重。比如徐连生有点儿事就好找他商量。1948年，李高中毕业，正在家游荡时，北京解放了，他报考了华北革命大学。它虽名为"大学"，实际上是培训班性质的，目的在于延揽和审查社会上的知识人，合格的随军南下，作为接收新解放地区的干部，不合格、有问题的则由专政机关处理。我浏览"天涯社区"时看到一本"知识书店"1949年11月出版的《思想反省笔记》。它由知识书店编辑，收录"革大"一期学员思想总结40篇。其中有李聘伟一篇文章《改变了我的流氓习气》，这个李聘伟肯定是一监这位，他是"革大"一期学员。"改变了流氓习气"的李聘伟参了军，成了南下干部，一直打到湖南。1950年代中复员回到北京，在某化工厂做技术工作。反右中成了右派，李聘伟右派情节不重，但在劳动改造时，碰到一个香港富商的公子把他带进了监狱，判了无期。这位公子在大陆读大学也被划了右，两人很聊得来，能说点贴心话。三年困难时期，饭吃不饱，还要干重体力劳动，那位公子忍受不了，就与李聘伟商量想回家、回香港，秘密策划偷渡，结果香港没去成，两人双双下了大狱。那位富商公子瘐毙于K字楼，李聘伟被判无期徒刑，来到了一监。由于性格较好，社会经验丰富，在监狱待久了也会处事，在犯人中人缘不错，看守也觉得可以接受。后来他也平反了，还与某些看守有往来。平反之后，用他的技术、能力和耐心开工厂、办公司、当老板、赚钱，买了不少书，常常打个电话给我问某书是否有买的价值。老了，他的企业收摊了，有了多余的精力和时间回想自己的一生和近二十年的监狱生活，感慨万千。他想把这些写成文字留给世人（当我最后核对这部稿子时，没想到收到李聘伟妻子李红女士来电告知老李去世的消息。震惊之余，这里谨向这位老朋友表达哀悼之意）。

几个特殊人物

老号中有几个特殊人物，他们或是为人独特，有理想、有坚持；或是案子离奇，听过之后，使人很难忘却；或是为人性格有些偏执，偶有抵触就被罗织入罪，特别具有时代特点，也有愚昧的、胆大妄为的，帝制消失六七十年了还梦想当皇帝的。

老崔 我在一篇文章中曾说，监狱与社会上一样，犯人大多都是亦好亦坏，可好可坏，但狱中也有极少数世上难见的品行最好和最坏的人。老崔是属于最好里的一位。本来他是体制内人士，少年时即参加革命，到过延安，建国后又到公安系统，专门到苏联留学，学指纹鉴定技术，是公安部内指纹鉴定机构的负责人，在"文革"当中又是中央专案审查小组的成员。这个专案小组直接属于康生与中央"文革"小组领导。可见在"文革"当中老崔是属于整人阵营的，而且他只是一般工作人员，只要兢兢业业去干，一般不会整到他的身上。可是，对于内情知道颇多的老崔是个眼里不揉沙子的人，他有不满就要本着毛主席所说的对国家、对党、对人民负责的精神去提意见，意见一提，立竿见影，马上就被关了起来。

听别人讲他的一个小故事，可见其为人。中央专案组一次开大会，康生、江青、张春桥等人都坐在台上，听报告的干部坐在台下。当时的礼堂简陋一些，主席台上的桌子就是一排长条桌，铺上桌布，权作会议桌。康生在讲话时，江青百无聊赖，就开玩笑，踩张春桥的脚。桌布只是半截的，遮蔽不住台上坐在桌子后面的人腿部以下的动作。在下面听报告的人，看得清清楚楚，掩口而笑，坐在台上的则浑然不知，坐在会议桌一端的老崔却看清了台下听众掩口而笑的原因。大会小会开完之后，记录员向江青汇报，汇报完之后，老崔还站在江青眼前不走。江青很奇怪，问他：还有事吗？老崔就把踩脚一事说了，希望首长注意影响。江青听了勃然大怒，骂了他半天。这个故事，我始终不太相信，觉得像老崔那种阅历的人不应该干出这种鲁男子才能干出的颟顸事。不过从他发现国家大事出了问题而不顾个人前途和安危贸然上书中央的做法，这类事也许干得出来。他被判二十年。1978年平反过程中三中队大多反革命得到不同程度的平反，而其中没有老崔。有人说老崔反的人物还在位，有的说公安部还有人压他，因为他反对当年的部长李震，李震虽然在"文革"中不明不白地死在公安部地下室，但其余威尚在。二小队人民教育出版社的老祝平反后，曾约我到崔家打听此事。我随他去了一趟，因为崔妻也是公安系统的干部，对于刚从监狱出来的人不信任，说了半天也不得要领，我没再去。老祝特别热情，继续跑了多次。后来听说，老崔从二十年减为六年，关押时间已经过了六年，也就放了。

老祝 他是与老崔类似的人物。精瘦，小矮个，身量大约不足一米六，江浙一带人士，口音很重，原为人民教育出版社的编辑。解放前入党，"文革"当中，妻子因为家庭出身不好受迫害而死。老祝身为外地人单身住在北京的妻子家，夫妻伉俪情深，妻子去世令他十分悲痛。1967年2月，他一个人骑着自行车在天安门前疾驰，在凛冽的寒风中散发传单，抗议"文革"违反人道、人权的行为。想想那个时代的背景，真是使人感到这位身长不满五尺的小老头，胆大包天，心雄万夫。不知道什么原因，他没有被判死刑（当时民众只要对"文革"微有抗议都会面临死刑，可能是老祝本身家庭与经历好，放他一马），被判无期。在监狱中他一直不认罪，还被关过小号（单独监禁）。老祝平反后，我到他家去过，他家住宣武门外的铁门胡同，我当时住大吉巷，相距很近。祝家实际上是妻子的家，岳母也还在，妻子很漂亮，遗像挂在房间的中央，注视着每一个往来的人。"文革"给这一家造成的灾难还没有消退，冷清而凄凉，那辆作为犯罪工具的自行车还靠在台阶下。出监不久，他又骑着这辆自行车往返于菜市口到鼓楼之间，为老崔出狱忙开了。也许他们是惺惺相惜罢。最近有人给我寄来一本"电子书"——《反思录》，作者就是曾与我同监的老祝，全书长达105万字，他在《前言》中说："由于本人的特殊经历——出于对当年封建法西斯专制的无比义愤，我不惜冒杀身之祸，于1967年2月挺身而出，与之进行坚决的斗争。为此，身陷囹圄九年有余，家破人亡，差点还丢了自己的脑袋。总之，我已为之付出了极其惨痛的代价。这一经历决定了我的读书学习带有十分明确的目的——为我民族的灾难史、为中国人民的血泪史、为我党的耻辱史而进行沉痛的反思。"此书写作11年，前后经过五次大的修改，从原来的140万字，压缩到105万字。有人评价作者与此书说："祝世华老人家晚年的写作，令人钦佩、赞叹。他真是生命不息，冲锋不止。我想，老人一生的传奇故事，对于纠正软弱、涣散、盲从的国民性,避免全身颤抖,纷纷跪下,激动万分,山呼万岁的历史悲剧不再重演,培育理性公民意识,写成书,拍出一个《激情燃烧的一生》定会好于《激情燃烧的岁月》。"

邢长春 老崔、老祝属于敢干类型的"反革命犯",与他们类似的还有邢长春,不过长春是青年一代了。他自幼丧母,父亲再婚后,长春就辍学当了工人,搬到工厂去住(他存在监狱的东西特多,就是因为他的"家"就在工厂的集体宿舍)。他爱好音乐、文学、哲学,关心时事。在"文革"中一帮青年人感到"文革"中的许多做法违背马克思的学说,他们要纠正这些,成立了秘密的"北京共产主义小组"。可能他们活动不多,又都是工人,主犯只判了无期徒刑,在五中队当保全工;长春是第二犯,被判十四年。他为人低调,不好张扬,在一小队,平日不是看书,就是拉小提琴。不过他的音乐天分不是太好,听他拉琴,总有点儿像锯木头的感觉(当然这个感想没敢当着他的面说)。长春进了监狱,家里也没有人来看。母亲是后妈,父亲老了,妹妹是后妈生的。可是这些长春从不形之于色,也很少与人说起。他从不说别人坏话,对谁也没有怨言。平反了,是工厂把他接回去的,厂方给他补发了几年的工资,妹妹结婚时,他资助了不少。

后来长春也结了婚,爱人是位再婚女士,这桩婚姻等于招赘,女方家里大多都是现成的,只是长春搬到她那里住。房子在东四十条东端路北的一个小四合院里(现在已拆)。结婚时,我去了,庆贺他最终有了归宿。然而长春是个理想主义的人,很难进入世俗生活,他的一些"文革"中的同志有傍官的走仕途、有转行做生意的,也有发财的,拉他下海,他不肯去。后来,长春辞了职,与中共中央党校合作办班。他无冬历夏骑着那辆破自行车从东四到三四十里外的中央党校，每个星期都要跑好几趟。那时我住六铺炕，他常从我那里过，有时停下来到我家坐坐，谈谈读书和心得体会。他还是像往常一样爱音乐（家里置办了在当时看来很高级的音响）、爱读书、爱思考。那时我工作紧张，内外压力都很大，有一次半夜惊惧，再也睡不着了，以睡觉为恐惧事，又无纾解之道。长春知道了就劝我到他那里去聊天。就在那个时候他妻子闯巴西去了，朋友到他家就更加随便了。我们聊了很久，回忆过去，谈中国的现实与前途。后来，我搬了家，往来少了，听说他肝有点儿毛病住了院。还没来得及去看他，突闻他去世的消息，令我悲痛莫名。我觉得他身体很棒，脸色黝黑，光头，仿佛生铁铸就，显示着工人本色。年岁又比我小许多，死亡怎么也无法与他联系起来。后听说他患的是肝癌，这是个过于委屈自己的人患的病。我愿意用鲁迅的一句话评论他："无论从旧道德，从新道德，只要是损己利人的，他就挑选上，自己背起来。"他从不诉苦和诉说委屈。

难于定义的罪犯　人心、人的品质如何是很难定义的。而法律就离不开定义，不过良法是从事实出发、考察嫌犯给社会或他人造成的伤害，再联系所触犯某条、某款法律的程度从而加以惩处。而专制制度下往往不是从嫌犯造成的伤害的既成事实出发，而是更关注他属于哪类人，或说更注意定义人。如把他定义为"地、富、反、坏、右"、定义为"敌我矛盾"；或定义为"人民内部矛盾"等等。接下去就是论其心术，在这个基础上加以惩治。这里我发这点议论是因为有些罪犯的"罪行"太可笑了。

三中队二小队和三小队有两位其事可笑，其情可悯的"反革命"。他们都是大部委的。一位姓杨，一位姓王。小杨原是某部的工人，因为喜爱文艺，而且多才多艺，被选入毛泽东文艺宣传队。他能拉会唱，这在三中队的文艺活动中也展示了出来。他在原单位宣传队时与一个女声独唱演员有了暧昧关系，不幸被老婆大人知道了，家里家外大闹，搞得杨狼狈不堪；当小杨尝试反击时，老婆使出杀手锏，把杨的"反动日记"交给了单位领导。于是原本很积极的小杨一下子成了反革命，被判八年，老婆离婚了，女孩也与他划清了界限。为什么一个很积极的青年变成了反革命分子呢？原来小杨在运动初期就积极参加运动，成为对牛鬼蛇神专政的专案组成员。专案组是经常要提审牛鬼蛇神的，让他们交代自己的历史问题和反动思想。牛鬼蛇神多是研究院中有学问的人，有个反动学术权威是小杨的监管和审查对象，小杨经常找他谈话，要他交代问题，可是谈来谈去小杨觉得他说的蛮有道理，从而失去了对流行理论的相信，小杨被这个"阶级敌人"征服了。他把自己的想法和听了那位"老鬼"话之后的心得体会统统写在日记里，大约平时他也跟老婆透露过，这次后院着火把这个要害问题引爆了。

另外一位王某跟我一样，属于"文革"前的毕业生，在大部下属的研究院做科研工作。家在西安，只身一人住在集体宿舍里。他特别爱干净，甚至可以说有点儿洁癖。住在同宿舍的同事是党支部书记，平时邋遢一些，两人在生活上时常有些别扭，但也没有吵闹过。俗话说"共产党的会多，国民党的税多"，党支部老开会，而且开会地点就在这位书记的宿舍里。老王不是党员，支部开会时，他就躲出去。可是每次开完会地上都是香烟头、瓜子皮。使得老王很不爽，提了多次，但也改进不大。王某是个脾气特别执拗（用北京话说就是特别"轴")的人，认死理，平常寡言少语，不招人，不惹人，安时处顺，似乎脾气特别好，但如果逼急了他，什么极端的事儿他也会干得出来。一次，又赶上支部开完会，他回来了，看到不仅屋子又脏又乱，而且自己的床铺也被人坐得皱皱巴巴的了。他的气就不打一处来，便与书记同志理论。书记有点厌烦了，于是就用大帽子压他。这是那个时代的人都会的，直到现在我仍能看到许多孩子对于这门技艺不学而能。"这是革命，哪能计较这些鸡毛蒜皮的破事儿。你计较这些也说明你对这场触及灵魂的大革命的态度。"有些人（也包括我）最讨厌人家以大帽子相压。于是老王马上喷出一通在当时不为舆论所容忍的语言。大家都惊呆了，在当时谁要是对这种语言不表示"义愤"都会给自己带来麻烦的。院里的同事纷纷揭露他、批判他，大字报贴到他的床头。王某的执拗劲儿也充分表现了出来，批判与对抗都在不断升级，直到最后以现行反革命罪被判七年徒刑。一个中年科技干部就因为这点鸡毛蒜皮的小事儿毁了他的一生。经过七年的改造，这种性格也没有多大变化。有件小事特别能说明这一点。在距他出监还有一个月的时候，有次下了夜班，老王负责把机台上压制好的塑料鞋，装在纸箱里，用一个两轮车运到仓库码好。下了班，犯人都集合在仓库清点人数等待下班。老王推着几个鞋箱子来了，从车间到仓库之间有个小小的门槛（也就两三厘米高），老王推的车，前面没有车厢板挡着，一过门槛，鞋箱子就从车前滑了下来。他只好停下来，再把箱子装回车上。装好了再过门槛，再次滑下，一连弄了四五次，都没弄好。排好队等着下班的犯人看着王某装上滑下、再装上再滑下的样子十分滑稽，都忍不住笑了。这下老王火了，当箱子再次滑下的时候，他用大力一猛推，

四　我的第三个监狱　…　147

把车也翻了过去，然后，用脚猛踩踏散落在地上的鞋箱。我们这些旁观者感到更加可笑，可是再也不敢笑而是有些呆了，不知如何了局。队长看到这种情形也火了，马上让杂务、执行员把他押起来，关了小号。大约关了五六天才放出来，出来的时候已经是面色铁灰憔悴不堪了。接着就收拾行李准备去出监队。在文明社会，老王这些行为肯定被认为是病态的（是不是强迫症？），如果犯了，人们会为他请医生检查治疗，而在那时等待他的是一副冰冷的手铐。在专制社会中，老百姓许多心理疾病都被当做思想意识问题受到惩处。

皇帝案 听公安局的人说北京常出皇帝案，差不多每年都有。三中队就押着两个"皇帝"，都是农村的。一个出自山区，一个出在平原地区。平原那位与我接触较多，也姓王，外号叫"傻头"。可是看本人长相一点儿也不傻，像个聪明伶俐的小伙子。本来他是高中毕业生，作为知青到房山琉璃河一带插队的。五六十年前，琉璃河一带是会道门特别活跃的地区，解放后，这里也常常被当做阶级斗争的重点地区。傻头插队的房东女主人原本是巫婆，是职业的神职人员。傻头初到农村，表现不错，他是老高二的，文化水平也较高，还当了赤脚医生，背个药箱走东家串西家的，很有人缘。房东老太太也看上了傻头，认为他是真龙天子，将来一定做皇帝，因此要把女儿嫁给他。听说傻头还有点儿不同意。老太太说，你别不满意，你是真龙天子，应该有三宫六院，我女儿只是你的正宫娘娘，以后还要娶好多。听了这话傻头就答应了，他们还有些活动，也封了一些人做丞相、将军等。在"一打三反"中，这个案子被挖出来，成为房山县的大案要案。老太太被判了无期徒刑，傻头判二十年。傻头是二小队的，平时也爱说爱笑，大家都很奇怪这样一个正常的城里人怎么能相信农村一个无知无识的老太太的话呢？问及此事，傻头总是不好意思地笑一笑。于是有人逼问："你是被'三宫六院'迷倒了吧？"傻头一定会急赤白脸地自辩："那时不是老说到农村去要向贫下中农学习吗？老太太也是贫下中农啊。"

那位"山皇上"的案情不太清楚，听说此案也只涉及六七个人，"皇帝"被判无期，这位连句整话也不会说的"皇上"也搞什么"三宫六院"之类，大家听了很好笑，好像当皇帝的兴奋点就在于"三宫六院"。可见愚昧的通俗文化给人们影响之深，特别是在文化落后的农村。当时正在批判《水浒传》，其罪状之一，就是宋江不想当皇帝，只想当忠臣。当时我就想"不当皇帝"是什么大缺点？中国人想当皇帝的还少呀。

一个特殊的刑事犯 三中队保全工（负责全车间的保全）中有个"大拿"，别人干不了的活，总是他去干。这在犯人当中也是比较特殊的一位。中队的保全工是上正班，早8点到中午12点，下午2点到6点。他们每天都在筒道吃饭，不像我们三班倒的总有一顿饭是在车间吃。可是这位"大拿"常常是饭点儿过后很久才干完活从车间出来，要重新热饭吃。不仅是车间的机器维修，监狱的汽车出了问题也常常找他。大家称他为"大拿"，也就是不管什么活都能拿得起来。"大拿"姓孟，大圆脸盘，黢黑，厚嘴唇，平常显示着力量的脸上，老冒油汗，还有点疙疙瘩瘩，外号"大老黑"，一看就是典型现代工业的工人阶级形象。用他做模特塑造出的雕像，人们绝不会误解，一定会认为这是个老实能干的现代工人，但老孟判的是"死缓"。他犯的事，一度也是北京大案。那时报纸不兴登载社会新闻，但这位老兄造出的新闻不胫而走，在市民中广泛流传，特别是宣武区一带。

他的原单位——工厂——与一监是邻居，就在白纸坊一带。他是厂长兼支部书记，党政一人大拿。老孟军人出身，上过朝鲜，参加过抗美援朝。复员后就来到工厂，他肯干，有使不完的力气，心灵手巧，干起活既有钻研精神，又很麻利。他性格活跃，喜欢开玩笑，这样的领导自然就能与群众打成一片。他不是北京人，家住廊坊，一个月回去一次，平常就住在办公室里。也许是离家远，成为久旷之人，他与厂内食堂的女工相好上了。那时全国响应毛主席"深挖洞，广积粮，不称霸"的号召，到处都在挖地道。那时北京市内起码有四分之一以上的工人在干此事。这个工厂厂长办公室到食堂之间也有地道。女工在值夜班的时候，往往卖完了夜班饭，就悄悄地从地道到老孟的办公室与他幽会。日久天长，这个桃色事件就慢慢传出来了。女工在厂内有个男朋友，是个电工，知道了，非常生气。然而这个事不抓到"现行"，谁也不会承认的，况且，老孟在厂子里的优势，是他无法与之抗衡的。人们说"捉贼要赃，捉奸要双"，这个电工打的也就是这个主意，他还自以为得计。他算计好女工值夜班的时间，准备两人幽会时抓他们的"现行"。老孟不用说有领导的威势，就是平常的人脉也较这个电工好很多。有人马上通知了老孟。老孟错在不是先暂时回避一下，而是要报复电工。他把金属的门把儿上接通了220伏的电线，要让电工吃点"电打"的苦头。一般情况下，如果只是接触到220伏电的火线，那是电不死人的，因为没有与地场接通。偏偏很凑巧，那天下了点小雨。电工怕湿鞋留下痕迹，脱了电工鞋，提着鞋去推门把儿。这一下子糟了，220伏的电流一下子从手通到地下，这对人是最危险的一条通路，几十个毫安的电流经过心脏就可以导致死亡。当老孟听到屋外有人"啊呀"一声、应声倒地的时候,他觉得有些不妙,马上招呼女工从地道回食堂,自己开门一看,非常紧张,立刻抱起电工上医院抢救,不幸终于没有救过来。

案发的初始老孟还图侥幸,倒打一耙,说电工在门把儿上通电想谋害他,不想害了自己。待等公安人员一侦察,再听厂内关于他与食堂女工的传言,就感到老孟的说法有问题。又在孟的办公室老孟睡觉的床下发现一双解放鞋("文革"中流行一种鞋子,男女都穿,是军绿色帆布橡胶鞋)一大一小,小的肯定是女人的。原来女工离去时,走得慌张,穿错了鞋。老孟不得已认了账,把错误都揽在自己一人身上,他被捕了。按说这是过失杀人,老孟没有主观上的故意。可是由于被害方在北京高层认识人,这个案子被定为大案要案,于是判成死缓。

三中队的人老拿此事与老孟开玩笑。三小队有个四十多岁的电工曾说:"大老黑,你要早认识我就好了,我会给你出个好主意。你用火线接门把儿多危险,弄不好先把自己电死。"老孟自己也从不避讳此事。有一个星期日早上,我们在三角院洗脸,老孟用一条崭新的花毛巾擦他那张大黑脸。我顺口说了一句"真花呀"!老孟用手拍了拍新毛巾高兴地说:"知道吗?孔淑贞给的。"头天(星期六)刚刚看完电影《我们村里的年轻人》"孔淑贞"是其中的女主角。我也笑着说"你真是至死不悟啊"!那时他还没有改判。不久,他改判为十八年有期徒刑,死缓改判一般是无期徒刑。是不是法院认为原判畸重呢?我想可能有,但监狱干部肯定也为他说了好话,很快又减刑两年。"孔淑贞"是不是就是那位食堂女工呢?后来听传言,他判死缓，老婆与他离了婚，但那个女工还在探监的日子来看过他。

三中队的编外犯人——徐璋本

用"编外犯人"称呼徐璋本似乎有点"八卦"，因为我在三中队时期，徐毕竟没有在三中队，但我又常常听三中队的老号谈到他，特别是一些有文化的犯人。他曾是在三中队待过的特别犯人。然而，我问起现在徐璋本在哪里？谁也不知道，只是听李聘伟说，他肯定没有放，仍然在一监。

徐璋本是什么人呢？李聘伟跟我说：他是清华大学教授，与钱学森是同学，两人一起回国的。1957年大鸣大放之时，这位在美国生活了好几十年的人以为中国是要向美国转型，他提出来要筹建劳动党，并与毛主席竞选国家主席。由此成为"现行反革命分子"，被抓起来，判了无期徒刑。不过，在监狱中，他受到了特别的待遇。狱方给他一间小屋，他住在那里，吃饭也是小灶，甚至为他单做。还有一个青年犯人伺候他。每天徐璋本在自己的小屋看书，写东西。有时老同学钱学森还到监狱里来看他。每周可以回清华园与家人共度周末。周一上午或周日晚上返回第一监狱服刑。徐璋本先生每周享有回家过周末的特权，这在当时确实是骇人听闻的，因为像饶漱石、潘汉年这类中共高官，进了监狱也没有听说让回家的，最大的优待也不过是让其妻到狱中陪他而已。到了"文革"之中，这一切优待都被否定、批判，说这些是"公检法"、罗瑞卿（当时的公安部长）执行的反革命修正主义在劳改系统的表现。于是，取消对徐璋本的一切优待，把他安排到三中队劳动。

1969年贯彻林彪一号通令，在全国搞战略转移之时，徐璋本和部分原北京市第一监狱的犯人转移到河北省邯郸的劳改场劳动改造。此后就再也没有徐的消息了。

1982年，我在《文学遗产》编辑部工作，一天有位在北京社会科学院工作的王姓作者来访。他说自己原是中国社科院哲学所研究生，师从李泽厚先生，写了一篇关于古代美学的文章。后问及通信地址，他说住在清华，父母都在清华工作。我突然想起徐，试探着问："清华大学原有一位徐璋本教授，您知道吗？"我觉得他有些异样，迟疑了一会儿，回答："那是家父。"我也一惊，没想到第一次在监狱外谈及徐璋本就碰到他的儿子："那您怎么姓……"他连忙说："王是家母的姓，父亲遭难后，为方便改从母姓。"话说到这里，就有点儿冷场。他没有追问我怎么知道其父的，我也不好深问。只问了一句："徐先生还好吧？"他连连回答："好，好。"后来再没有见到过这位王先生。

2008年参加"新东方"一个会，偶遇谢泳、丁东二兄，以大著《文化十日谈》见赠。回家捧读此书时，在"士林风骨"中有一篇《徐璋本的思想》。这是第一次在印刷文字上看到"徐璋本"三字。文中介绍了徐的大致经历。他是1954年从美国回来的（这是黄万里先生的女儿所讲，也有说他解放前回国，先在上海教书，解放初院系调整时调到北京清华大学），他的好朋友钱学森1955年回国。徐璋本和钱学森是同龄人，都出生于1911年。三四十年代，徐、钱二人同在美国加州理工学院攻读博士学位。钱学森在航空与数学系学习，1939年获博士学位；徐璋本1940年获博士学位。钱学森和徐璋本都是专攻导弹学的，不过钱搞的是"导弹致导"，而徐学的是"反导"。1950年代以后二人真是"一正一反"，贯穿了他们的一生。现在钱学森是名满天下，而徐则鲜有知闻。

徐璋本回国后到清华大学理论力学教研组工作。文章中说到由于长期生活在美国开放的制度下，回国后对这也保密，那也保密不适应，有牢骚。1957年7月，《人民日报》高调反右已经有一个月了（1957年6月9日《人民日报》发表社论《这是为什么?》标志"反右斗争"的开始）。那时"工人阶级说话了"，举国上下，一致声讨右派，有意见的人们很识相地噤声。此时，不知徐璋本先生是怎么想的，他公开声明要组建劳动党，而且发布：（一）《登记启示》；（二）《劳动党发起宣言》；（三）《谈谈真理和指导思想问题》。阐明其组织劳动党的意义，邀请人们加入这个以"建设没有剥削现象的人类公有公享社会"为目的的政党，并按照法律规定向政府注册登记。他还公开地批评马克思主义，要求当局不要以马克思主义作为指导思想。他认为"任何学说，都是在一定的历史条件下产生的，都有其局限性"。"马克思关于共产社会的理想，包含着严重矛盾。他把人看做经济制度的产物，是因果倒置。其强调阶级斗争的方法，与黑格尔的战争进化论同样脱胎于人类自私仇恨和残忍本能的极端表现。因此，马克思主义不能拿来作为指导思想。"

真如一块巨石投入深潭，激起巨大反响。清华大学从书记校长蒋南翔起到系、教研室都以最激烈的言辞批判徐璋本是货真价实的"现行反革命分子"。于是，把他作为罪犯逮捕法办。这就是徐璋本进监狱之前的状况，与狱中传说无大差异，唯一的差异是他没有要与毛主席竞选国家主席。

离开一监之后的徐璋本，网上有与他同在河北省劳改场一起劳改的严昌先生的介绍，从中可见1969年之后徐璋本的生活更加狼狈，其处境更加艰难。因为他坚持不肯认罪，常受到他那个年纪的老人不应该受到的侮辱。监狱的职责在于关押犯人、管理好被法院判刑的人犯。但中国监狱的别名是"劳改场",这说明它还附有改造犯人思想的功能。但改造的前提是被改造的对象得认罪、表明自己需要改造;如果改造不认罪,就失去了这个前提。监狱方面为了实现自己"改造人犯"的职责,就要想尽方法迫使其认罪。其实监狱所承担的"改造"这个职责值得反思。如果对于因为好逸恶劳、放纵情欲、伤害他人的刑事罪犯要帮助他们认识自己的错误和罪责、改造其原有的思想意识、建立新的人生观还是有道理,而对于那些由于政治思想、政治主张而陷入监牢者也像对待刑事犯罪者一味地强调"改造"就不一定适当。

  监狱方面的改造工作所采取的最一般的方法是不断地搞认罪伏法活动。"这种活动开展之频繁,到了强迫犯人年年讲,月月讲,天天讲的程度"。徐璋本是属于"右派反革命分子",其"罪行"主要是与当局有不同的想法,而且他并未觉得这些想法有错(徐的宣言中许多涉及的是学术问题,特别是对黑格尔哲学的批判是有见地的,希特勒在德国出现不是偶然的,是有深厚的哲学基础的,这些根本不能用法律判断其是非),如果徐璋本要保持自己正直的人格,他也不能认罪。严昌写道:"徐璋本在每晚必开的小组会上,凡轮到他发言,总是山南海北、东拉西扯。有时觉得他的发言缺少逻辑性,但时间一长,他的用意就显而易见了,他的发言的最大逻辑性就是回避对自己'罪行'的认同。徐璋本是绝顶聪明的。他的自我保护意识是很强的,他从不在任何场合从他自己的嘴里涉及与自己案情有关的任何话题,因为一旦涉及'结社自由''言论自由'这样的话题,说深说浅都是很危险的。"而在当时,不认罪本身就是罪上加罪。

徐璋本是高级知识分子，学问是他们保持自尊的内在力量，而监狱方面也会利用一切机会，釜底抽薪，打掉其自尊。如1970年中国发射卫星成功，监狱的"黄大队长将一摞宣传卫星上天的海报递给一中队的犯人大组长，让他分发到各个小组。黄大队长手中留下了一张海报，高声喝道：'徐璋本！'徐璋本从坐着的人群中站了起来。黄大队长把海报递到徐的面前，说：'念！'徐璋本不敢不从命，认真地念了起来。念毕。徐双手下垂，等待下文。黄大队长厉声说道：'徐璋本，没有你，中国的卫星照样上天！你现在有何感想？'全场一片寂静，等待徐璋本的答复。片刻后，徐璋本淡淡地说：'惭愧，惭愧'"。这在政治运动的操作中有个专用名词，称做打掉其"反动气焰"。一个自以为代表国家的劳改"大队长"与失去反抗能力的老人较力有什么意义呢？

"一打三反"是"文革"运动当中大开杀戒的阶段。1980年代我供职的文学研究所古代研究室有位研究生，高中毕业，一度在四川当兵。他跟我说过一件事，使我很震惊。他说一次在拉练过程中（1969年一度把本来是野战训练项目的拉练普及到全民）与地方合作得很融洽，最后有个"军民联欢"的节目，就是允许解放军士兵充任枪毙犯人的刽子手。把"杀人"当做"军民联欢"的项目，真是闻所未闻。这位研究生说，他见证那次"一打三反"的行刑，一次就枪毙好几十人，其中许多案例一听就是极其荒唐的。小说《号子里的人》一开始也是写"一打三反"运动中枪毙人犯，有些已经定案判刑的，又给加码、拉出去枪毙。严昌也写到河北省监狱中的"一打三反"：

> 曾经将一个在押犯人送到邯郸地区召开的公审大会上批斗，

最后判处其死刑，立即枪决。这个人的名字叫吴纪仁（音同）。我记得吴纪仁先生也是1957年因为鸣放入狱，入狱前是北京外国语学院的老师，年龄与徐璋本相仿。吴纪仁的杀身之祸就是起源于拒绝在小组会上承认自己有罪，在为自己辩护的过程中，毫无顾及地谈论与制度和意识形态有关的敏感问题。被枪毙之前曾多次在全场犯人大会上被批判。我残存的记忆中，吴纪仁先生的"反动言论"几乎涉及了1957年到1970年的所有重大事件，而且都是和官方唱反调的。有些老犯人早就预言：吴纪仁活腻了。吴纪仁被枪毙前已经疯癫，他被关在单人禁闭室中，路过的人都能听见他在不停地宣讲，声嘶力竭。警方说他是装疯卖傻。吴纪仁被枪毙的那天上午（确切日期记不清了），曲周的犯人没有上工，下午午休后召开犯人大会，会上宣读邯郸地区公检法军事管制委员会的判决公告。那张公告上判处了30多人的死刑，其中就有吴纪仁先生。估计公审大会是上午开的。向曲周的犯人宣读布告时，吴纪仁先生已经魂归黄泉。宣读布告后，狱方负责人黄大队长讲话，他警告不愿认罪伏法的犯人，吴纪仁的下场就是榜样。接着，黄大队长开始点名，被点名者都是狱方认定的反改造分子，凡被点名者都必须站到会场前面的空地上。被点名者有20多人，其中就有徐璋本先生。平时的徐璋本先生由于比较开朗，所以年龄虽大，并没有给人一种衰老的印象。但这时的徐璋本先生站在那里，双目无神，嘴角下垂，令人陡然感到这是一个饱经沧桑的垂垂老者，他深受精神的折磨和人格的屈辱，已经无法继续承受下去了。

一个人的人格力量能够支撑多久？读一些年轻人和海外批评中国大陆知识分子的文字，动辄说大陆知识人缺少操守。实际上，他们看到的只是在台面上表演的人士，许许多多有学有守有识的知识人默默无闻，不为外人所知。

严昌文章中说，"狱中一直有一种传言：周恩来总理曾在徐璋本被判刑后说过，只要徐放弃政治立场和政治主张立即释放，恢复教职。是否确有其事无法证实。但是无论这种传说是否属实，都说明徐璋本虽然身在劳改营，确实和一般犯人有所不同。有多少右派在被逮捕判刑之前就已经在各种场合明确放弃了自己的'鸣放'立场和观点，可是并没有得到执政者的宽恕，无一例外地被投入监狱和劳动教养。和徐璋本先生一道从北京第一监狱押出北京，关在邯郸南场的另一个知名右派邹震先生的遭遇就是例证"。

徐璋本出狱也带有传奇性。1975年春天发布特赦令：释放全部在押的国民党县团级以上的军警宪特人员。到秋天在河北省开始实施。这道特赦令本来是针对"国民党战犯"的，然而河北监狱"狱方实际操作过程中，也许受到决策层的指示，被特赦人员并不局限在国民党人员这个范围。邯郸地区被集中的人员当中，我所知道的国民党军政人员有原国民党第三战区遣送日俘小组组长宋忆之先生。前文提到的邹震先生也被集中，邹先生事后谈起此事说，之所以这样做，可能与他1949年以前曾做过南京《益世报》的总编有关，因为靠级评估的话，一个《益世报》的总编总不会小于县团级。至于邹先生的入狱所为何事，却不闻不问。怪事还有，前文提到的高级干部黄理文（本是中共干部，因与苏联使馆人员闲聊泄密被判刑）也因这个释放国民党人员的特赦令，被集中了，因为黄先生被捕前享有干部的级别无论如何是省军级,兑换成国民党的干部级别远远大于县团级。按照这种思维推理,徐璋本先生入狱前是清华大学二级教授,同级兑换,也不会小于县团级,因而也属于被集中人员。这次莫名的赦免来得尽管很滑稽,还是应该算做徐先生和所有被集中人员的第一次被解放,虽然这一次被解放的最大前提设置是认定这些人曾经是有罪的"。因此徐璋本是作为特赦人员被释放的。

直到1979年,改革开放以后的大规模平反运动中徐先生才真正得到平反,回到正常的生活中来。

6 | 狱中来了新犯人

多灾多难的1976年

1976年我34岁。这一年的风风雨雨及大灾大难是我三十几年的人生中首次经历的。

这一年的1月8日周总理逝世。2月"反击右倾翻案风"出笼。3月是吉林陨石雨,其中最大的1700多公斤。连毛泽东都对身边的服务人员小孟说:"这种事情历史上可是屡见不鲜呐,史有明载的就不少,野史就更多了。中国有一派学说叫天人感应,吉有吉兆,凶有凶兆。天摇地动,天上掉下大石头,就是要死人呐。三国演义里的诸葛亮、赵云死时都掉过石头折过旗杆。大人物与众不同,死都要死得有声有色啊。"可见它在当时引起的震撼,连彻底的唯物主义者毛泽东都不禁为之心动。4月是"四五天安门事件"。用当时的宣传口径说就是"现行反革命分子借悼念周总理煽动群众反对中央,干扰、破坏阶级斗争、路线斗争的大方向"。4月7日中央政治局根据毛泽东提议,通过《中共中央关于华国锋同志任中共中央第一副主席、国务院总理的决议》和《关于撤销邓小平党内外一切职务的决议》,在全国范围内公开"批邓"(其实从2月"反击右倾翻案风"已经开始"批邓",但未在报纸上公开点名)。5月底云南龙陵、潞西大地震。7月6日朱德总司令去世,7月28日唐山大地震,波及北京、天津。只唐山就死了20多万人。北京家家防震,搭地震棚,几乎人人都从室内搬到室外来住。北京大街小巷,胡搭乱建,一派人心浮动的景象。9月9日毛主席去世。直到10月6日"四人帮"被捕、"四人帮"极左势力垮台。

很奇怪,"四人帮"垮台后,社会也就逐渐安定了下来。社会及自然界再没发生惊天动地的大事。毛泽东预言的"血雨腥风"终于没有来。我们这些因政治而被抓捕的另类人物,安全度过了这次矛盾猬集中的权力转移关。

社会消停了,但这一连串的重大事件在监狱中的反应却持续到1977年底。有些事情前面已经说到,例如因悼念周总理而发生的天安门事件,在1976年4月之后有大量的涉案人员被捕,看守所——K字楼本来一间只能容纳16个人的监号再加进十个八个是寻常事。被捕的大多是青年人。与我在一个号里待过、因"四五事件"被捕、却能深刻留在记忆中的却是两位老人,一位是姓祝的老人,当时就有六七十岁了,他是石油学院的教授,专业是经济学;另一位是中国医学科学院研究细菌病毒的教授,姓刘,他较年轻些(我的印象中他名叫刘隽湘,在网上搜索,医科院确有刘隽湘其人,生于1916年,与我1976年见到的刘教授岁数相似,但此位刘隽湘教授是研究血液的,网上他的照片只有一张,长相与我的记忆也不太符合。后见网上有文悼念"四五事件"中的"小平头"刘迪逝世。文中说到刘迪之父就是医学家刘隽湘。当时为了抓这个《人民日报》点了名的一号"反革命犯",把他的父亲也控制起来。那么我在K字楼所遇,必是刘迪之父刘隽湘了)。两位老知识分子手无缚鸡之力,能干什么坏事?只因为去天安门悼念周总理而被捕,可见当时打击面之宽,下手之重。

地震期间,看守全跑了,但监号锁得死死的,被关起来的"四五"青年曾经在监号中大闹,敲门顿足,让K字楼的看守煞是愤怒,扬言要严惩他们。后来北京果然紧锣密鼓地准备严判。那时司法机关有个惯例,每当要完成政治任务(当时最大的政治就是中央发动的各种政治运动)之前,先判一批与本次运动清理的阶级敌人有些关联、但已经审完结清的旧案。例如我虽然1975年就被拘留了,案子也审清了,但连逮捕证也没签,还属于拘留等级,然而1976年5月10号北京市中级法院要我在逮捕证上签字,算是正式逮捕,法院又很简洁地问了一次在公安局问过的那几句话。

从5月下旬起,K字楼几乎每天都有一批批犯人被拉出去,或集体、或个别宣判。这就是为宣判"四五"人士做准备。7月26日把我一个人拉到市中级院去宣判。在"中院"临时拘押时,与一位因天安门事件而进去的小姑娘仅隔一个木栏杆,她也是从看守所拉到"中院"来证明某些问题的。当时我还奇怪,"四五"才过去三四个月就要判决了?

不过,1976年闹得最大的"四五天安门事件"和因为抵触"批邓"而被打为"现行反革命"的,绝大多数没有判,一监的三中队也没有因为"四五"或"批邓"而被判的"现行反革命分子"。只听说在《北京日报》上点名的一个与"邓""相呼应"的"反革命分子"被判了十几年,去了袜厂。此案的主角由于被报纸点名而广为人知。其实这个案子的真实案情也很可笑,并非像宣传机关说得那么严肃、严重。

案主就是白纸坊一带某造纸厂的工人,因为身体不好,常常请病假。那时请病假不超过6个月都是发全薪的,当时已经十多年不长工资了,工厂里除了老工人外绝大多数都是二级工,每月42元5角。如果病假超过6个月就会停发工资,改发"劳保",而"劳保"金额只相当于原工资的60%。因此许多病号如果不是万不得已,谁也不愿意"吃劳保"。大多数人采取的对策是病假休了四五个月的时候,先上一两个星期的班,然后再接着请病假。如果是真病,那还情有可原,如果是"泡病号",单位领导即使再恨他也没办法,除非与医院大夫联系,调查他是否真有病,分别处理。这位造纸厂工人大约是真病,他休了五个来月后,上了一个星期的班,又开始请病假。可是那个月的工资条一下来,变成了二十多元,一下子把他变成"吃劳保"了。这使他又急又气。急的是二十几块钱,家中没法维持生活;气的是自己按规矩办,病假并没有连续到半年以上,领导却违规,这简直是蓄意整他。于是他气势汹汹地到厂长、书记办公室找他们理论。

那时正值"反击右倾翻案风、批邓"的高潮,厂子楼内楼外贴满了大字报,领导不断开会、找人谈话,这位老病号来的肯定不是时候。他一推门进来,看到一屋子人,觉得这正是个好机会,当着众多人正好把道理讲清楚。他正红头涨脸地讲道理,领导根本没时间、也没心思听，叫他出去，以后再说。而老病号怕自己领了"劳保"，木已成舟，以后更没机会说了，坚决不肯走。领导拉下了脸郑重其事地说："我们正在研究当前的政治大事——批邓、反击右倾翻案风，没工夫听你那十几块钱的事儿。"他顿时感到受了侮辱，还要争这个"理"。领导说："你再在这里捣乱，我们就认为你是破坏'批邓'！"说着支使人推他出去。这么一来，老病号气愤已极，一只手拽着门，一只手把门外的大字报一把撕了下来，并大喊："怎么着，这文化大革命就我和邓小平倒霉了！"此话一出，举座皆惊，领导令人捂上他的嘴，制止他喊"反动口号"。此时老病号已经气蒙了，乱喊一气。厂领导马上给公安局挂了电话，把他抓走。公安局把这个案子上报北京"运动领导办公室"马上作为重点案件来抓，这个案子即刻成为轰动全国的重大反革命事件，这样从重从快处理了这个"老病号"也就不奇怪了。

当然，北京当局还是有一定的政治敏感度的，"四五事件"发生在北京，事发之后抓了不少人，当人抓得差不多的时候，已经到了6月、7月份。北京先判了一些与天安门观点差不多的"反革命在押犯"以为示范，然后再判"四五事件"的主角。不料我们那一批还没有判完就是唐山地震，连法院干部也都去抗震了。接着是主席逝世，法院一切判案活动停止。待工作恢复正常时，粉碎了"四人帮"，"四人帮"重要的罪状就是"反周总理"，于是没有人再敢判因为"四五事件"被收监的"现行犯"了。到了1977年邓小平的事件解冻，上上下下都盼望他早日出山。"'四五事件'的反革命分子"和一些被认为是反对"批邓"而抓起来的渐渐成为正面人物，自然也就从看守所或拘留所陆陆续续释放出来。像上海市直到1977年4

月,江西省到1977年12月,还将所谓的"现行反革命犯"王申酉、李九莲等判处死刑立即执行,除了帮派、极左的因素外,恐怕与地方消息闭塞有一定的关系。

三中队腾笼换鸟

1976年底到1977年初,三中队突然增加了一批"反革命犯"。本来这里的监押犯人已经够拥挤的,于是,在增加新来犯人的同时,三中队的原有犯人不断地被调离疏散。

粉碎"四人帮"之初,一监曾一度气氛严峻、使许多人有点儿惶惶然。这主要是由两件事引起的。一是,原来三中队关押了几个审理完毕、但未判刑的犯人。如我前面说过与我同机台劳动的门头沟大峪的李佐新,"文革"初,他曾是大峪红旗(当地一个群众组织)的骨干,在与别的组织武斗时杀死一个人。当时他只是个十七八岁的小孩,案情简单,也都审理清楚了,如何判决?按说是杀人偿命,可是该组织的人说,我们都是响应伟大领袖毛主席的"你们要关心国家大事,要把无产阶级文化大革命进行到底"的号召,怎么能把错误都算到我们头上呢?法院也不好办,于是都不判,等到运动后期再说。这一等就是八九年,在等待中把这些未决犯都弄到监狱劳动。粉碎"四人帮"后北京市负责人吴德本来就与"四人帮"有说不清楚的关系,他一方面压住一些因为反对"文革"而被整成阶级敌人的人士,说"10月6日以前反'四人帮'的还是反革命";另一方面对于"文革"中因派仗、武斗等犯罪的严加处理,有人命的多被处死,而且在判决时开大会,让民众都知道,表明他与"四人帮"、造反派划清界限。北京从严处理"打砸抢"分子(那时定"文革"中的"三种人"就有"打砸抢分子")在一监引起震动。这是一件。

另一件就是遣送青海劳改场。"文革"前,北京人只要一犯罪被抓,户口即被注销,把户口落在北京宣武区樱桃园派出所。北京的劳改场除了一监和郊区的几个农场外,大多劳改场都在外地如天津北面的茶淀,东北的兴凯湖等,粉碎"四人帮"后又加上青海,听说还有新疆。尽管人去了外地而且大多是有去无回(即使期满释放,想回北京也是不可能的,大多是在当地就业,做农业工人,俗称为"二劳改"),然而户口却还在美丽的樱桃园。北京劳改场真正坐落在樱桃园派出所管辖地界的,只有看守所 K 字楼与第一监狱。绝大多数犯人都愿意在一监劳改,因为家属探监方便,生活也较好,而青海,听队长说"到了青海,没有高墙电网,随便你跑,那时就怕你不敢跑了"。在这种舆论影响下,对一监的犯人来说调往青海是个极大的震慑,那个万里之外、荒凉的不毛之地仿佛就是监狱中的地狱,谁都怕摊上自己走上那有去无回之路。

突然有一天,小队长来到监号点了两个人的名儿,二人都是农村的,刑期都是"无期徒刑"。其中有一个姓韩,至今我仍记得他。前面我说过,监狱中的犯人绝大多数都与社会上一样,即不好不坏,亦好亦坏。如果环境好、氛围好、周边好人多则他本人也会好,反之亦然;社会上如此,监狱亦如是。可是监狱中还有少量的社会上不易见到的特别好和特别坏的人。前面我说了几位特别好的;这个被发往青海的应该属于特别坏一类的。用通俗的话说就是整个一个混蛋加坏蛋。

他是北京近郊西北旺一带的农村痞子,平时就是"踹寡妇门,挖绝户坟，打瞎子，骂哑巴"的主儿，无恶不作。不过他没文化，二十来岁连自己的大名都不会写，但动不动就说"我是贫下中农"。他跟定一个比他有点文化的"大哥"，外加几个兄弟，到处起哄捣乱，在西北旺的十里八村，无人不知，无人不晓，都怕他们，是地方一霸，连公社干部也不敢把他们怎么样，因为他们确实都是贫下中农子弟。一次他们几个出去玩，路遇一个女知青回村，这几个坏蛋把她轮奸了。知青把他们告了，这次正赶在点上，毛主席刚刚批转了一位知青家长李庆霖的信。要求各地领导要关怀知青，并对迫害知青的地方干部严加整肃。于是韩某这一伙就被抓了起来，很快就判了。首犯毙了，韩某判无期，其他几个也都判了有期徒刑。这几个原本就是流氓罪和强奸罪，但因为那会儿保护知青是中心工作，这几个流氓都给定成了"反革命轮奸犯"，有这样的罪名，其量刑才会如此之重，也由此他才被分到三中队。

我刚到三中队时，有一次韩某接见回来。他跟监室里的人说，他向老妈问起那位"大哥"。他妈妈回答说："孩子，你别惦记他了，他早就走了。"当时我很奇怪，觉得这个五大三粗、满脸壮疙瘩的小伙子还挺有人情味，挺顾念友谊的。后来我知道这事的原委后，恶心了好几天。在号内他也是惯常说脏话并专门欺负老实人。上面在"还有一个可怜人"一节所说的那个张某，常常是韩某欺负的对象。有一次，是休息日，监号里包饺子，韩总觉得馅儿淡，不与别人商量，乱加盐。与我相邻的那位北京高干子弟，劝他不听，居然出手打人，引起号内的公愤，他才不得已停了手。这次一听去青海的有他，韩某的脸马上青了，号内其他人、特别是执行员董清旻松了一口气。后来跟我说："祸害终于走了。"

这次调往青海，使得三中队少了十几个让队长也感到头疼的罪犯，从此吵架的明显减少。另外就是把一些老的、有重病、一时半会儿好不了的送到延庆老弱病残队（那个"可怜人"张某和昏厥在舞台上的蔡某都去了延庆）。一些到期和接近到期的犯人此时都转移到出监队，一下子三中队有了三四十个空位子，有能力"吐故纳新"了。

千奇百怪的新来的犯人

这些新来的犯人都是在毛主席逝世之后速判的，连我们这些外行人看都是瑕疵累累。有个案子刚刚判了十八年，关了不到俩月就被叫走、放了，这真是视法律如儿戏的时期。

不幸者之幸与不幸

这是个老工人，到了三中队后总是心神不宁的，下了工休息时老在筒道里皱着眉走来走去。他五十一二岁，微胖，因为是电工，到了一监的清河塑料厂，干的也还是电工那一套活，颇顺手，但其神态与行为明显地让人感到他心魂不定。一天我在筒道休息，他找到我说："我看您像个知识分子，我有点事您帮我分析分析。"我问什么事。他说："我是第八机床厂的，厂址在北京密云，是七级电工，姓赵。9月18日下午三时转播天安门广场的追悼大会，我负责电器。结果会开到半截突然没声了，到会者紧张得不得了，把我也吓得直哆嗦，手抖得连接线也接不上，怎么弄也弄不好。当时县领导在我们厂子参加追悼会，判定我是阶级敌人，说我有意破坏，马上抓了起来，不到一个月就判了十八年有期徒刑。"我问他有无历史问题。他说："我都五十多岁了，共产党没来的时候，我也得干活吃饭啊。"听这话可以想见，他解放前的事由可能有点问题。我对他说:"尽管这件事与你无关,但谁让你赶上了,而且历史上又有点瑕疵呢?"

那会儿出了问题先拿阶级敌人(或者有各种各样历史问题的)开刀是天然合理、顺理成章的,谁也不能反对,因为这样做大方向没有错。这就是那个时代的逻辑。老赵说:"被抓时,我被那万众声讨的气势吓晕了,没有仔细为自己辩护。当时以为没大事,从严批判一下就完了。不料糊里糊涂就被判了十八年,这样长的刑期,还不死在狱里?因此想写个详细的辩护词,我写好了您给我看看(当时还没有恢复律师制度)?"他跟我商量。我告诉他:"这没用。这么简单的事,谁不清楚?他们了解事实,还要判你,你就是替罪羊。"我劝他与其花力气为自己辩护还不如找关系,写申诉往高层递送。他想了想觉得我说的有道理。他说:"我们工厂的总务科长是叶剑英的女儿,我老伴是幼儿园老师,平常与叶帅女儿关系不错,要不让我老伴求求她?"我觉得这是一条路子。后来接见时,他果然对老伴说了。不久,就有人找他,每次找过他,回筒道只要他见到我,必要笑一笑,悄声说"有门儿,有希望"。上面找了几次后,有一天叫他收拾行李,然后扛着行李走了,再也没回来,肯定就是放了。这个憨厚的老工人幸有贵人帮助。

其他人就不一定有他这样的幸运,用相面的"套话"说,就是"有贵人相帮"。那时愿意对他人施以援手的热心人还是不多见的。另外,有两个被判八年的老人也是因主席逝世而犯事儿的。两人都是农民,一个是近郊的,一个是远郊的。近郊那位是因为在主席逝世时,人人都要戴黑箍,他没钱买,生产队并没有责备他。然而他的养女把他告了。养女对党支书说:"我向我爸爸要钱买黑箍。我爸特别凶地说：'花那冤钱干什么？我没钱，不买。'"在农村，戴不戴黑箍不像城里要求那样高，不戴也没人管。但这类事是属于"民不举，官不究"的，只要老百姓有告的，则一定要"究"的。因为这涉及对毛主席的感情问题，你要是不究，这种罪行自然会摊到这个当官的身上。那时经历了"文革"，只要事关毛主席则是无人不怕的。于是村干部把他送到了县公安局，这个老人又当过国民党兵，当然会"对新社会充满仇恨"，于是被当做现行反革命判了八年。

远郊那个老人也是有点历史问题。在9月18日那天，大队组织社员参加追悼会。1976年中日已经建交，因为中国放弃了战争赔偿，日本政府向中国人民赠送了一些黑白电视机，北京郊区的农村，每个大队部都有一台。这天大队总支组织社员参加追悼会，社员们正在看电视转播，这个老人觉得没意思就在自己口袋里乱摸。本来参加追悼会是很安静的，社员从来没有经过这样的场面，十分紧张，屋子里除了电视的声音外，连喘气的声儿都听不见。当电视上宣布默哀时，室内没有任何声音，静静的一片死寂。这时就突显了老头翻兜儿的声音，总支书记盯着他，他还浑然不觉。突然从兜里翻出一个生花生来（当时已经是收获花生的季节），便惬意地放在嘴里吃了。此时总支书记大吼一声：某某某，你在破坏追悼会。说着便把他的嘴巴掐住，使其张开，向大家展示老头儿口中的食物。并怒斥：革命群众悲痛万分，你还高兴地吃东西！这一举动几乎把老头儿吓瘫、大家吓蒙了。大队把他押送到公安局，按照"阶级敌人仇视毛主席"对待，也判八年。

这两个老头只在三中队待了三五天，很快也走了。不过因为他们是轻刑犯（十年以下），被送到农场去劳改，他们到一监只是个过

四 我的第三个监狱 …

渡。我想他们在1978年末开始的平反浪潮中一定会得到平反的罢。

可入"拍案惊奇"的个案

因为毛主席逝世而进监狱的，大多是农村的，可能与他们的平均文化水平低、不了解当时形势的严峻和罔知顾忌有关。此时到三中队的农民犯人约有十来个，有两个给我留的印象最深，他们与我在一个小队，所以对他们了解比较多，他们的案子都有点奇特，可入当代的"拍案惊奇"。

爱唱歌的老陈。这两个案子的主角都是密云人，还都是"四类"。按说这个陈姓犯人才三十多岁，解放初也就三四岁，本来只是个富农子弟，只是父亲早死，开四类分子会常叫他去，他就去，一来二去也就成了名正言顺的四类分子。他还有个生理缺欠，是位天阉（天生男性生殖器发育不全）。三十多点儿的壮年汉子，正面一看仿佛是六十多岁的老太太，一脸的褶皱。说话声音介于男女之间，音色不错，唱起歌来不让人讨厌，如果歌曲的旋律美，他唱的还挺动听。本来农村四类分子的子弟就难找对象，除非是换亲（即双方子女互换），何况他又升格为四类，更何况他又有生理上的毛病。于是颇有自知之明的老陈很早就决定过单身生活，离开家庭，带走了家中唯一的产业——富农分子的"帽子"。生产队领导颇有点儿人情味，让他住到饲养室，喂队里的大牲口。

老陈唱歌在我这个音乐盲听来还不错。他的声音细高而圆润，音准好，很少跑调，能完整唱完的歌不下数十首。有次听他唱起四川民歌《太阳出来》，这使我联想到柬埔寨西哈努克亲王的儿子纳拉迪波。此人自小在中国上学，北京二十五中毕业，后在北京大学读书（"文革"当中派专人教他），大约他还在中央音乐学院兼学声乐，因此，在他毕业回国时，尽管中国仍处在"文革"中，但音乐学院还是为他一个人开了一场毕业音乐会，而且"北京电视台"（即中央电视台）还作了转播，为一片萧瑟的荧屏平添了几分春色。纳拉迪波除了演唱世界名曲和他爸爸创作的与中国亲善的歌曲外，还唱了许多中国民歌，其中就有四川民歌《太阳出来》。纳拉迪波演唱这支歌时似乎采用了近于女声唱法，显得特别阳光、潇洒和华丽，尤其是那两句"手里拿把罗唉／开山斧罗／朗罗／不怕虎豹朗朗扯／光扯／和豺狼吆"，爽朗、自信，给我的印象极深。后来红色高棉与西哈努克合作赶走了政变上台的朗诺，取得胜利，建立了"民主柬埔寨"。纳拉迪波跟着老爸回国，不久被波尔布特杀害，一个极有气质的歌唱家就这样从这个星球上消失了。没想到却在监狱里听到与他类似的声音。

老陈在饲养室一个人生活，很少与人往来，也没有人愿意跟他往来。幸亏他有唱歌的爱好得以消解寂寞、排遣忧愁。喂牲口这活儿，在农村一般是六七十岁的老头干的，因为活虽不重，但要起夜，"马无夜草不肥"。饲养人员在夜里还得喂一次，让老陈干这个活计是有点儿照顾性质的。唱歌给他带来了许多欢乐，但在非常时期也给他带来了意想不到的麻烦。

给全中国和世界带来震动的9月9日，老陈却浑然不知。他整天在饲养室，外头的事，如果队里不出车、没有使唤牲口的，就不会有人到这里来。此时的老陈处于与社会隔绝的状态。9月9日他照往常一样，夜里起来筛草、拌料喂牲口，一边干活一边唱。第二天他就被大队的治保委员找走了，路上还骂他这个富农分子因为毛主席去世而高兴，夜里唱歌发泄情绪，给生产队找麻烦。他听不懂这是怎么一回事，心里正在纳闷的时候已经被押上了县公安局的汽车，被送到了公安局。

公安局预审员问他:"9月9日你唱歌了没有?"虽然他不记得那天是9月9日,但那天肯定唱歌了,因为他天天唱,不唱才是例外,而这个月似乎没有例外。他只得说:"唱了。"预审员又问:"毛主席去世,国家公布不许娱乐,你为什么唱歌?"此时他才弄明白原来毛主席没了。于是他无可奈何地回答:"我不知道啊!"预审员:"全国人民都知道,单你不知道?"此时的老陈只好沉默。

公安再追问他唱的是什么,他说:"我会唱上百首的歌,我也不记得唱过什么了。"于是,公安局给他罗列出三首歌:一是《早也盼,晚也盼,望穿双眼》(这是样板戏《智取威虎山》中李勇奇的唱段);二是《真是乐死人》(这是1960年代流行的一首红歌,描写新参军的士兵在迎新晚会上欢乐的情景,其中有"想起了一件事儿,真是乐死人");三是《不唱山歌心不爽》(这是于会泳的成名作)。老陈一听觉得公安局挺神,知道他会唱这些歌,于是他承认了。只见审案的脸一沉,一拍桌子:"你老实交代为什么在毛主席他老人家去世时唱这些歌?"老陈说:"这些歌我的确会唱,不能欺骗政府说不会。但9月9号那天晚上唱没唱我可不记得了。"预审员说:"你们队的革命群众有揭发。"接着拿出一份材料,说老陈在9月9日夜里一边筛草一边扯着嗓门,兴高采烈地唱道"早也盼,晚也盼,望穿双眼……",接着唱"真是乐死人",又接着唱"不唱山歌心不爽"。声音很大,很清脆,连隔着墙的我们都听得清清楚楚。老陈一听这个材料,如五雷轰顶,一下子懵了。

原来大牲口棚的隔壁是养鸡场,有两三个小姑娘在养鸡场负责养鸡。虽然她们只是白天干活,但也住在鸡场。老陈这边夜里喂牲口唱歌往往吵得她们睡不好觉。这下子，让她们抓住一个好机会，要管管那边的老四类，于是就把他举报了。老陈呆了，只得说我唱的不只这三首，那天晚上我唱的歌多了，还有苦歌《生产队里开大会》呢（这是一首忆苦思甜的歌曲，那时很流行）！然而公安局可不管这些，只要承认了那三首就足够了。但当预审员让他交代唱歌动机时，他说不出。"什么叫动机？""就是你为什么唱歌？你干活还不累？再唱歌你累不累呀？""我不累。就是累一唱歌才解乏呢；有时有点儿憋得慌，一唱歌就觉得舒服了。""哦……"预审员觉得听懂了，"原来你觉得憋得慌，有对现实不满的反动情绪，一唱歌就把这些发泄出去了。要不人家揭发你，说你三更半夜的乱吼乱叫呢！"这样有"作案事实"（有揭发，本人也承认），也有"作案动机"（自供对现实不满，憋得慌，所以才唱）。像他这样完整的案例在当时还不多。很快老陈就以现行反革命罪判了二十年有期徒刑。大约养鸡场的小姑娘们松了一口气罢，而老陈几乎要在监狱中付出他的后半生。

虽然从批斗大会到公判，每次都把老陈吓得灵魂出窍，但到了一监，老陈却有找到了安乐窝的感觉。第一他不必自己做饭了。原来顿顿饭都要自己动手做，每天还要出工挣工分（那时农村四类分子的工分一般比正常社员少两成），其艰辛可以想见。前面说过，监狱的伙食是当时北方农村一般家庭所没法比的。每周两顿细粮（往往是一顿米饭，一顿白面）、两顿肉，窝头随便吃。北方农村的大多数家庭一年能吃两次肉就不错了，一次是中秋，一次是过年。许多地方是"瓜菜（或'糠菜'）半年粮"，窝头贴饼子只是在活儿忙、活儿累的时候吃，不可能天天随便吃。二是在监狱里活轻了，一天就干八小时的活儿，而且不必天天起夜了。在塑料厂老陈负责从塑

四　我的第三个监狱　…

料颗粒机（把塑料粉与树脂拌和，压制成颗粒）台上往各个压制塑料鞋的机台上送料，一个小布口袋装个六七斤的料，他往肩上一背，哼着小调，碎步颠颠地送到各机台。一个月下来，原本皱巴巴的脸上居然肥了一圈，苍白的皮肤上也有了点血色，老陈变了，他一改初来时的畏葸与自闭，常常喜形于色与人聊起自己的满足与快乐。"二十年我还觉得少点儿！这样待一辈子我才高兴呢"，这种出自内心的表白，常惊得大家面面相觑。第三，这里犯人都和他一样，没人歧视他，他也能跟大家说说话、聊聊天了。这一点是他最惬意的。当然老陈的"监狱幸福生活"能维持多久呢？1970年代末大拨平反时，大约他就混不下去了。

　　唱大鼓的王承祥。我所在的监号来了一个因此案而判刑的犯人，他叫王承祥，也是密云的农民。这个人五十多岁了，长着雷公嘴儿，从眼眉以下两个颧骨以内这一圈特别像京剧孙悟空的脸谱。他说话着三不着两，又很埋汰，最惹人厌的是其作风上不了台盘。即使说正常的话，干正当的事儿也显得偷偷摸摸、鬼鬼祟祟，仿佛干非法勾当似的。大家感到很可笑，因而送他绰号"落菜帮子"（北方俗语，不成材之意。"菜"指秋天收获的大白菜，外面的菜帮多用来喂猪）。他是唱评戏的出身，"评戏"又称为"蹦蹦儿"，最初就是撂地演出，画个白圈儿，几个艺人简单地化化妆就开唱，其主要行当就是"小旦""小生""小丑"，所以又称"'三小'戏"。王承祥就是演小丑的，行事鬼祟，大约是他的职业病。他曾是县剧团演员，后因为"调戏妇女、耍流氓"被开除了，戴上"坏分子"的帽子遣返回乡，监督劳动。他身体弱、劳动能力很差，又是四类分子，每年挣的工分不够吃饭，队上分的粮菜和其他用物，王承祥挣的工分不足以对冲，一年下来，他还要欠生产队许多钱。对于特别困难的人，大队本来应该救济，但不能救济戴帽的四类分子。因此特别允许他在入冬之后，可以到密云北部山区和河北兴隆县山区做些演出，以偿还欠队里的粮食钱和菜钱。

我问他："你一个人怎么演出？你们唱出戏，就是清唱也得有几个演员、再加上文武场罢。"他说："我会唱大鼓，拉上一个瞎子给我弹弦子伴奏就可以了。我自己也能弹三弦儿，实在没人，也可以自弹自唱，主要是唱乐亭大鼓和靠山调。"我听过他唱，嗓子嘶哑，"靠山"味儿多，"乐亭"味儿少，真没什么听头。而且他会的一些段子（大多是当时不许演的"杨家将""呼家将""说唐"一类）大多没头没尾，而且情节凌乱，常把"说唐"的故事弄到"杨家将"里去。"你这种玩意儿也能赚钱？""你别看不起我，一冬天，我在兴隆走乡串村，一天最少五六块钱，还管饭。这百十天把一年的嚼谷（指生活费）都挣下来，还有富余。在兴隆，我还是香饽饽，十里八乡的都来请，有的地方唱上十天半个月也不让走。有时夜里我唱点'老活'（指古代故事或带有色情的古代段子），十冬腊月里还有爬窗户根儿来听的，你哪能想得到？我这几十天挣的钱比挣工资的公社干部一年的工资都多。队里那点儿工分，我不在乎。""你还挺嚣张的，这样不得罪人？""我挣的钱多，干部都眼红，老在队里要我的'好看'，平日管得严，冬天出去演出开路条（介绍信）时也很麻烦，回来时也得有所表示，要不下次不叫你出去了。没路条只能像走亲戚一样，去最熟的地方唱，这就不好开口多要钱了。你以为我们吃开口饭的那么容易呐，上下左右都得打点。哪处打点不到就会倒霉。""这回进监狱也是你打点不到吗？""落菜帮子"神情黯然：

"说良心话,这次怨我。不是干部陷害我。我被抓的时候,有个老公安就指着我的鼻子骂我,'你一年到处游窜,吃香的、喝辣的,比我们舒服多了,撑得你胡说八道!'他骂得对。"

这次确实不是人家找他的麻烦,而是他自找麻烦。他这次"犯罪"与农村长期存在的一种文化现象有关。农村常有一些自诩多知多懂、说话罔顾忌讳、而又文化程度不高的人。他们往往受过传统教育,有的甚至是数百年来秘密宗教的传承人。流行于社会底层的文化(就是我后来所关注的游民文化)对他们影响很深。他们是游民文化在农村的代表。我前后在农村待过近十年,也见过一些这样的人物,他们的知识来源是社会底层流行的评书戏曲唱本、还有秘密教门口耳相传的"真言咒语"之类。这些人"文革"前很受"落后群众的追捧",是农村的"思想家"兼宗教代表,大事小情都要向他们请教,生老病死,何去何从也要听听他们的意见甚至是指导。解放后,这种"愚昧落后、迷信荒诞的文化"受到一定的冲击,但其土壤尚在,一有机会还是要顽强地表现出来的。

那时每个生产大队都有个粮店,"落菜帮子"所在的大队也不例外。粮店掌大权的书记,其在村里的地位是与大队支书平起平坐的。这个粮店的书记就是我前面说的本村的多知多懂的"百事通"。他与王承祥的岁数相近,解放前念过几年私塾,能读《三国演义》,村里的人也把他看成是晓奇门、知遁甲,上看天文,下知地理的人物。其他地方的这类人物,"文革"的铁扫帚一来,就被当做旧社会的"残渣余孽"扫荡殆尽。即使还活着的,也都不敢乱说乱动了(这类人在"非典时期"又有些泛滥的趋势)。可是这位粮店书记没有受到丝毫冲击,因为他是掌握一个大队人马粮草的有权人,但他又不是公社或大队的当权派,一个粮店最多三四个店员,一般都是亲信,也不会把他打成当权派。这位没有受到过冲击的书记还是一仍其旧,是这个村子异质文化的代表者,他所制造的舆论与正统舆论不同,一事当前,他往往有其独特的解释。他也有不少追随者,特别是老年人。

王承祥肚子里有点旧唱本,自诩会成本大套的评书,粮店书记爱说古,于是一个党的书记,一个"坏分子",本来是不搭嘎的两个人走到了一起。书记成为这个四类分子的精神依赖,有个大事小情也常常求他为自己与当权者通融。1976年初,周总理去世,全国悲痛,同时也引起人们对朝政的普遍关注。有一次这个书记与王承祥闲聊就说,你看吧,这一年是个多事之秋,"红羊劫嘛"(按:古人所说的"红羊劫"是发生在丙午、丁未之间,1976年是丙辰年,与"红羊劫"不相干)!周总理走了,接着就是朱总司令,其后就是毛主席。王承祥听了大吃一惊,问他:"你怎么知道的?""你想啊……周没了,朱吃什么?朱没了,毛还能在吗?那会儿我们老说朱毛朱毛吗。"王说:"当时我听了,并没有在意。以为胡抡罢了。可是9月9号这天,我们一帮四类分子正在一起由民兵监督劳动。突然听大喇叭广播毛主席去世的消息。我心里一震,想起书记的话,心说'真灵啊'。旁边跟我一起干活的是个富农分子,我就把书记这番话悄悄地跟他说了。富农正呆呆地发愣时,带队的女民兵突然大吼起来,你们两个'四类'鬼鬼祟祟搞什么反革命串联?富农吓瘫了,二话没说就交代出来。一帮民兵马上把我俩捆了起来,看押在队部,一会儿,县公安局就来了人。"后来把粮店书记也抓了起来,"文革"的大风大浪都经历了,"文革"就要结束之时,这个书记却翻了船。

粮店书记判了二十年,"落菜帮子"十五年,富农一句话没说,只是听了,也判了四年。富农送了劳改农场。粮店书记也在三中队,不过是二小队。到监狱后,他沉默寡言,没有机会听他评论一下此事和对自己下场的感受。

王承祥是个社会底层的艺人。解放后,行政组织严密,他不能像其前辈艺人那样浪迹江湖、做江湖人去游走四方,生活安定而且有些保障。那时社会底层有许许多多这样的艺人,他们是传统艺人,与那些被尊称为"演员"或"艺术家"的艺人完全属于两个世界的人物。解放后要把这两种人合二为一,统称为"文艺工作者",以便对各种艺人实施改造。在大城市的如北京、上海这种改造运行比较顺利,经过了细致而艰苦的重塑,如北京的侯宝林、刘宝瑞,上海的袁雪芬等也走进了"革命文艺工作者"的行列。这些人不仅需要完全换上一种全新的话语,而且在思想意识上也要有所转变,以适应这个新时代。侯宝林等人可以说是这方面的典范。也有不能适应的,就早早退出文艺舞台转行干起其他营生(天桥的许多艺人转行干其他行当,如唱西河大鼓的艺人刘田利就到澡堂子烧锅炉了)。小城镇、农村也有这类底层艺人,他们比城市的艺人文化更低,适应能力更差,地方政府也没有那么大的精力和能力改造他们,这样他们只能自生自灭(1957年整风时,田汉还为这些艺人呐喊过)。如果说这些底层艺人解放初还能短暂生存的话,"文革"一来,大多被扫荡以尽,集体消失,后来只有特别落后的山区(张艺谋演的电影《老井》也表现了"文革"中有盲艺人到村里演唱的情景)略有复活。

我从王承祥的口中得知许多社会底层艺人的生活状况。因为他是艺人，进了监狱，在塑料厂停工期间，队长也让他编演节目。他自己不能编写就找我帮忙。那时只能编批判"四人帮"的。他说："江青曾和我们一样，都是吃开口饭的。我弄不明白，她都嫁毛主席了，也不用演戏了，什么好东西没有的吃？还瞎折腾什么？"这是他对江青不满足现状"还要祸害人民"（当时批判用语）感到特别困惑的地方。他说："我们做艺人可不容易，过年唱野台子戏，脸冻僵了，张不开嘴；指头伸出去，打不了弯儿，连拳头也攥不成。只要一下场，到后台就把手插进别人的怀里，暖和暖和。不分男的女的。后来一强调阶级斗争，我们就惨了。许多戏像《杨三姐告状》这样抓人的戏（指吸引观众）都不能演了。有一年过年演《箭杆河边》。我演二赖子（农村二流子），那天风大特冷，而戏里演的又是麦收季节，不能穿的太多。我在台上冻得直哆嗦，一下场，到后台，担任剧中妇女主任的演员正在我面前，我把冻得像红萝卜似的手就插到她怀里，不想她马上跳起来，打了我一个耳刮子，而且还边打边骂'臭流氓'。多少年都这样，谁也没怎么着，怎么这次她就入戏了，以为她真的就是抓阶级斗争的妇女主任，我真的就是二流子呢！演完戏，我还真成了比'臭流氓'还臭的'坏分子'，戴上帽子回乡监督劳动。把我轰走了后，他们也没好几天，'文革'一来，剧团解散都回家种地了。前两年他们看我唱大鼓，混得还不错，还想跟我一起干，或再组个小班儿流动演出。我坚决不干。我对他们说，我对'妇女主任'算是怕到底了，别再找我，再跟她一起演出，还不把我送进监狱？"我打趣他："你没跟'妇女主任'一块演也进监狱了。"他乐了："这回是跟党的书记跟错了。"

后来我给他写的乐亭大鼓词儿中，批江青、说到武则天。武则天"落菜帮子"知道。他说:"武则天是女人当皇帝,女人当皇帝不就是想多娶几个'小白脸'吗?她们也像男皇帝一样有'三宫六院'。"这就是底层社会、特别是游民对于当皇帝的理解。历史上凡是造反起事想当皇帝的,不管皇帝当得成还是当不成,"三宫六院"是他们优先考虑的一个问题。他还问我:"你说,怎么杨六郎那么英雄,到头来当了武则天的'小白脸'呢?"他提的这个问题差点把我笑喷了。我说:"一个唐朝人,一个宋朝人,怎么能配到一起?武则天比杨延昭大三百多岁呢!""我们唱大鼓中的武则天,她老叫'我的六郎'。这不是杨六郎?""那是武则天宠臣张昌宗,也行六,人们称他'六郎'。这是与杨延昭混淆不得的,两人差着时代呢。"

王承祥在一监,虽然没有像同乡老陈那样知足舒心,但感到还可以:"到这里什么都用不着操心了,冬天不冷,夏天不热,一人吃饱,一家子不饿","胡吃闷睡一天又一天……"他用乐亭大鼓的旋律对我唱出他在监狱的感受。

所谓"干部子弟"

谈到"文革"进监狱的这一段特殊经历,常常有人问我:"里边的干部子弟多不多?"为什么北京人对这个问题很有兴趣呢?因为干部子弟在北京是个引人注目的特殊群体,特别是在"文革"之中。

北京的干部多,自然干部子弟就多。现在民间有个对联,上联调侃说"红米饭,南瓜汤,老婆一个,孩子一帮"就是形容那些解放初,经历了千辛万苦出生入死的革命老干部进入大都市后,生活安定、心态放松生孩子多的情景(从现实中考察也是这样)。这些干部子弟家庭出身、生活经历、思想性格大体上有些共同之处。"家庭出身"不用说,"生活经历"是指他们大多上的是"名校"或有住宿条件的"干部子弟学校"。所谓"思想性格"的共同之处就是指一般青年人不敢干的,他们敢干,在对待天下大事上也有一股舍我其谁的派头(现在新发明了一个词儿叫做"江山意识",他们的"江山意识"特强)。这在"充分发动了群众"的"文革"中显得特别抢眼,也震动了整个北京。

我在读"大三""大四"(1963年—1964年)期间,曾与一位高干子弟同宿舍,其父是位五级干部,很有些资历。这位同学比我大三四岁,曾在报社工作过,思想比较成熟,为人也比较谦抑。他曾说起,有些干部子弟、特别是上了大学的,多有一股天不怕、地不怕的劲头,谁都敢骂。这辈子也许连科长也当不上,可是连部长也不在他们眼里(毛泽东少年时不是也说自己是"粪土当年万户侯"吗)。正是这种"敢为天下先"的心态,"文革"初期,北京最早被发动起来的就是在大中学校学习的干部子弟。

他们最先组织了"红卫兵"和各种战斗队,积极倡导"革命造反精神"(包括写一至三《论无产阶级的革命造反精神万岁》的作者和"老子英雄儿好汉,老子反动儿混蛋"对联的作者)。在学校最先批斗校长和老师的是干部子弟,北京中学第一个被打死的校长是北京师大女附中的总支书记、副校长卞仲耘,而此校就是干部子弟众多的女中,毛主席的女儿李讷就是这里毕业的。"八一八"毛主席接见百万红卫兵,为毛主席戴红卫兵袖章的那位女红卫兵宋彬彬(后更名宋要武)也是干部子弟。后来由于批"资反路线"和"走资本主义道路的当权派",许多高级干部被整,不少高干子弟出面保爹保妈,炮打中央"文革"。此时有一些干部子弟被捕,关押在看守所K字楼。我在K字楼时还听说过叶剑英家几位子女都在这里待过。其实叶家子女进K字楼已经是八九年前的事了，但到了1975年仍然有人说起此事，可见它给北京人留的印象之深。关于一些干部子女反"文革"小组的问题早就解决了，统统释放，后来与他们同龄人一样上山下乡做了知青，再后来有关系而且乐于利用这种关系的纷纷走关系参军或早早地分到各单位工作了。

三中队除了与我有间接同案关系的顾某是名高干子弟外，还有两三个接近高干（北京一般在行政八级以上被认定为高干）的"中干"的孩子，其进监狱都与"文革"直接相关。一个是大名鼎鼎的张建旗，一是胡智，一是彭灼南。

张建旗。现在知道这个名字的恐怕不多，如果了解"文革"诸阶段中的清查"五一六"运动的话，可能知道他的人就会多一些。清查"五一六"，被史家认为是针对"文革"初期造反派的。其实根本就没有一个称做"五一六"的全国性的组织，可是在这段运动中却有超过一千万人因被怀疑参加了这个莫须有的组织而被整肃、甚至遭到严重的迫害。其起因就在于北京钢铁学院的学生张建旗。

张建旗于1967年春夏之际组建了"五一六红卫兵团"，后来又与北京外国语学院的红卫兵联合起来，成立了"首都五一六红卫兵团"。当时许多青年学生意识不到在这场运动中自己不过是木偶戏中的玩偶而已，他们不知天高地厚，甚至认为自己是能够主宰天下、引领潮流的"风流人物"。因此许多组织动辄"兵团""司令"（如动言"蒯司令"而不必称其名），名目都很吓人，"五一六"也不例外。它上有总部，下有特务连、情报组等。还成立了所谓政治部、作战部、组织部、资料政策研究部，以及农林口、财贸口、文教口、公交口、军事口、外事口、中学、全国通讯联络站等八个方面军，并推选了各部负责人，制定了各个阶段的作战方案。说的如此热闹红火，实际上其固定成员也不过二三十人而已。

最初因为它提的问题尖锐，也一度闹得沸沸扬扬，总部派出了一大批人，在凌晨的时候，到北京动物园、甘家口商场、西四丁字街等繁华热闹之处大量散发、张贴反周传单，涂写反对周的标语。这些传单和标语的题目有《揪出二月黑风的总后台》（当时毛和中央"文革"正批判"二月逆流"的代表人物）《周恩来的要害是背叛五一六通知》《周恩来是毛泽东主义的可耻叛徒》《将革命进行到底——纪念十六条发表一周年》。这些反周的传单反映当时北京一些学生向往发迹的投机心理。

"文革"初，聂元梓等北大造反派发迹于反北京旧市委；清华大学的蒯大富发迹于反刘少奇；张建旗等人反周也正是这种心态的反映。他们没有想到北大、清华那些人并非是偶然赌赢，他们背后都有能够决定或知道运动走向人的指使，而张建旗等却是盲人瞎马，不了解中央部署，揪人专拣大的来（当时有"公安六条"规定，凡是反对毛主席和林副主席的都是反革命，对于其他人没有特别规定），最后成为人人喊打的"现行反革命分子"。这一年9月姚文元《评陶铸的两本书》中，点出"五一六"是"反革命组织"。毛泽东还加了一段话："这个反动组织，不敢公开见人，几个月来在北京藏在地下，他们的成员和领袖，大部分现在还不太清楚，他们只在夜深人静时派人出来贴传单，写标语。对这类人物，广大群众正在调查研究，不久就可以弄明白。"于是"五一六"便定格为现行"反革命组织"，随之掀起了抓捕"五一六"的大规模运动，绵延数年，涉及人数达一千万之多，成为"文革"中最大规模的迫害群众的运动。

作为始作俑者，张建旗于1967年8月被逮捕，这些学生都押在K字楼，他们既不是拘留，也不是逮捕，只说是"办学习班"。那时毛主席指示"办学习班是个好办法，很多问题可以在学习班得到解决"。因此张建旗被"抓进"的是"学习班"，当然，"学习班"也就是名声好听些，其实也与监狱差不多。遇罗克的弟弟遇罗文在《我家》中写到张建旗，他说张建旗也在K字楼关押过，后来毛主席倡导办学习班，他们一起被拉到北京北郊的"第一少年管教所"去参加"学习班"："最让我难忘的是'五一六'头目张建旗，钢铁学院大学生。在半步桥关押时，据说受尽折磨。关押一年多，始终戴着镣铐，背铐半年，后来转为前铐。到学习班时，已患上肺结核、肝炎、肾炎等多种疾病，瘦弱不堪。为了得到较好的营养和治疗，他假装承认自己做错了，军代表十分高兴，大会上对他进行了表扬。待他身体稍有好转，立刻声明，承认错误是为了活命的权宜之计，坚决不承认以前有什么错。前期学习班释放了张建旗以下的几个'五一六'头目，军代表又把他们之中的几个人请回来，劝张认错，张把他们痛骂一顿还是不认错。后来虽然他也被释放了，可惜听说不久就因病去世了。"（《我家》）"学习班"结束后，干部子弟绝大部分都释放了。遇罗文认为张建旗放了以后"故去"。此时抓"五一六"运动已经轰轰烈烈在全国展开，陈伯达是主抓这个运动的小组长，组员包括公安部长谢富治、空军司令吴法宪等。清查和批判"五一六"已经升格为中央战略部署的全国性的政治运动，张建旗又不肯认错，因此被北京市公安局释放的张建旗又被公安部逮捕送到了秦城监狱。

许多研究"文革"的文章都说张建旗是1970年被枪毙的,其根据皆是师东兵的《吴法宪访谈录》中的一段话:"五一六就是有个叫张建旗的学生组织的一个反总理的红卫兵组织。他们到处拉关系,和《红旗》杂志的林杰这些人勾结上了,最后发展到了登峰造极的地步。张建旗在一九七〇年被枪毙了。后来的抓五一六完全是胡闹了,什么人也挂上了五一六,就和现在的反革命帽子一样。"可是在吴法宪本人写的回忆录中,虽然也谈到了"五一六"问题,却没有说到张建旗被枪毙这件事。这段故事肯定是师东兵向壁虚构的,张建旗没有死,1976年底(或1977年初),他被判二十年有期徒刑,送到一监三中队服刑。

张建旗刚到三中队时披着棉大衣,拖着几只大箱子,箱子里装着许多衣服(包括有将校呢军装)与书籍。一看就知道他的家不在北京,家在北京的犯人一般把平常用不着的东西都送回家。后来知道,他确实不是北京人,家在黑龙江哈尔滨,父亲早年去过延安,后来牺牲了,算是革命烈士子弟;他母亲本身也是延安干部,"文革"前是黑龙江省厅局级干部,丈夫死后又嫁的丈夫、也就是张建旗的继父,是省部级干部。张建旗有点自命不凡,个子很高大,约在一米八以上,身体的宽度、厚度都能与其身高相匹配。他腰板挺直,脸有些黑,四四方方,一副目下无尘的光景,只是脸稍有浮肿、鼻子尖儿有点红,好像被冻得一样,显得有些可笑。他很少与人说话,收了工也是一个人在筒道里背着手走来走去,像电影中千篇一律描写大人物思考重大问题时的情状。后来时间长了,才知道他就是"文革"中享大名的张建旗,他也逐渐透露出他1967年以后的经历。

张建旗在秦城关了几年，1972年林彪出事以后，中央专案组找他谈话，说他没问题（张建旗他们当年反周，直接原因是当时的所谓"二月逆流"，林死后这个问题一风吹了），便放回到北京钢铁学院，并答应给他分配工作。回到学校后，因为校方还追问他过去的问题，张建旗坚持反周立场不变，但因为林彪事件的出现，他又增加反毛（他父亲是烈士，母亲是革干，可能原来是"四野"系统的）的新主张，而且公开同情林彪，因此就没有分配工作，由北京市公安局送去劳动教养。被送到茶淀农场劳动，1976年地震时茶淀因靠近唐山，是重灾区，事后对犯人和准犯人（或称二劳改，指劳教人员和劳改、劳教释放后的在当地的就业人员）管束很严。此时中央专案组又来找张建旗谈话，张建旗批判他们言而无信，双方先是语言冲突，后来扭打起来，张建旗被打情急，呼喊了反毛口号，于是便从劳教升级为逮捕判刑。1976年底判处有期徒刑二十年。二十年属于重刑犯，这样他就不能在茶淀农场服刑，被送到了一监。

张建旗真是一个怪人，不知道他本来性格如此，还是因为被关押得久了，和一门心思学马列、坚决做革命者从而走火入魔导致的极度偏执？他似乎把"彻底革命"四个字贴到了自己的脑门上，处处表现出与其他犯人的不同。平时，他很少与别人说话，其说话的对象只局限在三五个人内，大多是属于纯政治问题的学生，如下面要谈到的胡智、彭灼南等。他们都是十八九岁的学生，或刚刚走入社会的年轻人，他觉得这些人单纯些。胡智对我说，张建旗刚到一监不久就跟他说："别信他们的，死在蒙古温都尔汗的不是林彪，林彪还活着，他在阿尔巴尼亚。"这倒是个独特的说法，近来林彪一案又引起网民的关注,关于林彪的死仍是众说纷纭,但我还没见到持张建旗这种说法的。

张建旗有时也跟我聊,多是问些事情,问问监狱的情况。从不主动与狱警、看守说话。前面说到监狱的伙食还是可以的,定期有细粮米面和鱼肉。每逢改善,他都坚持吃窝头、咸菜,把细粮鱼肉给彭灼南等人吃。他有时就干啃窝头,一手拿一个,在筒道里走步时咬一口左手中的窝头,走几步,待口中窝头咽下了,再咬一口右手的窝头,如此左右交替直到两个窝头吃完为止。他走来走去,旁若无人,自得其乐。张建旗独来独往,也不违反监规,看守人员一般也不愿意找他的麻烦,因为弄不好,可能还碰一鼻子灰,何苦来。

可是中队有个指导员姓罗,因为他个子矮,又好装腔作势,大家暗地叫他"萝卜头儿"。他自觉担负着改造犯人的使命,特别注重犯人的思想改造。1976年下半年以后,本来接见时送书已经是稀松平常的事了,哪个队长也不管,可是萝卜头儿非要管,因为他知道书是会影响思想的,千万不能放松。然而他的文化水平不高,根本弄不清什么书对于改造犯人的思想有利,什么不利,所以很好糊弄。那时家里给我送的《左传》《范注文心雕龙》都拿了进去,都是跟他说这是"法家著作"(当时搞"评法批儒"运动的余威尚在,法家著作的革命性仅次于毛主席著作)。他就会笑着说:"带进去好好学学,别让家里白送一趟。"可是鲁迅著作决不让送。有一次中队开会时,他还煞有介事地教诲大家:"有个事儿这里说一说。接见的时候,有的犯人家属送鲁迅的书,我们没有让拿进来,但没有讲道理。今天我讲讲道理,为什么不叫大家读鲁迅著作。鲁迅的书是揭露旧社会的,你们是揭露新社会才犯罪的,如果你们看了鲁迅的书,更要揭露新社会了。怎么认罪伏法啊？这次我可把道理讲清楚了，就是要让你们口服心也服。"他这种自我感觉良好的心态遇到死心眼儿的张建旗便会制造出尴尬与可笑的场面。

1977年初发行了《毛泽东选集》第五卷（后来被停止发行）。监狱方面要大家学习，大多数犯人不是家里送，就是在监狱买，只有张建旗若无其事。其实，张建旗平常也不看什么书，连监狱发的《人民日报》也不看，收工了没事就是在筒道里走步。萝卜头儿那天披着棉大衣和走过来的张建旗说话，张建旗没搭理他，脚不停步，罗追上两步，仰着头跟他说："张建旗！你这是怎么回事儿，既不让家里寄'五卷'（指《毛选》五卷），也不买，你怎么学啊？"走在前面的张建旗回过头来甩出一句："你不知道我是反毛泽东的？"他声音很大，萝卜头儿惊呆了，筒道里的其他犯人也呆了。罗竟一句话没说，讪讪地走了。张建旗仍没停下脚步。

1978年我平反出了狱，就不知道张建旗的信息了。最近听与他一起平反的胡智说，从1978下半年开始的平反运动中，中央专案组又到监狱找过张建旗几次，谈了多次话，都没结果。直到1979年末，平反运动临近尾声时，张建旗还向政府表明坚持自己的观点，反毛、反周、拥林，决不改变。最后北京市委讨论过他与胡智的平反问题，最后还是把他们放了[1]。释放后再也没有听到张建旗的消息，听说有人在地安门一带见过他，他还滞留在北京？（这篇回忆在

---

[1] 从最近获得的材料得知，因为张建旗反毛、反周、拥林不改变观点，使得当局要为他"平反"非常难。最后，他的原单位北京钢铁学院以其"精神有问题"为他平反。不过这又给他以后就业带来问题。

网刊——《昨天》上发表之后,有网友提供了张建旗离开监狱后回到北京钢铁学院和被分配工作的情况。见附录三)

胡智。毛泽东的生死观很通达,可惜他的后继者都缺少他的气度与胸怀。他最早倡导改革殡葬制度,死后火化也是他第一个签的名。可是他去世后,华国锋却固执地要永久保存他的遗体,在经济极其困难的情况下斥巨资建造了"毛主席纪念堂"。粉碎"四人帮"后控诉江青罪状时说,其中有一条是毁坏毛主席的遗体。这个指责透露了最初作为毛家属的江青是要按毛的意志来办的,而华的保存遗体和大修纪念堂,只是借以表明自己是承接大位的正统依据,也就是说盖纪念堂只是为了证明他才是正宗的接班人,并不一定符合毛主席的生前意愿。另外,毛讲到自己死后人们应取的态度也很通脱或说有点幽默。1959年毛泽东就说:"不但没有长生不死,连长生不老也不可能。有生必有死,生、老、病、死,新陈代谢,这是辩证法的规律。人如果都不死,孔夫子现在还活着,该有两千五百岁了吧?那世界该成个什么样子了呢?"他还对护士长吴旭君说:"我死了可以开个庆祝会,你可以上台去讲话。你就讲,今天我们这个大会是个胜利的大会,毛泽东死了,我们来庆祝辩证法的胜利。他死得好。"这些话讲得大度而幽默,是哲学家的态度。他看轻生死,更不愿意因为自己的去世给人间带来很大的波澜及麻烦。可是这些话在那个他已经成为神的时代,也就是由他本人说一说,他人是连想也不敢想的,因为这样想都是犯罪。轻者进入牢笼,重者死于非命。然而毛逝世之时,北京还真有个胆大妄为之徒想到要开个庆祝会。

胡智父亲是外贸部的老干部,"文革"初也没有逃过挨整的噩运。那时胡智还只是个十来岁的小孩儿。部里的"叔叔阿姨"（平时都是熟人）来抄他们家时，把他关在厨房里，使他感到特别恐怖，给他留下极深的印象。后来他父亲又被关牛棚、下放，被当做异类，前前后后有七八年之久，因此给他种下了对"文革"敌视的种子。此时正是胡智的成长时期，这本来是灌输对毛主席崇拜的年龄段，胡智却因为家庭的不幸而缺失了这一环节。

1976年9月，毛去世的消息公开以后，北京陷入一片悲痛与恐怖之中。7月28日的大地震才过去一个多月，许多人还睡在地震棚里。二十岁的胡智忽发奇想，他要组织几个哥们儿开个庆祝会。我曾经问过他："毛主席去世了，北京人都很悲痛，你怎么冒出这种想法呢？"他说："你说北京人都很悲痛，这不一定。如果他在'文革'初去世，没准会是这样。可是经过文化大革命得罪的人太多了。人们因仇视'文革'而自然降低了对毛的尊敬。""那你不害怕自己的想法吗？""那时刚刚二十岁还不懂得什么是怕。"这是实情，北京许多干部子弟胆子大，常常能干出超人想象的怪事，这是尽人皆知的。后来经历"文革"、经历上山下乡，早一拨干部子弟逐渐成熟起来，做事也日渐稳妥。可是胡智属于后起来的一拨，没经过上山下乡，他们本来就有一股天不怕、地不怕的基因，再加上那年头整天宣传"头上长角，身上长刺"的革命造反精神，弄得许多还不太懂事的青少年有一股浑不吝的劲头。1976年的"四五事件"也与这些敢做敢闹的干部子弟有关。胡智在1976年的四月初也去过天安门广场悼念周总理，为当时受到江青等人打压的邓小平鸣不平。后来天安门悼念周总理的活动被打成"反革命事件"，这又给胡智的内心积累了新的不满。于是，他才会产生"开庆祝会"的大胆而叛逆的想法。与他相好的几个同学和朋友性格也大都类似。

在胡智的提议下,9月10日这一天他们哥几个准备在胡智住的地震棚中聚聚开个庆祝会。那天这几个年轻人竟然背着吉他、大大咧咧地骑着自行车来到胡智住处。那时北京正处在一级战备之中,警察、民兵们都瞪大了眼睛;国丧期间,又有禁止娱乐的严格规定,携带乐器在大街上行走都特别扎眼,他们很快引起了关注。因此这个"庆祝会"还没开起来时,一个警察带着几个民兵和几个"小脚侦缉队员"已经尾随着他们来到地震棚。警察们一进去都惊呆了,地上竟有毛主席石膏像的碎片,这些青年刚才干了些什么,不言而喻。警察和民兵一下子把胡智等人围了起来,并招呼了更多的警察把胡智几个捆了起来、一起抓走了。这是毛主席去世时北京最重大的"现行反革命案"之一。

进了局子后,此案马上被当做重点案子审讯,前前后后一共审了数十次,他们苦头吃了不少。此时审讯人员为了表明自己的政治立场和阶级感情的正确有可能采用任何手段。胡智说,最初审讯规模极其庞大,预审员与驻公安系统的军代表一起上,有时审讯员竟多达数十人。审讯室很小,连坐着的地方都没有,大家都站着,只有被审的胡智一个人坐着。当时是华国锋主政,强调继承毛主席遗志,于是胡智就成为最好的反面教员。他被拉到市内各种大会上批斗,以教育群众。然而事情很奇怪,他于1976年9月10日被抓,但一直是拘留,直到一年之后的1977年10月才正式被逮捕;被捕之后,改由北京市高法提审了。接着又有一怪事,审是高法,而判的时候却仍是"北京西城区人民法院",1978年4月10日胡智被北京市西城区人民法院判处死刑缓期两年执行,然而判决书的编号却是

"1976年度刑字第72号"！这些矛盾后面有什么背景直至今日仍不得而知。

我想，这个判决可能与"拖"有关，时间对胡智有利。如果这个案子在1976年判，胡必死无疑。1978年4月10日的"判决书"中说："胡犯思想极端反动，仇视我党和社会主义制度，自1976年4月以来，经常纠结现行反革命集团骨干分子张待林、王照轩、范士华（均另案处理）等多人，在一起散布反动言论，恶毒地攻击、诬蔑伟大领袖毛主席和无产阶级司令部，并扬言要拉队伍上山打游击，自命为司令，张犯充当参谋长，妄图推翻无产阶级政权。更恶毒的是，1976年9月9日后，胡犯疯狂地攻击伟大领袖毛主席，损毁毛主席的光辉形象，反革命气焰极其嚣张。在押期间，抗拒改造，继续进行反革命活动。胡犯罪大恶极，民愤极大。"当"判决书"写到"极其嚣张"处就完全是立即执行的死刑犯的判决词了，如果有"缓"，下面就应该有转折，比如说"该犯在押期间"尚能悔罪知过，交代自己的问题，揭发同伙，有立功的表现等等，这样才能判死刑缓期两年执行，强迫劳动，以观后效。而这份判决在死刑判决词后又进一步加码："在押期间，抗拒改造，继续进行反革命活动。"按过去的规矩，这是非死不可了。然而胡智还能逃脱这关，判为"死缓"，我认为主要原因是时代在变。虽然粉碎"四人帮"后，1976、1977两年，仍在主持北京工作的市委书记吴德还一味坚持1976年10月6日之前反对"四人帮"的还是现行反革命，但到了1978年整个社会风气都在变，话剧《于无声处》（歌颂"四五事件"的）和《天安门诗抄》或在剧场演出，或在报刊登载，邓小平也出来工作了。"天安门事件"虽然在整体上尚未平反，但谁也不敢坚持说它是铁定的反革命事件了。因此，这个判决坚持胡智判死刑、在"判决书"中沿用的语言还延续了过去的认识，但没有搞"立即执行"，说明判决者也拿不准这个问题，他们给胡智留条命，也给自己留下个改正错误的机会。胡智也没敢上诉，后来他说自己怕被枪毙。

在一监见到胡智时已经是1978年的5月了。那时他还像个小孩儿，一副吊儿郎当、满不在乎的样子，不像个被判死缓的。也很巧，他到一监不久，1978年下半年社会上拨乱反正、平反冤狱逐渐被提上日程（担任中共中央组织部部长的胡耀邦致信陈云，就说，"为了实事求是地、公公道道地弄清每个老干部的功过是非"，请陈云向中央"写几句话"）。但他问题的真正解决已经属于平反运动的末班车了。西城区法院所给"再审判决书"后面所署的时间是1979年12月30日，或说是最后一班车了。这个判决书写得特别简单，在叙述了原判刑期后说"经本院复查认为：被告人胡智的行为，不构成反革命罪，原判应予纠正，故改判如下：一、撤销本院1976年度刑字第72号判决；二、宣告胡智无罪，予以释放。"据胡智说，中共中央为此下过文件，市公安局和胡智父亲的单位外贸部也都下过文件。平反大会是在西城区法院礼堂开的，新华社有记者参加。被抓时他还是在家待业的中学毕业生或说是社会上的闲散人员，但放他的同时却为他找了一个好工作，释放后不到一个星期，1980年1月4日他就到七机部（现在的航天部）上班了。这说明为他安排工作与平反是同时进行的。

胡智在七机部所属的工厂干了十三年，当过电工，搞过供销。1993年邓小平南巡推动了第二次改革后，胡智也辞职下海。他办起了生产水消毒罐的工厂，以供高层建筑使用。此时北京正是竞相建

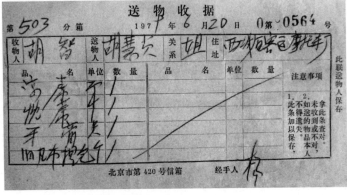

上图：在一监看病后给的装药的纸袋

下图：K字楼中关押的待判的犯人，不许给家里写文字信。如要东西，
　　　K字楼中有印好的表格，填好后寄至家中，家属持此表送到看守所。

筑高楼的时期，这些楼顶上都要装上这种能够自动消毒的水罐。他生意红火，水罐销路极好。偶然碰到胡智，只见他满面春风，已经是个成熟的商人。后来，他卖了水罐却收不回钱。那时欠钱的是爷爷，自己是债主、也是三孙子，杨白劳、黄世仁的关系颠倒了。胡智整天就是走门子收账，他说连要账也要走后门，拉关系，谁能还钱，还要给他们个人一些好处。这真是中国特色。干了十三年，胡智收摊儿了，关闭了工厂，不再生产，专力收债。有时间了就旅游、读书，倒也自在，不招灾、不惹祸，朋友有事他还能帮帮忙，过的是神仙般的日子。

彭灼南。按说他不能算干部子弟，因为他父亲彭嘉衡从民航局退休时是没有职称、没有级别、没有职务的。然而自从前几年民间发起找寻抗战期间国民政府的老兵以后，人们发现他是住在北京仅存的美国第14航空队（又称"飞虎队"）、中美航空联队中的军官，从此成了媒体关注的红人。媒体与民众才开始关注彭嘉衡的历史，按照其经历与贡献说他是位中级以上的干部并不为过。

彭嘉衡1937年考入中央陆军军官学校（即"黄埔军校"后身，原在黄埔，1928年迁至南京，1937年，迁至成都），1941年考入昆明中国空军军官学校，1942年被选送美国亚利桑那州凤凰城高级飞行学校深造。这些都是他后来成为军事干部的资历。抗战结束后，作为华侨，他回到印尼与父母团聚。1950年，在报上看到国民党政府两航（中国航空公司与中央航空公司）人员起义的消息后，他毅然回到大陆参加祖国建设，并与抗战末期认识的女友履行婚约。他进入军委民航局任飞行副驾驶，1954年被正式任命为机长，并负责培训飞行员。十多年里，彭嘉衡主要从事专业航空，先后执行过包机、护航、探矿、护林、灭虫等急、难、险、重任务，共飞行7000多个小时。按照这种经历，再考虑到1950年代缺少技术干部的情况，他怎么也应有个中高级职称了。

彭灼南本人也很羡慕干部子弟，他天地不怕，是个蔫大胆，还真有点干部子弟的作风。在一监时，有次闲聊。他说，我爸爸如果1949年去了台湾，我也是个国民党高干子弟了吧？那时我知道他的爸爸妈妈是解放后结的婚，妈妈是大陆人。我说那你爸爸的后代就不是你了。彭灼南挠着头无可奈何地笑了笑。他虽然被判了二十年徒刑，但性格天真，一副老睡不醒的样子，笑起来还是个中学生。

他的案子听起来很重，是反革命阶级报复杀人案。在"十年浩劫"中，此类案件能逃脱一死就是幸运的了，但彭灼南仅获刑二十年。案发与其父有关。彭嘉衡回到大陆后与未婚妻结了婚，五十年代时工作也还顺利，生活还算愉快。然而自1960年代强调阶级斗争之后，日子越来越不好过，因为他历史上的问题太多了。第一是出身华侨，全家还在印尼；第二曾毕业于国民党的军官学校；第三在美国军官学校中深造过；第四又在美国军队当过军官。凡是经过"文革"的中国人看到这个履历就可以推算出他会遇到多少麻烦和苦难。做检查交代、控制使用、降级使用、大会小会批斗等等都不会少，对于这些彭灼南不甚了了，因为"文革"开始那年他才七岁。等他到了十七八岁的时候，已经是个非常有个性的青年。有一次看到他母亲向上级为彭嘉衡多年来被误解、被冤枉一事写的申诉，他才知道父亲的悲惨遭遇，信中提到首都机场保卫处长张某表现尤为恶劣。他用种种手段迫害彭嘉衡，并多次殴打彭嘉衡。彭灼南看得怒火冲天，想找个机会报复。虽然他知道这报复的结局，那时强调阶级斗争，保卫处长的身份和行为是代表无产阶级专政以及党和政府的，报复他不就是向无产阶级进攻嘛！这些作为高中生的彭灼南都明白，但他还是决计一搏。

经过筹划，彭灼南偷偷拿了家中的全国粮票还有一些钱，请平常在一起玩儿的小哥几个吃了顿饭，算是与他们告个别，大有"壮士一去兮不复还"之意。一天下午放了学之后彭灼南背着书包去了张家，两家离得很近，张某的女儿与彭灼南还是同班同学。他敲开了门，开门的是他的同学。"你爸在家吗？"女同学告诉他在里屋。彭灼南推开里屋的门，张某正坐在小马扎上看报。一米八三的彭灼南俯身一把撕去挡在张某脸前的报纸，厉声问张："'文革'中是你打我爸来着……"张还没回答，更没弄清是怎么回事，彭灼南已经从书包里抽出切面包的餐刀向张扎去。张本能地围着桌子跑，向他求饶。这是彭灼南最感快慰的，他曾向我说过数次，每次说的时候都露出得意的憨笑："平常谁都怕这个保卫处长，他一瞪眼不仅五类分子有问题的人怕他，就是普通老百姓也惧他三分。这回他向我求饶了。"彭灼南毫不动心一共刺了张四刀，有一刀扎穿了脖子。扎完人他夺门而去，最初还准备跑（身上带了钱与粮票），后来他看到逃跑很困难就到机场派出所自首了。此时他还不满十八岁，又事发在1976年，当时也是个惊天大案。可是审判时已经粉碎了"四人帮"，人们对于"文革"中被整的人多了些同情，因此这个典型的"阶级报复"案件最后只判了二十年。在1978年开始的平反运动中，被刺成重伤的张某又查出与林彪集团有些瓜葛，致使彭灼南事件的政治性质更加淡化，因而也就被减了十多年的刑期，只在监狱待了几年就被释放了。

1977年，彭灼南到三中队服刑，他被安排与张建旗在一个机台上干活，张建旗还对他有点照应。张建旗不吃细粮和肉时便都给了彭灼南，彭灼南细高的个子像豆芽菜，成天晃晃悠悠，丢三落四，一副神不守舍的样子。有个老犯人给他起了个外号"大秧子"（北京方言中指少爷公子不明世故、不会办事），这个外号很传神。张建旗高大而壮硕，稳重而富有精力，他与彭灼南的关系有点像大哥与小弟。

有一次接见日之后，彭灼南很兴奋，跟我说"爸爸妈妈对我从来没有这样好过！要是我因为'玩闹'（当时称小流氓各种违法活动）进来，他们绝不会来看我"。说着眼睛都亮了，其情其景至今我记忆犹深。

再度见到彭灼南是三十三年之后，此时他已经五十多岁，闯荡过日本和欧美许多国家。他也像父亲一样在美国待了很久，但不是去学习，而是开长途载重汽车，借以谋生。他挣了一些钱，最后还是回到中国，此时父亲获得了迟到的荣誉。2005年9月，"二战"胜利六十周年，彭嘉衡收到美国总统乔治·布什亲笔签名的信。在印有美国国徽的信纸上写道："尊敬的彭先生，参议员科尔尼已经转发了您8月1日的信。我非常荣幸能够获得您的消息，并对您曾经作为一名'飞虎队'成员而致敬。献上我最恭敬的祝福。乔治·布什。"此后彭嘉衡抗日战争中的事迹遂为人所知，一些老战友也得以往来。彭灼南看到和分享了父亲的快乐和荣誉。父亲晚年得了白血病，住院花费极大，媒体披露这个信息后，人们纷纷解囊相助。彭灼南也为父亲献了骨髓，尽了儿子最大的孝心与职责。老人于2010年8月22日在北京辞世，享年九十。彭灼南又代表父亲完成了他最后的遗愿：将其账户中所余 10 多万元"再捐出去，给那些更需要帮助的白血病患者或其他需要帮助的人"。在关键时刻，无论艰难还是顺畅，彭灼南都是父亲的一部分。

奇特的"死刑缓三"

1976 年是多灾多难的年头，除了上述因主席逝世而被判刑的犯人外，另一大宗是在地震中被认定的犯罪，这些往往也判的很重，一出头就是十年，但他们大多没给戴上"反革命"的政治帽子（大约与这类犯人绝大多数是青年有关），多作刑事犯处理，因而没有关押在三中队，故所知不多。不过他们的一些案由有时也在全监宣读，有些当时就觉得特别荒谬的，直到现在仍然有些记忆。例如有的青年在地震棚中间骑车疾走，大声或怪声唱歌，敲打响器，大声喊叫，无端起哄，总之只要惊扰了人群，而且被抓住的，这叫做"流氓滋扰犯"，一般也要判十多年。不知道这批人在平反浪潮中有没有得到减刑？同样是地震中犯刑事罪（如打砸抢之类），但在定性时有"现行反革命"的帽子，后来大多都有减刑。例如，有伙在北京延庆插队的知青，平时常常胡闹，在乡间偷鸡摸狗，有点民愤。他们还是从延庆到北京公交车上的一霸，骚扰车队和乘客，很招人恨。地震时期又在北京马凯餐厅打架，动用了自制手枪，有人被打成重伤。这伙就是按照现行反革命和破坏党的知识青年上山下乡政策定案的，将首犯枪毙了，主犯是"死刑缓二"，其他是无期、二十年、十八年不等。后来在平反高潮中，枪毙的虽未改判，但死缓以下的都得到大幅度减刑。这也是在不确定的刑律中的有幸与不幸吧。

"文革"十年中，青年人犯罪是个引人注目的社会现象。那时学校停课、工厂停工,许多青年没事干,年龄很大了还没有收入,这些都是引发青年犯罪的客观条件。上面说的知青犯罪也是如此。可是当局丝毫不考虑犯罪的社会动因,一味地从阶级斗争、路线斗争来解释这些情况。于是青年犯罪首先查其三代,如果"三代"之中有与地主、富农、资产阶级、"帝修反"沾边的,这就好办了,马上说事情出在青年身上,根子在反动阶级。这种犯罪一般都要"严打"。如果犯罪青年根红苗正、家庭亲族没有任何问题的怎么办?这就要从他的交往中找出一个"长胡子的""摇羽毛扇"的幕后军师来,称之为被教唆犯罪。"文革"中因为青年犯罪陡增,于是清查和打击教唆犯也是"文革"中后期政法工作的重要项目。地震后三中队还真的来了一个老年的教唆犯。

这个犯人当时看就快六十了,判的是死缓,一副愁眉苦脸的模样,整日沉默不语。最初大家还以为他在地震中捅了大娄子,才受到如此重的惩罚,后来他逐渐缓过神来,才自述原是位教师,姓艾,犯的是教唆罪。其原因是与他相熟的青年在美国总统尼克松访华时犯了纵火罪,当局认为根子在他身上。他原在中学教书,"文革"中长期被群众专政,那个纵火犯曾是监押他的学生。因为监押中的接触,两人熟识了,往来很亲密,然而他不认为那个青年犯罪是他教唆的。当然,像这种不认为自己有罪,或认为罪小刑重的犯人在狱中比比皆是,旁观者也很难断其曲直。不过后来出了件奇事使我们对他的"教唆"罪有了些理解。

这位艾老师毕竟年纪大了,虽然在塑料鞋厂的劳动也就是坐在机台旁边,修修鞋边上的毛刺,很轻松,但他却常犯病,一病了就住到监狱医院。监狱医院每个病房中住七八个人,哪个队的犯人都有。艾住的病房里有个青年犯人，也是刚刚入狱的，这位犯的是打架斗殴和杀人罪，判了死缓。艾也是死缓，这一老一少还挺聊得来。另外，室内还住着一个像前面所提到的刘永志那样的老犯人，解放初就被关起来的以"反革命罪"判死缓的，经过二十五六年的监狱生活，差一个多月就可以去出监队、准备重返社会了。

一监老犯人中有一些是专靠向政府汇报度日的。他们进监狱早（大多是1950年代初），与他们前后进监狱的，不是死了就是放了，越来越少。他们大多文化低下，再经过几十年的筛选，最后他们只会说一些只在看守面前还有点儿用处的"改造经"，这样他们越来越不能与后面新进来的犯人建立共同语言，日渐找不到可以说话、聊天的对象，从而处在无人搭理的状态。他们唯有向政府工作人员汇报才有说几句话的机会，如果万一他汇报的正是看守所需要的，看守还会表扬他几句，他顿时会感受到自己的价值——"政府相信"，并以此洋洋自得。这个老犯人看着老艾与那个年轻人有说有笑，还有点"物质上"的往来，比如使对方的肥皂或牙膏等等，他不免有点当今流行的"羡慕忌妒恨"。而且这些行为也都是监规所不允许的，如果一上纲上线就是"互相拉拢"或"反革命串联"。这个老犯人马上向队长汇报了，医院里的看守在每日睡觉前的晚点名时，点了老艾和那个青年人的问题。这两个人都是刚刚进监狱不久的，对监狱生活还没有适应。他们不懂这种对犯人的警告是监狱的常事，只要你以后注意也就算了，不是什么了不得的大事。二人很生气，老艾悄悄告诉那个小青年说都是某某老犯人在挑事儿。小青年一听十分愤怒，老艾最不该的是他将在塑料鞋厂修鞋的小刀带到监狱医院。这种小刀是用废钢锯条磨成的，非常锋利，否则软塌塌的塑料鞋上的毛边是修不掉的。按照监狱规定，犯人不许将这种小刀带出工厂车间，可是这种小刀都是自己加工磨成的，自己磨的自己使着顺手，因此犯人收工以后常常装在衣服兜里带回监室，上班时再带回车间。艾有病住院，其衣兜的小刀也随之到了医院。第二天一清早，那个小青年偷走老艾的小刀，趁还未起床，一下子刺向那个老犯人。这个在监狱过了大半辈子、还有一个来月就出狱的老犯人就这样一命呜呼了。狱中犯人听到此事无不感慨唏嘘。

人命关天，在哪里出了人命都是大事。杀人者与凶器所有者的老艾都被关进小号。两个被判死刑的犯人杀了一个被判死刑、但服刑期将满即将出狱的犯人，如何处理？我想当时法院主管此案的也一定伤透了脑筋。"死刑缓二"是"死刑立即执行"之下的最高的刑期了，如果死缓再加刑只能是立即执行死刑。老犯人之死的首犯当然是直接杀人者，可是老艾的罪行是不仅提供了凶器，更重要的是他挑唆是非、把不该让杀人者知道的信息告诉了他，这也近于教唆他人犯罪。当时在政法工作人员心目中"教唆"罪的严重程度是大于、至少是不小于直接犯罪者的，何况这次又是一老一小，老艾比那个青年大三四十岁。但死了一个快到期的"老反革命"（即使这个老犯人出了狱，在当时人们心目中他仍是老反革命）杀两个人，大约于情于理都很难说通。最后搞了一个奇怪的判决。

宣布那天把一监所有犯人都集中到大操场，四周有解放军荷枪实弹看押。由北京市中法来宣布判决。那个杀人者和老艾从小号中被押了上来。青年平静依旧，被两个警察押着还向四处看。老艾这次是彻底蔫了，低垂着头，看不到原来的面目。青年被加刑判为死刑立即执行，在叙述老艾罪行时没有说他"教唆"，只着重讲了他违反监规、把凶器带入医院、给杀人犯提供了作案工具。这也是在监狱中再次犯罪,因而加刑判为"死刑缓期三年执行"。这个判决真是令人大跌眼镜,因为这种刑期从无前例,后来也没听说过。这大概是中华人民共和国建国以来唯一的一例。后来三中队犯人私下辩论过,到底是"死刑缓刑两年"重,还是"死刑缓刑三年"重?如果从死刑的"死"为中心看,当然是"缓刑两年"重,因为"两年"后执行死刑,当然比"三年"后执行死刑重;然而从"死刑缓期执行"一定不死这个角度来看就变成"三年"重了。因为"缓刑两年"是两年之后改判;而"缓期三年"则是三年之后,孰轻孰重,一目了然。判完后,老艾蔫头耷脑、面若死灰地被放回三中队,后来再难听到他说话了。听胡智说,1979年,他一度住过监狱医院,与老艾同屋,平常没事时老艾只是呆呆地在床上坐着,从不见他说话了。

五　监狱常事拾零

1 ｜ 接见

对于犯人来说，监狱生活中最大的事件就是家里来人接见。一监的接见安排在每个星期四，因为当时北京是各地区轮流停电。宣武区是每星期四停电，一监就在宣武区，车间没电，没法干活，便把工休安排在这天，自然接见也就在这天了。

电视里常看到监狱犯人接见亲属的情景，两者之间往往是隔着一个铁栏杆（现代一点的是隔着层玻璃，看得见，碰不着，双方用通话器说话），双方隔着栏杆说话。当时的一监不是这样，接见室就是一个普通的大会议室，会议室中间摆了几张宽达一米多的长条桌，长条桌接在一起，把犯人与家属隔离开来。犯人与家属会见时仿佛现在外交谈判的双方，伸出胳膊互相能握到手，但身体其他部位无法接触到。有的家属把三四岁以下的孩子抱来，放在桌子上，让犯人抱一抱。这种做法有时会受到看守的干预："不要把孩子放在桌子上！""别让小孩儿在桌子上撒尿！"这是接见时常能听到的队长的呵喝声，但作用似乎不大，因为这声音往往被乱哄哄的大人叫、小孩儿哭所淹没。接见时家属来的人多，家属坐在一方的条凳上已经拥挤不堪，许多年轻的家属还是站在老人身后的，小孩子不放在桌子上，放在哪儿呢？

接见是一次感情上的交战，好久没见家里人，希望能见上一面，但在这种情况下见面又是一次感情上的伤害。例如母亲对我期待很高，家里也就我一个从完整的大学（尽管是个很次的大学）里毕业。可是当时出现在她面前的却是一个被众人视为"狗屎堆"的犯人。母亲作为一个普通人，对犯人的看法与民众没有什么差别，自然也会因为儿子成了犯人而羞愧。

我的第一次接见在1976年10月。从1975年3月4日被北京市房山公安局传讯算起已经有一年半没有见到家人。而且那时人被抓了，公安局根本不通知家属，一个大活人仿佛在人间蒸发了一样，谁能不着急？母亲是从一个开锁匠那儿知道我被捕的消息的。这个开锁师傅是我在房山公安局传讯室认识的。他想在房山买点便宜木材打家具，结果在房山以投机倒把罪被传讯了。在传讯室关押时他对我说，公安局他很熟（开锁属于被公安系统控制的行业，与警察关系密切），这点小事判不了他，他很快就会出去。通过这位师傅，家里才知道我的实际情况。

接见要申请，1976年8月到了一监，在入监队待了十来天，8月底分到三中队，当时我就申请接见，不允许。没说理由，只说了一句："你刚到一监，着什么急？"不久毛主席去世，诸事停顿。10月6日粉碎"四人帮"，诸事消停下来。我再次申请接见，批准了。我给家里写了一封信，告知接见的办法与时间。一个星期四，我刚刚吃完饺子（这天工休，为了避免监舍出事，监狱往往让犯人自己包饺子），队长就喊我的名字。我跟着队长来到接见室，第一眼就看到母亲和妹妹挤在接见桌的对面、妹夫和弟弟站在她们身后。母亲老了,稀疏的头发很少有黑色。一见我剃了光头、身穿黑色的监服、虽然没戴镣铐、也是典型犯人的倒霉模样,妹妹一下子就哭了。母亲制止她:"看你哥哥好好的,你哭什么?"我也赶忙说:"我是'四人帮'的事儿,待不了多久的。""不要谈案情!"队长在我身后制止。接见时狱方最忌讳犯人与家属谈案情。他们认为,如此串通消息,容易发生串供、翻案等事故,给政府添麻烦。狱方认为已经判了刑的就是板上钉钉了,犯人唯一的前途就是老老实实服刑,一心一意接受改造。其他一切想法都属于不轨行为。此时,虽然政情比毛主席去世之前有了极大变化,但是,他们依然按照既有的规定行事。其实,我无意初次接见就谈敏感问题,而是安慰家属一下,不要因为我被判了十三年就绝望了。

这时队长又在吆喝:"犯人家属注意。我们在接见通知单中已经讲明,监狱不许送食品,我看还有带食品来的,请一律带回。"我看了一下接见桌子上,各种吃的琳琅满目,虽然社会上商品尚很匮乏,但家属千方百计把能够买到的东西带给亲人。因为是第一次接见,母亲谨遵接见通知单上的规定,没敢带吃的。只是带了我向家里要的范文澜注的《文心雕龙》、王力的《汉语诗律学》与几盒带有过滤嘴的香烟(那时过滤嘴香烟还不普遍)。母亲说,头两天,郭宝昌妈知道你的事儿,背着一个"招文袋"(这是京剧《宋江杀惜》文词,戏中宋江斜挎在身上的一种布兜,民国时拜庙进香的信徒常背这种袋子)来家,里面装了两种菜,还有炸的酱,让我给你送来,说你爱吃她做的菜。我跟她说,里头吃的挺好的,不用送吃的,再说政府也不让送。我平反后,宝昌来信说,不久(1976年底)老太太就病逝了。我出来后,她已经走了一年多了。

在一监期间一共接见了四次。1977年春天接见时,家里告诉我,他们找过我的同案鸿远家。鸿远家里也很着急,但他们不知道我们俩的案情(也就是互相说了多少犯忌的话)。鸿远在六中队,那里看他很紧,接见时什么也不能说。我相对条件好一些,接见时队长常常就走了。半个小时之后(按规定接见时间是20分钟到半小时),队长施施而归,如果见我们还没说完,他也不催。当然我也不愿意给人家带来麻烦,很快结束谈话,跟队长归队。我跟家里说,以后我申请一次单独接见,把我写好的案件情由,交给家里带走,给鸿远家做参考。

1977年夏天,我申请单独接见,很快就批准了。单独接见也是在那间大接见室,偌大屋子只有我们四五个人,安静得很,与平时接见的喧闹情景迥然不同。队长一把我送到这里就走了,不知是有意还是无意给我们留下了足够的空间和时间。利用这段时间,我向家里详述了案子发生的过程,并把我写的材料交给他们。后来听说,经过鸿远家整理,他们把这份材料送到邓小平家(鸿远的父亲生前是卫生部高级顾问,常常为国家领导人诊病,认识许多位居中枢的人士),那时小平还未工作,卓琳同志把这份材料转到北京市高法,于是便启动了这个案件的平反。可是在1977年深秋我得了一场大病,几乎一命呜呼。用《红楼梦》中的一句话也是"天可怜见的",使我挣扎待到平反的那一天。

2 | 在监狱中患病

俗话说"有什么也别有病",日常是这样,如果在监狱得了病,那真是造了孽。鲁迅说传统的监狱"是取法于佛教的地狱，所以不但禁锢人犯，而且有要给他吃苦的责任"。因而在狱中患病是监狱应有之题意，所有涉及监狱的记录无不写到犯人之病。解放后的监狱把"改造"作为宗旨，对犯人患病较过去的监狱有了更多关注，从而因病而死在监狱的比例是大大下降了。有过监狱生活经历的，每当忆及监狱，无不视为噩梦，然而聂绀弩先生唱起反调。他平反出狱后，写过一篇《怀监狱》，其中写道"常常想起监狱的医疗的方便——监狱的医院开在监狱里头，有病，大夫到监号里来看。这就比外面任何单位都方便"。大夫送药到监号，对于有固定疗法的老年病，有了药问题就解决了。聂翁在"K字楼"患肺炎作了7次透视，都由年轻犯人背上背下。犯人是队长派的，也用不着对他们感激涕零。而且青年人老在监号里待着，巴不得有机会在监室外劳动劳动。背人的，被背的都高兴。聂翁所说的确是事实，而且监狱的医生大多也是犯人，看病也比较尽责。聂翁表彰监狱中的医疗卫生，大约要表达的是对现实生活中老人看病难的不满。监狱、劳改场的医生大多是所谓"医犯"，而看守所的医生都是干部，人品良莠不齐、不负责任的现象也时有发生。我在回忆K字楼时写到的那位女医生，如果让聂翁遇到，准会降低他对监狱医疗的好感。

在一监看病较K字楼容易，医生每天上午定时到各筒道中心公共空间（看守的办公之地）坐诊，此时患者与杂务说一声就可以去看。

我是痰湿体质，人胖，好出汗，按中医的说法是体内水分多，湿气重。在K字楼待了一年多，每天蹲在号里，很少有活动，湿气郁结，起了不少湿疹。特别是大腿根部布满了密密麻麻的小红点，痒得钻心,又不敢挠,怕中"指甲毒"。不得已,只得用粗糙的干净毛巾摩擦以解痒。后来还是蹭破了,流出许多黄水(可能是淋巴液),狼狈不堪。可是患病的部位特殊,在K字楼我就没有勇气找那位女医生看。半年多,强忍着,真正感受到坐监狱之苦。1976年夏天,北京多雨,身上湿毒尤重,夜不能安眠。7月26日被判十三年,移居到"上诉筒"等待分发到监狱。7月28日地震,连日大雨,室内的空气能够拧出水儿来,腿根与阴囊起了水泡,奇痒。幸好十几日后到了一监,环境的变化让我稍稍转移了注意力。

到了一监正要求医,又赶上主席逝世,监狱顿时紧张,一切正常的规程都停止了,医生也不来了。有天夜里,实在痒得受不了,只好用手挠,大腿根部黏液淋漓,睡不着觉,想到厕所洗一洗。厕所在两个筒道之间,去厕所必须经过本筒道的门口。筒道门那里有杂务守夜。值班的杂务看我走路的狼狈相,关切地询问我。这个杂务姓李,也是北师院的毕业生,好歹都在一个学校待过。我便照实对他说了。他告诉我,桌子里有紫药水和水杨酸钠,供患皮肤病和外伤的犯人使用。他告诉我先将患部洗干净了,然后擦紫药水拔干,紫药水也有解痒的功能。我照办了,果然减轻了许多,睡了一个好觉。第二天晚上又痒,又找到那位杂务。他问我敢不敢忍痛作大胆治疗。"痒折腾我有半年了,如能解决,没有什么不敢的。"他说:"你把原来的紫药水洗干净,擦干。先上水杨酸钠,干了,再上紫药水。"我按照他的说法办了。当水杨酸钠擦在阴囊上时,疼得我几乎跳了起来,像用小刀割一样。剧痛把所有其他的感觉(包括痒)完全掩盖了下去。再擦上点紫药水,待药水慢慢干了,疼痛也稍减,后又接着涂了两次,居然好了。没用看医生也治好了这个困扰我半年之久的顽疾。

与K字楼锃光瓦亮的通铺不同,一监的通铺是烂木板钉的,净是木刺,没法睡铺板。夏天太热,如何入睡成为最大问题,我只好每天坚持睡前冲凉,让冷水从身上带走足够的热量,然后回号,盖上布单睡觉。1977年我一直坚持冷水冲洗到秋末。一个星期四,洗完后,觉得有点冷,似乎有些感冒了,于是赶紧回号,盖上棉被发汗。我以为第二天就会好。没有想到第二天发烧,头痛,脑袋像要裂开一样,体温飙升到摄氏40度以上。睡在旁边的徐连生在我耳边说:"这回病得厉害,得住医院了,吃几天好的去吧。"徐还在与我开玩笑,其实我此时的感觉已经迷迷糊糊了。执行员董清旻经过请示把我送监狱卫生所。那时我已经走不了了,徐连生背着我,他才一米六多,比我矮许多,我的脚拖在地上,董清旻在后面用双手抬起我的双腿,两人费了很大劲儿才把我弄到医院。

到医院不久,我的记忆中只保留着去厕所小便一次的印象,此后便人事不知了。当我醒来的时候,眼前一片光明,满眼都是纯洁的白色。这时一个亲切女子的声音在耳边响起:"他醒了""他醒了"。在狱中两年多,很少听到异性的声音,因此女护士那亲切的声音特别具有穿透力和抚慰力。朦朦胧胧之中我断断续续地想,这就是第一监狱医院吗?这里还有女护士?和外面的医院一样啊!模糊中我觉得仿佛来到的是另一个世界!我用力睁开双眼,眼前好几双陌生的眼睛在盯着我,眼神中有奇怪、有惊讶,而更多的是高兴的,包括那双美丽年轻的女性的眼睛。我舒心地笑了,笑似乎增加了我的安全感。我本能地想活动一下身子,突然发现打着吊针的左臂手腕上有只冰冷的手铐,金属的冰冷瞬间传导到身体的中心,一下子全身心紧缩了。旁边有位像照料我的小个子中年男子，双手搓来搓去、尴尬地笑着。他称一个胖而魁梧的中年人为"姚队长"。姚队长说："王学泰，你昏睡了三天了。当时你人事不知，给你打吊针，你就把针头拔了。两三个人也按不住你，没办法只好把你铐在铁床上，现在你清醒了，可以把手铐解开了。"说着拿出了钥匙，打开了手铐。

后来知道这里原来是北京公安医院。这位姚队长也是病人，但又负责看管住在公安医院的"病犯"（当时法律用语）。公安医院的住院部一共五层楼，最高一层是犯人的病房，我就住在五层。一打开窗户就是久违了的故宫城墙拐弯儿处的八角楼，再换一个方向就是北京六十五中的教学楼。高中时期我曾在那里就读，始自1957年的秋天，物换星移二十年。当1977年的秋天，我站在公安医院病房窗前遥望六十五中，突然想到六十五中的老同学顾惟乔（我是在一监的小报——《劳改通讯》上看到这个名字的。后来经询问得知就是六十五中那位，"文革"中在清华大学受迫害想外逃，被判十年，死于癌症。详见附录四《野驴顾惟乔》）。当时的风华少年，如今已登鬼箓。

那位女护士告诉我："你是拣了一条命啊！'化脓性脑膜炎'就是一经发现及时送到医院，也不一定都能抢救过来，你是得病三四天之后、在完全丧失意识的时候才被送到医院的，当时大家都不抱希望，没想到你又活过来了，这是医学上的奇迹，也是你生命上的奇迹啊。"她也由于参加了这次成功的抢救而喜悦。

后来得知，这次也真是死里逃生。星期五下午我被送到监狱医院，晚上就处在昏迷状态。最初以为是感冒，后来看到我又吐又拉，全身抽搐，昏睡不醒，脖颈子发硬，遂怀疑我是大脑中的问题。提出把我送到公安医院治疗。可是适逢星期六，监狱长回家了。狱中犯人离开监狱必须有监狱长签字准许。医生干着急，毫无办法。幸亏医院有一位跟我在一个中队待过的医生，姓王。王医生是学西医的，但中医也很好，会针灸。他因为信仰基督教入狱，判五年，快到期了，所以到监狱医院来做医护，其实，他比大夫懂得还多。王医生用针灸刺激、控制病情的发展，直到星期一，监狱长回来，把我急送到公安医院，侥幸活了下来。

护士对我说："化脓性脑膜炎可不得了，弄不好会丧失记忆的！"我悚然而惊，赶紧打开带来的笔记本，靠着病床默写起背过的文章和诗词。不错，虽然头还稍微有些痛，三四天下来，也默写了好几百首，看来脑子还没有太坏，凑合能用。以后的几十年，我主要还是靠头脑谋生的。我想：上帝的安排也许真是合理，当我身强力壮、能扛200斤麻袋的时候，让我修理地球、干体力劳动；当我"及壮"以后，身体差了，精神日衰，改为脑力劳动。

正常人住院，大多会控诉医院的伙食不行，还要家里送吃送喝；我是从监狱来，自然会有不同的感受。这里天天吃细粮，每顿饭由照料我的那位杂务打来，我在病房中吃。后来让我写信通知家属，家属来看，又送了许多吃的。住院的二十多天里，身体恢复得很快。医院里的接见更为宽松，家里来看，说了许多外面思想解放、政治宽松的情景。此时我虽在狱中，心早已飞向自由的天空。

二十多天之后，我又坐着监狱的汽车回到一监三中队，因为当时心情极好，都忘了回程是否戴手铐了。我在三中队人缘还可以，那次我被徐连生和董清旻背走送到监狱医院后，很多人向他俩打听消息。董、徐二人看到我昏迷的状态，后来又听说我被送到公安医院。犯人一被拉出监狱住进医院自然是凶多吉少,因此平安归来,还引起了小小的轰动。最让我感动的场面是小报组的张培利,他活动较为自由,我中午刚到监室整理自己的床位时,正是吃午饭的时候,监室的犯人都在车间里劳动,吃饭也在车间。张培利端着饭盆,倚着我所在监室的门框,默默地看着我笑。我直觉地感到背后有人,猛地转回身看到他那张笑脸,那由衷的、发自内心的喜悦欣慰的笑容让我永世不忘。"大难不死,必有后福",他似乎是说给我听的,又像是说给自己的……

第二天一早到车间接一小队的早班,李聘伟、邢长春、祁来、隋年生这些平常熟识的人都过来诚心诚意地向我祝贺。到卧式机台上接李少白的班时,少白看着我也打了我一拳,"成,伙计!没傻,听说你的大脑还能正常运转"。说着递给我一个小纸条,并笑着说"本来想写篇悼念你的文章呢,刚开了头,没想到你又活过来了"。我看那个纸条上写着俄国诗人涅克拉索夫的悼念杜勃罗留波夫的诗句。我说:"批判会上没好话,追悼会上无恶言。我听惯了大批判,第一次活着享受到追悼会上的激情赞美。"大家都在苦难中,但从互相的善意中也看到了人性的闪光。

3 ｜ 大墙里面看电影

监狱与看守所不同,考虑到犯人除了劳动以外还应该有适当的娱乐,前面写到的在工厂劳动,每星期有一天的工休。两三个星期有一次电影。在监狱看电影是件大事,它不仅是一次娱乐活动,对我们这些被阻断信息的犯人来说,根据它可以推测政治形势的演变。

因为不仅是电影中的"新闻简报"简报了国内外大事，就是从不断变化的影片目录中也可见国内政治的动向。

放电影的地点是狱中的一个露天广场，不大，但狱中的千余人都能装下。时间一般是在休息日的头天夜晚。也就是多在星期三的晚上。待天色黄昏时，犯人按照中队的编制在看守的带领下各自携带自己的小板凳来到小广场，端然静坐，天一擦黑，就开始放映了。

电影这种有刺激性的娱乐往往会引起犯人的遐想，特别是1977年下半年，旧电影开放了，许多电影的放映都能带来点儿震撼。例如"反革命犯"对影片的政治含义很敏感。改革开放前，中国的文艺、学术都是政治信号，开放旧电影简直就是发布政治信号。荧屏播放了写海瑞的湘剧影片《生死牌》（其实它还是毛主席在世的1975年拍摄的，专为他一个人演出），它犹如一声春雷把人们从政治沉闷中惊醒，人们马上联想到吴晗先生的《海瑞罢官》。大家私下议论，"海瑞出来了，'文革'第一个倒霉者吴晗大概要平反了"。"文革"的发端既然站不住脚了，自然彭总也要重新评价了。监狱里演过《甲午风云》，演邓世昌的是李默然，他把这个角色演绎得很有气魄，更具有震撼性。电影一结束，在排队回监室的路上大家就议论起来了："邓大人"可能快要出山了（"反革命犯"中也有对"批邓"不满而被判刑的）。全国都在呼唤他；放《林家铺子》时知道所谓"三十年代文艺黑线"又快成为文艺红线了，周扬、"四条汉子"又要卷土重来了。……中国政治是个谜，时时放出是耶非耶的些微信息让大家"猜一猜，谁来吃晚餐"。这真是一种益智活动，连监狱的犯人也能半公开地参加。

我还感觉到"文革"中拍的"革命电影"特别适合在监狱中放

映，因为影片中一律孤男寡女，不食人间烟火，不涉及性，仿佛每个英雄人物都是雌雄同体，自满自足的。这不会引起犯人的遐想，有利于思想改造。因此，在监狱看电影，常让我不由得这样想：常常说文艺宗旨是"为工农兵服务"的，艺术创作原则是大写"英雄人物"和"三突出"精神，其实这些更适合为犯人服务，似乎可作为犯人改造的教材，犯人欣赏这类作品没有任何副作用，只会有益而无害。

在"一监"待了两年，看了一二十场电影吧，每场一般播放两个影片，其中有三场至今还保有鲜明的印象。

一是所谓"批邓、反击右倾翻案风"的影片。我到一监一个月左右，毛主席逝世、接着就是"四人帮"垮台。本来"反击右倾翻案风"该刹车了。是由于惯性，还是因为其他秘而不宣的原因，北京的运动并未停止。那时旧电影（1966年以前拍摄的）大多还没有解放，社会上放的电影也多是1975年、1976年间拍摄的影片，自然监狱中放映的也是这类。

经过"文革"，文艺政治化搞到极端，当时最大的政治就"反击右倾翻案风、批邓"。因此这时的影片内容就是谎言的汇聚，是对观众智力、审美力的侮辱，也不妨说是一种测验。有个片子的名字记不清了，但它的第一个镜头，即使过了三十年仍然记忆如新：一个革命派的姑娘，风风火火，怒气冲天，从岸边跳上一只小船，一把抓住船上一个青年男子的肩头，刺啦一声，撕下一大块布来，露出男人的壮实的肩膀。这是一个大特写，十分刺目。剧情发展，使观众得知，这是女革命派阻拦其男朋友进城做小买卖，"搞资本主义"。这位女士的形象就是当时极其时髦的、但却令正常男人望而生畏的

"头上长角，身上长刺"的造反派角色。社会上谁敢接受这样的人物、男人谁敢娶这样的媳妇？当然，可能当造反派女士就没有准备过嫁人。

另一个印象深的就是《欢腾的小凉河》。这是个针对性很强的政治片，它的矛头对准了邓（而且点了名）和一批老干部。影片中有个"县革命委员会副主任"（相当于现在的副县长）一出场就是提倡"集体发财"，说"不仅要发展，还要发财"。批评那些"张口阶级斗争，闭口阶级斗争"的干部，要以"三项指示为纲"。并说不搞生产就会"亡党亡国"，他要"整顿"现实秩序，实现"四个现代化"等等。这些在大多数民众听来是合理的，但却被主流舆论所狠批，它在观众中会造成何种影响，很难从表面上来看，因为人们的实际利益是很难用口舌一笔抹杀的。反派主角白副主任在造型上都模仿邓小平，留着小平头（"四五"之后，"小平头"就成为一种"反动"的政治意象），穿着藏蓝色的中山装，并在与"无产阶级革命派"争论时，引用了"不管黑猫白猫，抓住耗子就是好猫"这句邓氏名言，并说这是总书记的指示。虽然影片把这个副主任当做反面人物来塑造，但他颇具气势，言辞尖锐，与造反派辩论时侃侃而谈。影片本想贬损这个人物，为观众灌输"反击右倾翻案风、批邓"的正确，可在我看来却适得其反，反而增加了我们普通观众对这位重视生产、敢于反潮流的白副主任的好感。

印象最深的影片是1975年中国新闻纪录影片厂拍摄的访问"民主柬埔寨"的纪录片。这个片子很长，分上下集，大约有三个小时。我很佩服拍摄者的毅力，在这样一个没有色彩、没有欢笑的空间里，他们居然能够专心致志地审视拍摄那么长时间。当时的柬埔寨，无论男女，人们穿着一律是黑色（仿佛是秦始皇时代的"尚黑"），女的只比男的多一条黑围巾。不过这让一监犯人（犯人服装都是黑色）感到亲切，看看银幕，再瞅瞅衣裤，真有"天下同此一色"之感。

歌舞团的演出也一律着黑装，其歌唱如诵佛经，不知是佛诵取法于柬地民歌，还是柬埔寨人由于深信释迦牟尼惯用佛音梵呗以表达情怀呢？舞蹈只是顿足扬臂，颇具古风。女舞者持镰刀，男扬斧头，两者携手，就是工农团结；举枪联臂，昂首扬眉，便是消灭敌人。一看就懂，非常大众化，然而毫无美感可言。

影片中的首都金边，更令人惊讶，宽阔的大街上几乎没有行人，只有军用卡车往来疾驰，扬起阵阵沙尘，大约是革命政府的车子在执行任务吧。这个片子给我印象最深的镜头是一位十来岁的小革命军人。这个孩子大约也就一米三四高，穿一身工作服，面无表情、专心致志地在车床上加工机器零件。因为个子矮，只得站在一个肥皂箱上工作，车床旁边还竖着一支冲锋枪。旁白说，这个孩子六七岁时父母被美帝国主义者杀死，为了报仇，他参加了红色高棉革命部队，用枪打击美国侵略者及其走狗，为革命建立了功勋。现在革命胜利了，他放下武器、拿起工具为柬埔寨的社会主义建设努力工作，再立新功。当时还不知道柬埔寨发生了惨绝人寰的人间浩劫，但我想这样小的孩子，如果在革命战火中没有条件上学的话，革命胜利了，为什么不让他们上学读书呢？后来我才知道，那时的柬埔寨根本没有学校，因为学校是资产阶级知识分子统治的地方，统统被取缔了。那时波尔布特崇拜毛泽东，要把毛二三十年来在中国还没有彻底消灭的"三大差别"（工农差别、城市乡村的差别、体力劳动与脑力劳动的差别）、没能完全取缔的"资产阶级法权"、没有彻底实现对"资产阶级的全面专政"浓缩在两三天内在柬埔寨完全实现,其结果是给柬埔寨带来空前的巨大的悲剧性灾难,并招致越南的入侵和自己的灭亡。

可是"文革"前的影片多少还是有点儿爱情内容的,尽管这已经是革命+爱情,或劳动+爱情了,最不济也是爱情不忘革命、爱情不忘劳动,与现在拍的爱情片根本不是一回事。但就这点剂量甚微的爱情也有副作用,足以使一些定力不足者心动。

有一次放完了《我们村里的年轻人》,这是一个歌颂大跃进农民改天换地的影片。其中女主人公孔淑贞,很是抢眼。第二天一早在三角院洗脸时,碰到大老黑,他拿着一块新的花毛巾正擦他那张黑脸,因为对比鲜明,我不禁赞叹了一声"真花啊"!大老黑用手拍着毛巾说"知道吗?孔淑贞给的"!我笑了说"你真是至死不悟啊"!他是因为男女关系被判死刑缓二的,当时尚未改判。因此,我说只有"文革"中拍的影片最适合给犯人看,因为只有那时的影片能够"纯洁"到非人性的地步。

六　平反现场

1 ｜ 改革的先导——平反冤假错案

粉碎"四人帮"实际上只是个权力交接过程中的突发事件，其本身没有一个确定的政治指向。从现在看来，最初起意是要用武力解决江青为首的"四人帮"的，其发起人可能是江青直接威胁到他们切身利益的汪东兴、华国锋。他们并没有改革的动因。因此，"四人帮"倒台之后，"文革"以来、乃至"文革"前制造的许多社会矛盾并没有得到根本的解决，甚至没有解决的愿望。倒是党内一些老干部和有识之士感到小修小补无利于社会的稳定，他们思考的是社会的重大变革。这个变革的起点就是平反冤假错案。胡耀邦同志说："中兴伟业，人心为上。什么是人心？"并提出"三策"——"第一是停止批邓，人心大顺；第二是冤案一理，人心大喜；第三是生产狠狠抓，人心乐开花"。这是粉碎"四人帮"后改革的开端。

1977年胡耀邦担任组织部长，1978年初社会上开始平反冤假错案，但阻力很大。狱方也怕犯人知道这些会引起思想的波动，最初一味封锁社会上的消息，不过，很快平反冤假错案的消息上了《人民日报》（当然也是先从干部开始，如上海平反市长曹荻秋案，逐渐扩大到一般民众)。《人民日报》是唯一许可犯人看的报纸,每天不可少。《人民日报》逐渐透露出这些年来冤假错案的严重与荒谬的情况,使许多平民百姓蒙冤入狱。例如内蒙古地区一个五六岁的小孩儿,因为"现行反革命罪"(说反动话)被关入监狱。在监狱中小孩哭闹,看守不胜其烦,就把孩子的奶奶也抓进了监狱替他们看孩子。还有过新年写对联,因为文化低出错也被当成反革命判刑等。这些极其荒唐、特殊的案例,过三十余年而不忘,可见当时的印象之深。社会上的消息也不断地传入监中。如天安门事件正在酝酿平反,"四五事件"进监狱的,全部无条件释放……

真正给三中队带来震动的,还是因给毛主席写信判二十年的那位的离去(他就睡在我的左侧)。1978年春天的一个早晨,队长叫他带上行李。他这一去再没回来。大家都知道,这不是转移,转移不能就走一个,肯定是放了。不过因为他是北京市高干的儿子(其父是市财政局长),情况特殊,其父亲问题解决了,自然他也就没事了。离开三中队时,他还悄悄地给我留下了家中的电话号码。出狱后,我拨通了他家的电话,并到槐柏树街市委宿舍看过他。得知当时他还只是保外就医,那时还没有具体政策,法院抓住枝节问题不放。他父亲急了,直接向市委控告,才达成保外就医的协议。直到1978年底法院才为他彻底平反。1978年夏天,董毓琨又走了。老董只是个普通农民,判的又是无期,他是不是平反释放呢?大家拿不准,私下里议论了很久。后来知道,他所在的公社大队是北京搞极"左"特别厉害的地方(当时的公安部长谢富治曾到那里煽动过),一些贫下中农造反派要杀地、富、反、坏、右及其后代,董毓琨逃跑,情有可原。

按说张培利是刑事犯，平反都是针对"现行反革命犯"的，与他本人没有多大关系。但他是个热心人，其活动空间又较别人大，信息远较他人灵通，时常地为大家通报一些消息。

2 | 平反现场

1978年10月20日，我上早班，中午2点下了班，到三角院，打上水洗洗手、擦把脸，还没弄利落。梁队长到小院招呼我："王学泰，收拾你的行李东西。"乍一听，有点紧张。匆匆把脸盆毛巾肥皂拿回监室，放在网兜之中，然后从铺上把行李叠好捆上。此时，监室门口来了许多难友，许多人为我高兴。虽然有回家希望的不是他们，但他们的脸上都放着光，闪现着一种难以抑制的兴奋，向我祝贺。我说："不知道是什么事呢？也许转移吧？"张培利说："不会。来的就是一辆吉普车，拉你一个人转移？你哪有这么大谱？"一会儿梁队长又来催，并说："如有写的东西要留下，不能带出去。"我回答："没有。"不过他也没有检查，这就是例行公事吧。张培利和杂务帮着我把行李拿到中间的大厅，待他们回去，筒道栅栏门关闭。他们在里边隔着铁栏向我挥了挥手，我跟着梁队长走去。

走出大厅，一股清凉的秋风吹在我脸上，我知道期盼已久的平反释放，终于到来了。关于平反的场景我想过也许有一百次、一千次了，但当它真正向我走近、到来的时候，却又感到手足无措，不知道它到底是个什么样子、自己应该如何对待？不过有一点是近一两年以来常常想到的，就是自己是无罪的，仅仅因为私人间的几句闲话就把我关进监狱、判刑，这是一种人身迫害，它没有正义性。

我告诫自己,这一点不能忘。

不一会儿来到一间大会议室,会议室中有个表,时间指向两点半。屋中有张乒乓球案子,周围坐着四五十人。有许多是监狱中的监管人员,大部分见过面。可能我是较早平反的,监狱管理人员觉得是个新鲜事儿才去旁听。

案子对面坐着一位四五十岁的中年干部。听人们称呼他"刘厅长",后来得知他是北京市中级法院刑厅的厅长。他宣布开始进入程序,首先问:"你叫什么?"然后是一连串的例行提问。问过以后,这位刘厅长站起来说:"你也站起来。现在我宣读'市中法''(78)中刑监字第549号'刑事再审判决书。"我知道改变我命运的时候到了,静听他的宣读。"判决书"中除了复述1976年的判决外,又说:"经再审查明:原判认定申诉人王学泰(实际上,我没申诉,申诉的是我那位同案)'于1972年至1973年间,伙同反革命分子×××互相散布反动言论,恶毒攻击无产阶级司令部,诬蔑无产阶级文化大革命运动和批林批孔运动'等具体内容,主要是针对'四人帮'的,其中虽有有损毛主席光辉形象的错误言论,但属于思想认识问题,因此,定反革命罪不妥,应予纠正。据此,判决如下:一,撤销本院(76)中刑反字第46号判决书。二,申诉人王学泰无罪,予以释放。"

宣读完毕,室内鸦雀无声,过了一会儿,刘厅长说:"王学泰,如果你没意见就签字罢。"他看我迟迟不动,不说话,也不签字,就说:"你对这个再审判决有意见吗?"我说:"我不同意这个判决。"许多人用奇怪而惊讶的眼光看着我。

我说:"你们这个判决书中用语有矛盾。前面你们说我所说的,上诉书及副本，上诉于北京市高级人民法院。

一九七八年十月 日

北京市中级人民法院刑事再审判决书

(78)中刑监字第549号

申诉人：王学泰，男，现年三十五岁，山西省稷山县人，学生成份。原系北京市房山县河北公社口儿村中学当民，因犯行反革命罪，于一九七五年三月四日被捕，后被收捲。一九七六年七月二十六日，本院钢中刑反字第46号判决，以现行反革命罪，判处对使刑十三年，现在押。

经再审查明，原判认定诉人王学泰"于一九七二年至一九七三年间，秋同反革命分子李翁经互增散布反动言论，恶毒攻击无产阶级司令部，运题死产阶级文化大革命运动和批林批孔运动"等具体内容，主要是针对"四人帮"的，并中吴有诬蔑毛席光辉形象的恶劣情节论，但受累了思想认识问题，因此，定反革命罪不当，应予纠正。指此，判决如下：

一、推销本院阀中刑反字第46号判决书；

二、申诉人王学泰无罪，予以平反。

如不服本判决，可于接到判决书的第二天起十天内，向本院提交上诉书及副本，上诉于北京市高级人民法院。

一九七八年十月 日

1978年10月20日下午两点半，在一监我收到这份再审判决书，也就是相传的"平反判决书"，官方不叫"平反"。

223

主要是针对'四人帮'的,后面又说我'有损毛主席光辉形象'。谁才损害毛主席的光辉形象呢?是'四人帮'。你说我'针对四人帮',那我就是维护了主席形象;你说我损害了主席形象,就不能说我是针对'四人帮'的。"

当时宣传上都这样说,它符合政治宣传上的逻辑,但实际上是个悖论,然而,谁也不敢说它错。而"市中法"认为我只要抓住你过去话中的瑕疵,你就不能说那时抓你毫无道理。其实这反映了刚刚开始平反"冤假错案"时办案人员普遍的心态。

我觉得中央平反冤假错案的目的,一是要解除许许多多干部、知识分子和平民百姓所遭受的极左路线的迫害,明辨是非,伸张正义,重建社会主义法治;二是废除苛法,除旧图新,团结一切可以团结的力量,造成一个人人心情舒畅宽松的政治局面。这也是举国上下所盼望实现的政治局面。鲁迅小说《风波》故事中的七斤嫂一听到新皇帝"坐龙廷"了,第一反应就是"这可好了,这不是又要皇恩大赦了么"!虽然这是旧时代普通的老百姓的想法,但却是经数千年历史积淀而形成的。因此开创新局面、推行新政时都要顾及老百姓的这种期盼。当时若要把历代刷新政治都要顺应民心搞大赦的道理讲明白可能效果会更好一些,也不必这样抓斤掂两,费如此大劲儿,给予社会的震动力却不甚理想。

另外,当时推动平反冤假错案的领导人有两个想法也讨论得不充分、宣传得不够。一是创造一个与极"左"路线完全不同的新的政治局面。一是今后不再以思想言论治罪,创造一种不同于以往野蛮做法的新的、现代的政治文明。由于这些不为执行具体工作的干部所理解,自然会在一些枝节问题上纠缠不清。

谁也不愿意否定自己过去的工作，政法系统的工作人员也是这样，他们总想抓住一些被平反者的只言片语，以证明他们过去的工作不是完全错了。这是很荒唐的，因为以言治罪本身就是一种野蛮行为。例如在我的问题上，他们抓住我曾说过一些贺龙被整是由于他"功高震主"。"市中法"的人说，你把毛主席比做皇帝，你这还不是损害"毛主席的光辉形象"（其实这只是一种比喻。毛主席自己也这样比。他曾对师哲讲，主席、总统、皇帝，其实是一样的。他甚至说自己是"马克思加秦始皇"。他也把自己摆在皇帝的位置上，与下面同志的关系视为君臣关系）？我们在这句话上辩论了几个回合，"中法"的刘厅长很不高兴，大约与他预期的场面有距离。我又挑出"判决书"中的"另一个错误"。我说："既然如你们所说我的错误是属于'思想认识问题'，那为什么写到判决书中去呢？依照列宁所说只有两种人没有错误，一是没有生出来的人，一是死去的人。八亿中国人谁敢说自己一点儿错误没有呢？如果照你们的做法是不是要给每个人都发一张判决书？说他有错误呢？"这个质问使审判员无法容忍了。他说："王学泰，你想一想，你感谢以华主席为首的党中央吧，否则你还得在监狱待上十年。"我判十三年，刚刚待了三年多。

听了这些我也很不满意："当然，我感谢；不过你们也得感谢，否则你们在错误的道路上会越走越远。"我这句话好像捅了马蜂窝。因为那时很少有犯人敢直接顶撞审判员的，何况这次又当着那么多听众。当时我只想站在平等的立场上，与他们作有来有往的讨论，看来根本是不可能的，结果只能是冲突。

他一拍桌子："王学泰，你不要以为放了你，你就什么问题也没有了。你的审判记录还在案！"一听这话，我也生气了："是啊。我又没让你们放我，既然你们还有底案，认为我还有罪，还可以送我回去啊！我的监服还没换。"那天我还穿着印有"监01"的黑色囚服。

此语一出，偌大的屋子里，悄无人声，空气仿佛凝住了。我也有点儿后悔，火气太盛，太不给人留面子了。但一转念，与其糊里糊涂地出去，不如弄得明明白白再走。监狱的管教科黄科长，与我较熟。此时他站起来打圆场似的对我说："王学泰，不要赌气嘛！人家法院放了你，我们也不能留你啊。这地方也不是谁想来住，就可以住的。再说你们单位和家属都来了，他们准备高高兴兴地接你回家呢！"

这几句很实际、又富于人情味的话还是打动了我。入狱已经三年半了，年近七十的老母亲为我操碎了心。她所在的单位就在"一监"东面，相去的直线距离不过数十米。每天上班都要从监狱东墙经过。单位领导与同事的白眼冷面、闲言碎语，几乎天天都会遇到，她的难堪与悲哀，可以想见。我在一篇文章中曾经写道："那时出了问题，朋友远去，老婆离婚，儿女划清界限，唯有老母，儿子还是她的儿子，不仅心里想着，接见日还要来看，哪怕经历千山万水。"于是，那种绝不因循苟且的想法动摇了，我有些犹豫。管教科长把那份判决书拿了过来，要我签字。我又看了一遍，说："我不同意其中的一些说法，怎么能签字呢？"本来缓和下来的气氛又有些紧张。"市中法"的来人也很为难地说："你不签字，我们回去如何交账呢？"

这时双方就有些僵持了。我不说话，"中法"的人也不说话。时间过得很快，大约有四点多钟了。本来以为只是走走形式，发了"再审判决书"就完事的，不想拖了这么长时间。仲秋的北京，下午四点，太阳快与西房平齐了，斜阳穿过老槐树的枝叶、斑斑驳驳的影子照进这间屋子。

"市中法"的来人显然有些着急。管教科长再一次走到我身边说："王学泰，你要考虑，'中法'的同志还要解决其他人的问题呢！"我突然想起，我那位"同案"，大约是在我之后解决罢。这时黄科长说："我看这样吧。你签个字，表示你收到这份判决怎么样？"我觉得这是两全之计，答应了。刘厅长又把那份"再审判决书"推到我面前。我在指定的位置上签上了名，并写道"收到判决书一份。"后又补充一句"但不同意"。法院审判员看了看，又互相看了一下，表示可行。

签了字，平反一事告终。来人各自散去，出门的手续早已办好。这时有两人过来与我握手，表示祝贺。他们是房山文教局的，也就是当时我所在的单位。并说你可以先回家休息一些日子，单位通知你再上班。管教科的人把我们送出大门，门外我妹妹、弟弟还有一些朋友在等着我。大门外，停着文教局的212吉普。正是这辆车把我送进监狱的，今天它又接我出狱了。

七　北京市高等法院接待站

1 ｜ 归来

10月20日下午五点，我回到南大吉巷的家。母亲等了很久，一见我回来露出了开心的笑容，家中更是一片欢腾。妹妹、妹夫、外甥、弟弟与新结婚的弟媳，围着我听我叙述平反现场的情景，当说到"再送我回去"时，家里一片反对之声。母亲对于无罪判决是极满意的，她说："只要'无罪'就成了，政府还能对你认错！胳膊拧不过大腿去，你要给领导个台阶下，要不以后还要倒霉的。"我妹妹也说"你傻呀，干吗那么较真，先回家再说"。至于"判决书"上写的"错误"云云，不是快七十的母亲所关心的。

晚上，妹妹等都各自回家后，母亲又给我叙述起昨天法警来送我的"再审判决书"的情景。其实刚才她当众已经说一次了，因为兴奋又再次有兴致地重复道："下午两点多钟，我拍着孩子（母亲替街坊看护一个小孩）睡觉，听外面有摩托车响，一会儿摩托车停在门口，一个二十多岁的警察叫我的名字。我出去一看，吓了一跳，以为又出什么事儿了。这次警察特别和气：'大妈，您儿子没罪了。法院下来新的判决书，明天他就能回家了。我给您抱着孩子，您签个字作为收据。'他说着就接过了孩子。'我不会写啊'。他说'您盖个图章吧'。那和气劲儿真跟以前的警察大不一样。警察走了,街坊田婶(街道干部)来问。我对她说,'我儿子没罪了,明天就能回家了。'"这段故事,后来又被母亲重复过多次。我想如果有可能,她希望全世界都能听到。后来我看过一部美国电影,故事讲述小镇有个青年,平常吊儿郎当,常被邻居讥笑。老母亲特别难过,有一次小镇放映电影,这个电影的编剧是这个青年。电影开演了,大家正在静静地欣赏。突然老太太站起来挥舞双臂高喊:"这个电影是我儿子写的!就是大家都认识的那个。"当我看到这个情节时,突然想起我那满头白发的母亲,不由得热泪盈眶。现在叙述坐监往事时也想起我那去世已久的老母亲,我想除了苦难我还给母亲带来了什么呢?

那天晚上跟白发的老母亲睡在一张大床上,我迟迟不能入睡。听着劳碌了一整天的母亲轻轻的鼾声,我觉得极不真实。昨天还在一监,今天就躺在自幼熟悉的老铁床上了。真像杜甫写的:"世乱遭飘荡,生还偶然遂。邻人满墙头,感叹亦欷歔。夜阑更秉烛,相对如梦寐。"

第二天,南口难友杨成林、李春林来了。他们一见我笑了。杨成林说:"伙计,回来啦。我以为你还在监狱呢!我正打算把你的事儿写成大字报,贴到西单民主墙去呢!"南口是我当反动学生劳动的地方。他俩跟我说起了这几年外面的情况,谈及"四五事件"平反、知青返城、右派改正(当时文件还没有下来,但民间传得已经很热烈)、"四类分子"摘帽等热门话题。还有老百姓群体的政治诉求:"要二邓,不要二吴。"所谓"二邓"就是邓小平、邓颖超;"二吴"就是吴德、吴桂贤。吴桂贤是个工人,坐"直升飞机"上去的,当时是政治局委员、副总理。吴德之"无德",我有切身的感受。他压制北京人改革的要求,一直反对给悼念周恩来总理的天安门群众平反,因此北京冤假错案的清理也迟于国内某些省市。不过当时北京市委书记已经换了林乎加了，但吴德还是政治局委员。群众要他下台恐怕是指其党内职务。那时北京市热气腾腾，处处表现出北京人政治参与的热情。

对我来说，弄清以前的问题是必要的，因为这不仅是事关是非曲直，而且直接影响我今后的工作。那时权威机关的一纸公文对一个人的影响是决定性的。于是，我在三天之内就写好了"上诉书"，来到北京高等法院接待站。

2 ｜ 市高法接待站

平反"冤假错案"的工作，在北京还是方兴未艾，我还算第一拨平反出狱的。但那时北京市"高法"接待工作还是很积极的。他们派出许多老干部、领导干部作接待人员。我到接待站一看，白发者居多。

接待我的是位年过六旬的女同志。她慈眉善目，说话口吻不像政法干部，倒像个邻居老妈妈。她很专注地倾听我的申述。当我向她陈述我对"有损毛主席的光辉形象"这个政治判语有意见时，她静静地听着，没有打断我的话，更没有反驳。大约近半个小时，我才说完。她听完，沉默不语，我关注着她的表情变化，琢磨着她会如何驳斥我或如何敷衍我。她思考了一会儿，然后很诚恳地说："我完全同意你的意见。大家都是从那个时代过来的，谁敢说自己没说过错话呢！"她这句话完全出乎我的意料，弄得我倒无话可答。此前和此后我多次与具有人事管辖权的单位和领导打过交道。"高法"这位女同志是我遇到唯一的一位不袒护本单位错误的领导同志。她的真诚和毫无官派作风的做法使我感慨万分，如果我们的领导干部都是这样的话，那么有什么矛盾不能解决呢？她没有一句官话、套话，还对我的无辜坐牢表示了同情。并宽慰我说，你放心吧，大的灾难已经过去，一些小问题会很快解决的。直到今日，每当我想到她说话的口吻、待人的态度和办事认真负责的精神都不由得激动。我觉得这位老人的态度在当时是有代表性的，1970年代末，改革开放之初，物质还很困难，可是由于大多数干部与知识分子在"文革"与既往的年代中受到过极"左"路线的打压或伤害，对于刚刚到来的"第二次解放"无比欢欣鼓舞，对于受害者都有一种发自内心的同情，人与人之间多的是关爱与谅解，少的是互相妨碍与刁难。

后来，不少难友得以平反释放，他们或多或少都留下一些尾巴。他们到家来看我，我说起高法那位老太太，他们都觉得意外，很难得见。

1979年初，我收到"市中法"一个"再审判决书"。从表面上看，它与第一份没有什么区别。细看一下，那句"其中虽有有损毛主席光辉形象的错误言论，但是属于思想认识问题"这段话没有了，强调了当时的言论主要是针对"四人帮"的。下署1978年10月19日。

1980年5月我调入中国社会科学院文学研究所，一两个月后，一天人事处来电话说："有件好事，你来一下。"我去了，人事处一位年长的同志笑着给我一封"市中法"的来信。打开一看，又是一张"再审判决书"。这次有较大的变化，有两点：一、把"主要是针对'四人帮'的"改为"都是针对'四人帮'的"；二、是把原"定反革命罪不妥"，改为"原判以反革命定罪判刑是错误的"。但下面仍署1978年10月19日。我说只有一处很小的变动。这位副处长告诉我，别看这小小的变化，他们承认你是反对"四人帮"的了。我苦笑着说："我谁也没反，只是对那时过度的谎言有点不适应罢了。"

北京市中级人民法院刑事再审判决书

(78)中刑监字第549号

原公诉机关：北京市公安局。

申诉人：王学泰，男，现年三十五岁，山西省清源县人，原系北京市房山县河北公社口儿村中学教员，因现行反革命罪，于一九七五年三月四日被拘留，后被逮捕，一九七六年七月二十六日，本院(76)中刑反字第46号判决，以现行反革命罪，判处有期徒刑十三年，现在押。

经再审查明：原判认定王学泰"于一九七二年至一九七三年期间，与韋鸿远互相散布反动言论，恶毒攻击无产阶级司令部，诬蔑无产阶级文化大革命运动和批林批孔运动"等问题的内容都是针对"四人邦"的，原判以反革命定罪判刑是错误的，应予纠正。据此，判决如下：

一、撤销本院(76)中刑反字第46号判决书；

二、宣告王学泰无罪，予以释放。

如不服本判决，可于接到判决书的第二天起十天内，向本院提交上诉书及副本，上诉于北京市高级人民法院。

一九七八年十月十九日

上访之后又发过两次"再审判决书"是最后一份，大约是1980年夏天寄来的。但仍署1978年10月19日。

附录一　生活的第一课

一

1958年暑假后刚刚开学，热火朝天的大跃进扑面而来。各行各业都在以"多快好省"为口号实现"大跃进"。大街小巷每天都有敲锣打鼓、高举着红旗的报喜队伍。虽然还未习惯这种氛围的北京人有时也说些风凉话。如"开车的（指公共汽车的司机）多快好省，坐车的鼻青脸肿"，但总的来说人们还是以好奇和热情投入了这个运动，人们不知道"多快好省"会给中国造出一个什么样的美丽社会图景来。

到了学校（我在北京六十五中上学，当时的六十五中只有高中）发现了两大变化：一是好多受学生欢迎的老师突然销声匿迹了。最引人注目的是校长张迅如不见了，虽然，他没有给我们上过课，但常常听他的训话。他只有一只胳膊，讲话很冲、很有气概，据说是位老革命，延安来的。这些给我们留下了深刻的印象。另三位是消失于讲台的教语文的刘曜昕、黄季虬、徐守忠。这三位老师的课我都听过，是很吸引人的。黄先生讲《三国》时举的例子，徐先生讲古诗给我们念的他小时候写的"诗"至今我还记得。同学私下相传：

他们都被划了右派。这无形中造成一种紧张气氛，似乎当右派的不幸随时可能传染给每一个人。

另一个大变化是不上课了（我上高中的女儿知道曾有如此"好时代"，多次感慨地说，怎么没有让她赶上），成天地开会，向党交心，搞思想改造，拔白旗，插红旗，"红专"大辩论。以青年钢琴家傅聪为反面教材，说他虽然很专，但却"背叛"了祖国。大张旗鼓地批判个人主义，说个人主义为"万恶之源"。还提出了要搞"四化"——思想革命化、组织军事化、生活集体化、行动战斗化。我所在的高二五班变成了"某连五排"，直到现在我也想不出这样做有什么意义。除了开展社会主义大辩论外，还发动同学们搞"超声波"，说这是"科学中的科学"。它用在农田里可以增加产量，用在临床，可以起死回生。还找了农村一个"生产队长"给全校讲超声波科学及其实践意义。这位三四十岁的队长在台上夸夸其谈，说超声波促成农业大丰收。例如黄瓜经超声波一"超"可以长到三尺长；老玉米经超声波一"超"，一棵玉米上，可以长出五六个来，每个一尺多长；最令人惊叹不已的是驴子四五天不喂，用超声波一"超"不仅胖了，而且干活更有劲了。听到这里，掌声雷动，我们这些小青年突然觉得大跃进的农村仿佛是个神仙世界了，这位队长为农村描绘出一幅崭新的、光明的图景。新上台的年轻的教导主任马上在旁边接着说："卑贱者最聪明，高贵者最愚蠢。我们农民科学家对科学作的伟大贡献是那些大学教授连想也不敢想的。"这些话真是激起了我们对超声波的好奇心和兴趣。

在这个风潮中，学校也马上掀起一个制作超声波的热潮。最初，我以为超声波极为神秘，可是真正做起来的时候，才发现不是那么一回事，简单得很。找一根四分或六分的自来水管，把它截成四五寸长，用铁锤把一端砸扁，然后将扁的一端的管壁上各锯一个小口，中间焊上半个剃须刀片，便大功告成了。然后在圆的一端接上根皮管子，再把皮管子接到自来水龙头上，打开水龙头，强大的水流从铁管扁的一端滋出去，当通过焊在这一端的刀片时，由于刀片很薄，必然被水流激荡，发生震动，于是有的"科学家"便说这是超声波，是尖端科学，具有无限广阔的用途，而且国家的兴盛和人民生活幸福全系于此。由此，党和政府才大搞群众运动，我也得以躬逢其盛。在搞这项科研制作之前，校方领导说，我们用自己制作的超声波做饭洗澡。当然，这些都兑现不了，只是说说罢了，像这样只是说一说，日后没有下文的事情太多了，谁能去认真追究一下呢？如果真有追究的人不是被视为别有用心，就会被当做精神病的。像这种搞"尖端科学"的群众运动，五十年来我遭遇过两次，除了"超声波"之外，还有1969年全国搞"单晶硅"，不过当时还处在"文革"运动之中，只在工厂、高校小闹一番，没有"超声波"闹得那么红火罢了。"超声波"还没有收尾，我们就下农村参加更大的跃进去了。

二

1958年10月的去农村虽然不是我第一次下乡，但是它给我留下极深的印象，至今难忘。

这一年，从夏收就开始发烧，特别是在农村，为了迎合"大好形势"和证明反右斗争与全民社会主义教育运动所取得的伟大成果，农业必须获得大丰收。当时，社会主义阵营的"老大哥"苏联第一个成功地发射了地球人造卫星,这个"卫星"遂成为最先进、最高水平的同义词,也成为社会主义阵营(包括中国)的骄傲。当时各行各业动不动就要"放卫星",其意为,他们创造了不同凡响的新纪录。农业产量的第一个"卫星"就是河南省遂平县卫星人民公社放的。1958年6月,《人民日报》刊登了这个公社小麦亩产2105斤的新闻,从此,各地的"卫星"一个比一个大,一路高升,最后亩产小麦近万斤。秋收时,水稻的亩产量更是一路攀升,到了9月份,《人民日报》头版已经有了这样的大标题"广东穷山出奇迹,一亩中稻六万斤"。正是在这种氛围中,我们下乡参加农业大跃进。

我们这些高中生还是不辨菽粟的十六七岁小青年,看到这些消息自然是十分兴奋的。下乡再一次点燃了我们投入这个伟大运动的热情。这时是白天热、夜里凉的九月。我们按照军事编制,高唱着"一天等于二十年""江南丰收有稻米"等革命歌曲,日夜兼程,徒步到农村去。十六七岁正是贪睡时期,有的同学走着走着便睡着了。我也是懵懵懂懂,似睡似醒,只有那高昂的歌声:"江南丰收有稻米,江北满仓是小麦。高粱红啊棉花白,密麻麻白云盖地天山外"至今仍在我的脑中回荡。

到了劳动的目的地,我们有些失望了,农村还是老样子,和以前我去过的农村差不多,只在干活的现场插了一些红旗彩旗和增加了些锣鼓伴奏罢了。

带队的教导主任和生产队长布置劳动任务时才使我们大开眼界。原来我们具体干的活是深翻土地为明年小麦丰收做准备。我们翻的这一块地,是普通地块,只翻1尺5寸深,明年亩产万斤小麦。另外一块试验田深翻1丈2尺(那时北京水皮浅,有些地区挖下2尺就见水),由老乡们自己"翻"(实际上已经是"挖"了),那里明年亩产小麦120万斤。我们当时年龄小,又没有农村生活的体验,不知道这120万斤到底意味着什么。只是听着这个数字远远超过《人民日报》所披露的数字,令人惊讶。给我带来麻烦的是深翻土地用的铁锹是"撮锹",这种铁锹的锹头很像撮土的簸箕,宜于撮东西,而不宜于向下翻地和挖土。深翻1尺5,要垂直挖两锹深才合乎标准,有的负责监督的老师时常用草棍量。用撮锹要达到这个标准是很困难的。学校又在同学之间搞竞赛,年轻好胜,谁不希望跑在前面呢?要做到这一点必须改良工具,"工欲善其事,必先利其器"嘛。于是,我和另一个同学借了把锤子把"撮锹"砸直,把它改造成为"挖锹"(这种撮锹可能也是大跃进的产物,钢口特软,用锤子一砸就直),果然翻地的进度加快了很多。但这样一来,我们闯了大祸,被视为破坏劳动工具。在下工后的学习会上帮助我,让我谈一谈到农村参加农业大跃进的体会。说实在的,到了农村后没有我们原先想的那样浪漫、那么激动人心。我们睡的还是土炕,烧的还是柴锅,吃的还是白薯玉米,屋里还是没电,点了一盏煤油灯。这些唤不起"共产主义是天堂"的意识,感到没有什么可说的。我想了一想,说,我们在学校听生产队长讲,有3尺长的黄瓜,1尺多长的玉米,可是也没看到。这话现在听是没什么问题,在当时说出来,已经有了怀疑"总路线"、"大跃进"的嫌疑。于是,参加我们"排"(因为组织军事化,所以"班"都称"排")学习会的教导主任对我的发言有了兴趣,本来他是要批判我破坏劳动工具的,这时不谈这个问题了,本着"引蛇出洞"的精神,问我,还有什么想法,比如我们这次下乡、深翻土地等等。

当时我不到十六岁,又生长在城市之中,根本不了解翻地在农业生产中有什么作用,但120万斤这个数字令我很好奇。劳动休息和同学闲聊时便问120万斤小麦到底有多少东西。在旁边知道我们翻地的一个农民插话说,一麻袋才装200斤小麦,小麦还别太干了。农民提供的这个基础数字到了我的脑子里,马上我就想到120万斤可以装6000个麻袋。北方装粮食的麻袋,大约是宽2尺,长3尺,盛满了粮食的麻袋码在地上,占面积约6平方尺。一亩地是60平方丈,合6000平方尺,也就是说一亩地可以码放1000袋小麦。1000袋可装小麦20万斤,120万斤小麦如都装入麻袋,码放在一亩地中,则要摞六层。这样一算,120万斤小麦要占多大地方在我的头脑中清晰了起来。于是,我说,一亩地怎么能产120万斤小麦呢?它要装6000个麻袋,这6000袋就是平码在地面上要堆六层呢?这位老师又问我,你是认为这是根本不可能的了?我补充了一句,什么样的麦秆能把这六层麻袋挺起来呢?说到这里,突然沉默了,主持会的老师好像怕我再说下去就会毒害同学一样,便匆匆宣布散会。

  第二天,白天还照常劳动,晚上开会学习。当时开展社会主义教育,开会往往比干活更重要。吃完晚饭,当我们蜷踞在土炕上等待开会时,我才感到与往常气氛不同。不仅排长严肃(就是我们班的班长),而且,连长、指导员也来听会。九月的天气,残暑未完全消退。我们是男生班,晚上开会同学们都穿着背心裤衩,然而连长、指导员全是女生班的同学。她们见到我们这个样子,大家都很尴尬。她们也只好坐在外屋隔着帘子听我们开会。我感到很滑稽,不由得脱口说出:"还有垂帘听政的啊!"不料这也成为我的一个罪状。这天晚上的发言好像都是经过准备的。同学们纷纷批判我怀疑"总路线"、"大跃进"。并用毛主席在《介绍一个合作社》中所说的中国人多、议论多、干劲大，可以创造出人间奇迹来。我还没有经受过革命的大批判，这是第一次，不习惯，不免要为自己辩解，和革命群众顶撞。最后是不欢而散。连长宣布说我态度不好，明天接着开辩论会。中国的词、特别是政治范畴（包括其他禁忌较多的领域，如性领域）的词，一个词可以有多种意思的，甚至是完全相反的意思。从字面上看"辩论会"仿佛是口舌之争的，可是我在农村看过一次"辩论会"，那种规模、形式、气氛与解放初的"斗争会"、"文革"中的"批判会"没有什么差别。如果说有差别的话就是话更少，肢体语言更多。被辩论者站在一圈儿人当中，被推过来、搡过去，没有多少人说话。

第二天，刚刚出工，我正盘算着如何应付晚上的"辩论会"，没想到各个连排已经站好了队，仿佛要开全团大会。这时年轻的教导主任在会上板着一副面孔宣布：王学泰和王某某（与我同班的一个同学）到队前来。这使我大吃一惊，因为自上学以来还没有享受过这样的待遇：在全校的集会上被拉到同学之前示众。我和王某某慢吞吞地走上了被批判的位置。在众目睽睽之下我们真有些抬不起头来，但心里很乱，不知道是出了什么问题。此时广大同学们也感到诧异，因为那时在中学里还没有开展阶级斗争，对学生的纪律处分也没有把受处分者公开示众的，然而这一切到了"文革"之中就不新鲜了。紧接着那位女连长也走到前排，拿着一张事前准备好的发言稿，在全体同学面前指控我的罪状。我仔细听着，大约包括破坏生产工具、怀疑"总路线"、"大跃进"和党的方针政策，无组织、无纪律等条。并说我影响学校的形象，已经不适于在农村劳动了。

大约还有几个同学发言表态，最后是校教导主任以团（军事编制的"团"）领导的身份开除我参加支持农村大跃进的资格，回校反省。当天就由下乡生病的老师把我们押回了学校。

学校里还有一批人在大炼钢铁，这些人大多是师生中的老弱病残。可能是有些难为情，我没有到留校大队去报到，而是去北京图书馆看了十多天书。自然待下乡同学们返校后，又遭到一次"辩论"。不过自此起，我的生活多了一种新的内容，即被他人或说革命群众帮助、批判。

附录二 鲜为人知的"反动学生"案

大学毕业之前……

八十年代中叶,有一年7月初到山东大学出差,住在山大招待所。住所的窗外经常聚集着活泼欢快即将毕业走向社会的大学生。看着那一张张富于青春朝气的笑脸,听着那一串串银铃般的笑声,可以感受到他们发自内心的喜悦。偶尔还听到三三两两的学生在我的窗下细声细语地设计美好的未来时,也不禁融入这欢快而美好的氛围之中。这时不由得想起我那即将大学毕业的时刻……

我是1964年大学毕业生。从那年的春天开始,院里系内已经在悄悄准备,如何在学生中清理阶级队伍,划分左中右了。在系总支的领导下,学生中的党员和积极分子不断地开会,提高阶级觉悟。这是在组织阶级队伍,而我们这些即将被整的有各种各样问题的学生对此却懵然不知。

6月份毕业考试完毕(当时师范学院不做论文),便开始了清理思想这个苦难的历程。现在的大学生们很难想象那是一个多么痛苦与艰难的过程,无休无止的大会小会,学生们,特别是那些自我感觉不太好的同学拼命地要表现好一些。我记得有位女同学被树为样板,在全系大会上讲自己清理出的思想问题,边哭边讲,诉说自己人生观受资产阶级毒害之深,其根子就在《外国名歌二百首》(其实这个歌曲集中还有《国际歌》和许多"革命歌曲")和外国小说。《二百首》常常由头唱到尾,还照着外国影片设计时装。她检讨说:这种状态怎么做符合"五项条件的革命接班人"呢(这是"九评"对青年和立志接"无产阶级革命班"者的要求)?她真诚的忏悔感动了领导,可以既往不咎了(可能她根本就不是被确定的重点)。在一般同学中这已经是严重的问题了,而对于系领导心中早已有数的重点人物,这些是远远不够的。不用说没有资格到系里作样板,连小组里也通不过。因为"重点"所在的小组都会有本班的政治辅导员或系里派的青年教师参加,对"重点"的问题早有估计,不会让你轻易过关的,有的根本就不会让你过关。我在小组清理思想时整整讲了四个小时,讲自己所受老庄思想的影响,讲自己消极的人生选择,政治辅导员连听都不要听,认为讲这些离我问题的实际太遥远了。我们这些早已被内定的"重点"只有静静地等待命运的安排。

同学们一个个地过关,一些次"重点"也在反复的"清理"之后勉强过了关。只有几个人"挂"了起来,大约我是"挂"得最高的,因为那些"挂"起来的同学还有系或院的领导在找他们,做他们的工作,而我则是最"清闲"的,没有人管,爱干什么就干什么。这仿佛是暴风雨来临之前的平静,我惴惴不安,第一次感到等待苦难比苦难本身更残酷。

在一个乌云低垂令人十分压抑的下午,约三时许,全系毕业生三百余人(这是北师院最引以自豪的,它有全国最大的中文系)在食堂集合。我知道决定命运的时刻终于到来了。系总支书记宣读由北京市委、教育部党组联合上报、中央批转的"处理大专院校应届毕业生中反动学生的决定"。"决定"中指出社会上阶级斗争十分激烈尖锐,这在大学生中也有反映。其标准就是攻击"三面红旗",反对"反修斗争",同情"右派分子""右倾分子"等等。书记讲了话,宣布"清理思想"运动已经结束,现在进入了对敌斗争的新阶段。于是,我被当做唯一的反动学生公之于众。后来听说中文系四个班,划了九个反动学生,八个是内定的,不公开,一个班俩,再加上公之于众的我,共九个。这大约也是按比例来的吧!因为它符合"四清"中规定的打击面只占百分之一、二、三的规定。

反动学生之缘起

"反动学生"这个词不仅现在的人们感到陌生,就是在正式文件与有关中国当代史的书籍中也很少提及。当我向一位老干部谈到此事时,他还不相信,以为是文化大革命中群众组织为了打击对立派擅自制定的"帽子"。并问我如果有这个"帽子",那么有没有"反动工人"、"反动农民"的"帽子"呢?甚至1979年春天我到高教部申诉此事时,连其人事司的干部也表示不知道。因此,在这里就不能不费些笔墨对这个似乎影响不大的以大专学生为整肃对象的运动做些说明。

清理和处理大专院校的反动学生是从1963年开始的。这个事情的发生纯属偶然。1963年中国共产党与苏联共产党的分歧与冲突已经十分尖锐,到了摊牌的边缘。这年6月邓小平率领中共代表团到莫斯科与苏共谈判,做最后一次说服对方的努力,并同时发表了《关于国际共产主义运动总路线的建议》共25条,当时也简称"25条"。此文在中央人民广播电台广播以后,地质学院有位应届毕业生马上给电台写了一封信,表达了不同的意见(也有人说,他的信中对"25条"逐条地进行了"驳斥")。于是，此事惊动了中央。那时每届大专毕业生在毕业前夕都要由中央首长接见一次，1963年7月周总理在人大会堂接见本届毕业生时就提到这个问题，并说：有的大学生反对我们党的"反修"政策，你有什么道理可以站起来讲吗？这个鲁莽的山东学生突然就要从座位上站起来"辩论"，旁边早有四个彪形大汉站了起来把他摁了下去。这件事影响很大，高教部和北京市委联合上报中央，毛主席对这个文件做了批示。因为这个事件正与他在1962年底提出的"千万不要忘记阶级与阶级斗争"相符合，他认为这类学生是大学生中的极右分子，是阶级斗争在学生中的表现，而且"所在多有"，应该清理。

如果把处理反动学生问题摆在当时一系列重大事件中，便可以看到它的出现不是孤立的。1962年9月北戴河会议提出"千万不要忘记阶级和阶级斗争"；1963年3月毛主席等党的领导人为雷锋题词；1964年在城乡开展"四清"；1963年12月与1964年6月毛主席《关于文学艺术的两个批示》开展思想领域的阶级斗争，并在报刊上连篇累牍发表批判封、资、修和贯彻"两个批示"的文章；自1963年下半年开始发表的"两报一刊"批判苏联与国际修正主义一至九评。这些都在预示着政治思想领域急风暴雨式的阶级斗争将不可避免地要波及到一切人群。整反动学生只不过是牛刀小试罢了。当然也有人认为一些地区和大专院校之所以整学生不过是一块挡箭牌而已，用以抵挡毛主席对他们不抓"阶级斗争"的批评。这种说法也非臆测，北京在各省市中揪出的反动学生最多（据高教部在落实政策时所言），也管得最严，直到1969年才让这批学生返校，而北京市委在"文革"中垮台最早。在北京以北大揪出的反动学生最多，而北大的书记兼校长陆平是除了"三家村"外最早在报纸上被公开点名的高级干部。特别可笑的是,就是这样,北京市委也没有得到"革命群众"的谅解。1967年2月昌平"革命群众"批判斗争旧市委领导人时指出:他们的最大罪行是搞"二月兵变",所以才把反动学生安排到南口劳动改造作为策应。这一群学生是最软弱的一块泥巴,可以由人们捏成各种形象,以满足他们政治上或心理上(我想这是变态心理)的需求。

毕业之前中央首长接见应届大学毕业生,也让我参加了,不过有八个"革命同学"围坐在四周。我觉得有点滑稽,因为这次是在工人体育场。我们的座位距主席台有数百米之遥,无论如何也不会威胁到首长的安全。到会的最高首长是副总书记兼北京市委书记彭真。他讲的话我至今尚略记一二,主要是针对全体毕业生的。后是市委大学部副部长宋硕。他的讲话主要是针对反动学生的,对此我反而一点也不记得了。总之,那时讲到对敌斗争都是两条,一是揭深揭透,批倒批臭;二是洗心革面,重新做人,还有前途。可是不到两年,宋硕也落得像我们一样的下场,遭遇比我们还要悲惨。

初到南口农场的印象

1965年1月初我被送到南口农场二分场。这是一个普通的农场,不属于劳改系统,场内有个高校大队,专门安排北京所属高等院校教师劳动。我到农场那天,正刮着大风,天气十分寒冷。吃完饭后,看到63届的反动学生出工。有两个同学给我印象特别深,一个是中国科技大的马家骅;一个是北大的亢铁保。这两位穿的半长的棉短大衣,补了有数十块补丁,还露着棉花。大衣没有扣,用一根麻绳一系,头上戴着八毛钱一顶的花狗皮帽子。这样一身衣服,现在真没有地方找去。他们揣着手,夹着铁锹,锹头朝前,锹把向后,一副倒霉相(后来我们也和他们大体相同,只有少数同学和女同学才略注意一点仪表)。他们排着队出工了,我们留下来学习文件,认罪服罪,在一片尖利的西北风的呼啸中我们的劳动改造生活开始了。

1965年在南口农场二分场劳动的还有银行学校的学生。这个学校相当于现在的职业高中,绝大多数是十六七岁的小姑娘。她们在农场劳动属于劳动锻炼性质,也像我们一样排队出工。小姑娘们一个个穿戴整齐,英姿飒爽,排着队,唱着歌;而与她们只差几岁的反动学生如同一群叫花子,与她们形成鲜明的对比。

我们64届的各校反动学生20人,加上63届20人,总共40人。后来在1965年到1966年中又陆陆续续来了65届到66届的反动学生共13人。因此,在最高峰时是53人。反动学生分四类处理,即劳动考察两年、劳动考察三年、劳动教养两年、劳动教养三年。劳动改造期间不发工资,只发生活费,受考察处分的本科毕业生每月发28元,专科和未毕业者发24.50元;受教养处分的,本科生发23元,专科和未毕业者发18元。我属于考察三年的,每月发28元(农场职工也才有32元工资)。如果没有家庭负担(从农村来的反动学生大多已婚,有的还有两三个孩子),物质生活上还可以,只是在精神上受到的折磨是常人难以忍受的。

这53个学生每人都可以写篇纪实小说,他们各有各的冤屈和独特个性以及由此形成的独特的生活道路。这些人的遭遇往往不是单纯的悲剧,反动学生的故事往往是喜剧与悲剧的交织、是奇异与荒诞的组合。其中有的人是敢于向当时的主流政治挑战,公开投书广播电台，表达自己的观点，不过这是极少数，不过一二人而已；大多数只是因为时逢困难时期（用当时和后来流行的说法是"三年自然灾害时期"）人们缺少安全感与幸福感，二三好友之间难免有些牢骚，于是便被剥夺了安全与幸福；更多的是书呆子，特别是学社会科学、人文科学的，接触了一些马列主义原著，再一认真，则不为时论所容；也有一些是农村来的学生（包括中国第一个土族大学生），经历了"三年自然灾害"，目睹了农村的惨状，于是便对大力宣传的"大好形势"不能适应，如在下面犯点自由主义，就难免背离了主流舆论；还有不少人的"罪行"更是匪夷所思，竟有因为"崇拜关公"，说"马列主义吃窝头，修正主义吃面包"的笑话，甚至因为要请假结婚，与系里行政人员发生矛盾冲突便被划为反动学生的。中央关于清理反动学生的文件是将反动学生定性为"极右分子"的，而许多学校却找了这么多不够尺码的分子以敷衍塞责，这起码是不严肃的。因此，这场悲剧中自然就有了极其荒诞的一面。

北京市高教局为了管理反动学生，从出反动学生较多的学校抽取了三四个下放干部组成管理组。最初，可能是为了照顾反动学生的面子，称之为"工作组"，"四清"后期"文革"前夕改叫"反动学生管理组"。

反动学生以北京大学出的最多，三届之中近十人；其次是中国科技大学有六七人；其他学校则一至四人不等。包括：北京师范大学、北京师范学院、北京师专、北京电影学院、北京地质学院、北京钢铁学院、北京矿业学院、北京林学院、北京邮电学院、北京农业机械化学院、北京航空学院、北京农业大学、北京外贸学院、北京外语学院、北京电力学院、北京铁道学院、北京化工学院、北京建筑材料学院、中国人民大学、中国财政金融大学、中央戏剧学院、中央工艺美术学院、中央民族学院、河北北京师范学院等等。

在北京著名的大学之中只有清华大学没有反动学生，为什么如此，有两种说法。一说清华大学校长是蒋南翔，他身为高教部长，得风气之先，知道中央要搞反动学生，便极迅速把清理思想搞完，待中央清理反动学生的文件下来，清华已经把学生都分配走了；另一种说法是，清华也有反动学生，只是他们没有把学生送到南口，或其他什么地方，而是在本校自我消化。八十年代初，听胡德平说北京大学也还有一些反动学生没有送到南口，留在校内消化。

劳动与改造

要较为全面地反映南口反动学生长达五年的劳动、改造、生活与心态，那是一本书也写不完的。因为这五年是极不平静的，先是"四清"，后是"文革"。其中有管理组无故整反动学生，也有反动学生之间互相整（这多是管理组提倡的），还有农场职工整反动学生。另外，"文革"当中管理组中个别人如北京矿业学院黄勇志参与南口农场二分场"文革"纷争，弄得职工与管理组之间也有矛盾，甚至也有互相揭发与攻击的时候。总之，各种矛盾斗争搅在一起，在整反动学生时却是非常一致的。因为反动学生是最弱者，整这些人是毫无风险的，而且多少年来，许多人已经从"在指挥刀的保护下，一路骂开去"中，尝到了甜头，既能释放身心所遗留的兽性，又能表现自己"无产阶级"立场的坚定和"革命"的豪情，何乐而不为呢？人家整处于弱势地位的自己，自己再整比自己更弱的别人。正像鲁迅所说"勇者愤怒，抽刃向更强者；怯者愤怒，却抽刃向更弱者""强者反抗，而反在弱者身上发泄"这些就是国人的逻辑。经过数十年的改造，国人很少有鲁迅所说的"强者"。

反动学生已经是处于农场的最下层了，但反动学生认为自己比"四类分子"和"右派分子"还强一些；而且，反动学生之中又分为"积极分子"与"消极分子"，接受改造的与反改造的。把人分成不同的等第便产生了位差，人都要爬到高处以储积能量，从而得到好一点的结果。这就要以能出卖良心，揭发与打击他人（当然，做这些时都要赋予一些美名，如"划清界限"、"大义灭亲"之类），作为升高等级的代价。更有一些人以整不敢反抗的弱者为乐事，表演与发扬着我们几千年来的"光荣传统"。如果说社会上的人们表演这些时，还遵循着"背靠背的揭发，面对面的批判"的操作方式，"反动学生"之间则更残酷一些，都是"面对面的揭发，面对面的批判"，有时还不免要动手。这更是充满着血与泪的，不仅承受者受到了皮肉之苦，那些敢于出手的"积极分子"现在恐怕想到这些问题时，也不免要自责。这些往往不是笔墨能说清楚的。

如果说"文革"前一两年的改造生活虽然也是丧失尊严和令人屈辱的，但是还没有公开侮辱"反动学生"人格和殴打武斗"反动学生"的现象。1979年初，当我为平反"反动学生"案奔走时，找到当时北京市体委主任魏明先生（1960年代，当我们划反动学生时，他是北京市高教局长，曾给我们训过话）。魏先生曾对我说："那时把你们定为'反动学生'是不对的，但是我们高教局对你们的改造还是执行政策的。"虽然高教局也参与市委大学部对毕业生的思想清理，他们主持"反动学生"的管理工作和在整"反动学生"时也没有手软，然而他们整人尚有章法（也就所谓"执行政策"），不像文化大革命中乱整一气"文革"前高教局整人也以整人的思想为主，生活上的限制虽然有，然而不算太多，不搞武斗，给"反动学生"还多少留点面子。因此，魏先生说的基本上符合事实。

可是到了1966年5月以后情况大变，北京市高教局自顾不暇，管理组怕自乱阵脚，便不断地向"反动学生"宣布新的管理措施，例如不许回家、外出请假不许单独活动等。6月之后更是全面紧张了，连每个星期仅有的一天休息也取消了。到了"红八月"，简直是风声鹤唳，草木皆兵了。每天都传来哪个分场有谁被打死的消息，特别是二分场（就是我们劳改的农场）"坏分子"周福立被打死的消息给我们震动最大。周是1965年底搞"四清"时划的"坏分子"（其主要罪状就是解放前曾经当过"伪军"），"红八月"批斗"五类分子"，重点"批斗"了他。先是用棍棒做"触及灵魂"的批判；半死以后，把他扔到一个土坑里。革命职工（多是初、高中毕业生）又捉了数百个"杨剌子"（学名为"毒剌蛾"）撒到坑中，连伤带蜇，当天晚上就死了（人变成了野兽）。8月中旬，在"反动学生管理组"的陪同下，二分场革命职工的代表带着为"反动学生"制作的牌子到学生宿舍，勒令每个"反动学生"都要戴表示自己身份的牌子。于是，"反动学生"上工、吃饭全都离不开这块牌子了。每块牌子的底色是白色的，上用墨笔书写"反动学生某某某"，有六个学生还加上"反改造"三字，以示政策差别。这件事给"反动学生"很大刺激，由于高教局和管理组常挂在口头的，说不把"反动学生"看做"敌人"，对这些人是"推一推""拉一拉"的问题。挂了牌子后大家绝望了。"反动学生"中有个印尼归国华侨，叫谢炳强，是林学院的1964届毕业生。有一次我们俩人一起干活，他悄悄地很严肃地对我说："要留好这块牌子，要留给后人看。我要带出国去给我的家人看。"（后来他在六盘水，任当地侨联主席，现在已退休。去年反动学生在北京聚会，他还来了）这个牌子只戴了一个月，9月24日摘的，让每个人都挂在自己床头，以示不忘。听说老谢把它收到自己箱子里了。

实际上给"反动学生"刺激最大的是8月26日全场革命职工对"反动学生"的批斗。这天下午收工后不让吃饭，把学生集中到院子里，先是念了一篇大批判的文章，这篇文章的核心就是毛泽东所说的："凡是反动的东西，你不打它就不倒；就好像灰尘，扫帚不到，灰尘不会自己跑掉。"既然反动的东西都要"打"，那么打"反动学生"自然在情理之中。此时管理组也没忘了乘此机会教育这些"反动学生"们说：这是二分场的革命造反派和广大革命职工"造"你们的"反"，对你们进行教育（当时我就很奇怪，现在也没弄清楚，"反动学生"已经在社会最底层了，任何人都可以训斥他们，哪怕这个人是弱智或精神病患者。对"反动学生"只要"打""压"就可以了，何以用"反"呢？似乎对在上位者才需要"反"，如果对"造反"分类的话，这也许是最安全的"造反"）。于是，我们开始被"造反"和接受"教育"：全体"反动学生"游场和接受斗争。在两边围观的职工一人拿着一根棍子乱打从中经过的"反动学生"，当时站的是三行，我在中间只是脊背上挨了一棒子，没有受伤，头脑还很清醒，只听得零乱而急促的脚步声，声嘶力竭的革命口号声，棍棒敲击声交织成为一片，还听到断断续续的极细微的呻吟声和液体滴到地上的"滴答"声（后来知道这是一些人的血流到了地上）……批斗完之后，回到屋里我才发现有一些同学被打得鲜血横流，他们多是头和脸被打破了。余绍怀（中国科技大学的）、尚育森（北京地质学院的）、路广义（北京化工学院的）和羿蜀华（北京大学的）被打得最重。前三人是"反改造反动学生"，比普通"反动学生"又低一等，羿是女学生，革命职工可能认为殴打女学生更有趣一些（这是否可用弗洛伊德的学说解释呢）。尚育森后来在谈起此事时说：当时我真想和他们拼了，反正也是一死。值得庆幸的是，幸亏他没有以死相拼。我听一个职工说，当时分场民兵已经做好了准备，准备借此消灭"反动学生"。他们隐藏在一个屋子里。只要我们一有反抗动作，他们便会跳出来把"反动学生"全部杀光。这是他们早与管理组商量好的，其罪名是"反动学生"要暴动。当时条件下"格杀勿论"是革命小将常常挂在口头的豪言壮语，这绝不是一句空话，北京城郊地区在"红八月"里就演出了许多令人目瞪口呆的惨剧（如"大辛庄事件"）。就是不被杀、被职工绑送公安局，也会作为"阶级报复"罪，受到严厉处理。

晚上，管理组给大家开了一个会，要"反动学生"从这次批斗中认识文化大革命，认识自己，并且触及灵魂，改造自己。还让每个人写一篇思想汇报，要大家从内心承认这场批斗的正确。

劳动，而且极其繁重的劳动是"反动学生"面对的另外一个难题。"反动学生"除了个别人外大多是二十三四岁刚毕业的没有任何社会阅历和劳动经验的青年，可是在被划为"反动学生"后，不仅被视做老奸巨猾的反动分子，而且被当做战天斗地的主要劳动力。南口本来是卵石遍地的荒滩，很少有"土"。没有"土"如何务农呢？1958年大跃进时下放干部和劳改的"右派分子"冒着酷暑严寒在这里的卵石地挖坑，把石头筛出来，把其他地方的土填进去，然后种上树，开发为果园，可见开创者的艰难。到1965年才有部分果园挂果，我们到这里的主要劳动是将1958年、1959年种下果树的石坑再扩大，当地称之为"扩坑换土"。

有时看《北京人在纽约》一类写海外留学生"苦斗"作品时，往往令我们这些有过劳动改造经验的人们不禁哑然失笑。刷刷盘子、擦擦地板也叫"苦"吗？这些与南口农场的劳动强度和艰苦是无法同日而语的。南口是北京的风口，又是河滩鹅卵石地，冬天祁寒，夏天极热。我们所在的二分场的职工绝大部分是61届至64届北京初、高中毕业生。他们娇小力弱，于是农场中苦活累活大多由"四类"分子和反动学生来干。"四类"又太老，另外，他们改造多年，有一本"改造经"，懂得怎么"悠着干"。而这些大学生虽蒙冠以"极右"，实际上是十分天真幼稚的（当时，我只有二十二岁，算比较小的，但最小还有十八岁的），不知深浅，又要争取好的结果，在干活时能够使出百分之一百二十分的气力。我们干得较多的是筛石子，这个活的定量是两立方石子、一个立方的豆石、米粒石。这三方石子料就有一万多斤，要筛出这些石子至少要筛15立方的砂石，合五六万斤。这些定量的活由两个人干，我们要把这五六万斤砂石从筛砂坑中抬到地面约百米以外的地方，来回200米。如果按300斤一筐算，6万斤200筐，要走4万米，合80里地。这样的劳动强度绝大多数人都是竭尽全力去干，超额完成定额的。夏天，白花花的太阳晒着，地面温度在摄氏40度以上。冬天西北风怒吼，穿着单裤还要汗流浃背，可是手都被冻皴裂。最初挖沙子只是几个强壮的男同学在这里干，夏天每人只穿三角裤衩，后来有个女同学也来筛石子，弄得我们很狼狈。又如秋天的割草，定额是300多斤（随着季节略有差别），但是年轻人具有争强好胜的本性，何况，每天都在小组内公布每个人的成绩呢。于是,个个争先,每天都是天不亮就出工了,太阳下山才回来。有人创造了一千斤的成绩,这就是邮电学院的向如玉(从这位老兄的名字,读者想象他一定很纤秀,那您就错了。他是位强壮如牛、粗如邮筒一样的宜兴汉子),管理组鼓励大家向他学。有一次我割了800多斤,当我把最后一捆草从果树行间扛出来以后,真是精疲力尽了。天已经黑了,我想在草上歇一下再装车,没有想到往草捆上一坐便什么都不知道了,当我一睁眼睛时,天已经大亮了,阳光刺花了眼。其他如扛200斤的麻包上囤,搭五六百斤的石头作地基,为果树扩坑换土,三伏天搒玉米,同这些相比,又闷又热、又刺又咬(这时玉米叶子极锋利,地里蚊子极多)、又苦又累就都算不了什么了。

最苦最累的是夏秋之交,因为许多活都要抢季节,如果实的采摘、庄稼的收获、储备青贮饲料、割草等等都是累活。此时白天干了一天活,已经精疲力尽,可是睡觉时,蚊子又极活跃。"反动学生"中有蚊帐的同学不多(当时买蚊帐要布票)。许多人采取的办法是睡觉前到抽水的电井池子里坐上十分钟,刚刚从一二百米的地下抽出的水只有十多度,浇在身上透心凉,等凉透了回到屋里蒙上被单倒头大睡,待睡熟了,即使有蚊子也咬不醒了。这种做法使一些人得了风湿症。

最令人难以忍受的是不许读书。不用说业务书不许读,就是马列主义著作也不让读。当时有个谬论,说"反动学生"用马列著作反对毛泽东思想。"反动学生"中学哲学、政治经济学、文学、电影、戏剧的都有,有人带了马列的书都让收了起来。令人匪夷所思的是后来连《毛泽东选集》都不许读。此事缘起于北大的曹天予

（此人现在是英国剑桥大学中"三一学院"的院士，他是中国人第一个获得此学位的），他由第一卷读《毛泽东选集》，常常躺着看。有的同学看他别扭，反映到管理组。管理组人员问他为什么这样学《毛泽东选集》（当时举国受到林彪的影响，强调"带着问题学，带着活思想学"，而且要"活学活用"）。曹说："这样读毛著可以受到主席潜移默化的影响，培养对毛著的感情。"这段话激怒了管理组，招来了多次批判。他们认为你们这帮反动学生，带着问题学尚不能改造反动思想，还说什么潜移默化！于是，在多次批判以后，管理组的主持者说：你们的问题不在于"学"，而在于"用"。你们用不着读《毛泽东选集》，只要有《毛主席语录》就够了。后来又说学好"老三篇"就足够了，再后来又强调学好"老三段"（指《毛主席语录》中的三段语录）[1]。不过还好最终没有简化为"老三字"（这与佛教中国化的发展轨迹是相同的。它也是由复杂逐渐简单化，最后简化到禅宗的"不立文字"，"当头棒喝"），但"当头棒喝"许许多多中国人是都体验到了。

  偶尔哪个同学得到一本书，在偷偷阅读时，如被发现也会招来无穷烦恼。如樊渝杰（八十年代初体院毕业的硕士生）看一本商务印书馆出版的《知识丛书》中的穆欣写的《韬奋》，被发现了，于是在小组内开他的批判会，管理组参加会的是老鲍。老鲍可以说是管理组内水平最低的一位。他是部队转业干部，大约只有小学文化

---

[1] 指"领导我们事业的核心力量是中国共产党，指导我们思想的理论基础是马克思列宁主义。我们应当相信群众，我们应当相信党。这是两条根本的原理，如何怀疑这两条原理，那就什么事情也做不成了。政策和策略是党的生命，各级领导同志务必充分注意，万万不可粗心大意"。

水平，分到中国科技大学总务处膳食科管理伙食，后被派到南口管理"反动学生"。刚到南口时（1965年底），他还很谦虚，表示自己文化不高要向大家学习文化。后来管理组的其他人向他指出反动学生是专政对象，不能对他们那么客气。从此，他见到反动学生就先皱起眉来以表示自己立场的坚定。樊渝杰在他眼中就是个不积极改造的，这次自然要从严批判（那时一点点小事就开批判会，目的是占住时间，不让我们想别的）。会开了一个小时，我们轮流发言，批判樊渝杰不专心改造，平时吊儿郎当，常常复习外语（他是"北京外国语学院"德语系1964年毕业生，学外语是当时最大的罪状）。最后老鲍要讲点什么。他背着手在屋里走来走去，仿佛是个大人物似的。突然用极严厉极严肃的语调（直到如今，这个语调还响在我的耳边）一句一顿地说："韬奋，韬奋，掏大粪！散会！"谁也没有想到他会说这些，我们费了很大的力气才忍住笑。这还是当时不太荒诞的批判。当然在这种人的指导和管理下谈什么改造呢？只能是以愚昧取代知识，以野蛮代替文化。

不过，这位文化低的管理人员也有好对付的一面，因为，他管反动学生没有太多的花样。如果你给他两种方法处理反动学生之间的事情，他准选最坏的一种。只要你把那最坏的一种定得好一些就是了。例如，周末晚上，大家都想到礼堂看看电视（场内职工也在那里看）。如果你向他"请示"，晚上是学习，还是看电视，他准会说："学习！"可是出身农民的文艺干事郭春棠（中央戏剧学院学生，河南人）自有其农民的狡狯，他会向老鲍这样"请示"："鲍老师，晚上看电视是带高凳，还是带矮凳？""带矮凳，不要挡着职工。"于是，我们便可以轻松一晚上去看电视。真是有一弊便有一利。

改造生活中的世相

经历了"文革"和以后的种种磨难，我总觉得我们这一代人都有活得很不光彩的一面，包括我们这些从未整过别人而只是被人家整的人。因为我们面对着邪恶和冤屈，面对着真理被践踏而无动于衷。钱锺书先生在杨绛先生《干校六记》序中说：《六记》中记这记那，而最应该记的是"运动记愧"。可是什么人才觉得有愧呢？整人的英雄豪杰们，自然为自己的伟业得意洋洋，为现在不能一展其长才而恨恨不已呢！被整的人们不少已经成为疲软分子，甚至像钱先生这样直白地提出"惭愧"的都不多。他一针见血地说："惭愧常使人健忘，亏心和丢脸的事总是不愿记起的事，因此也很容易在记忆的筛眼里走漏得一干二净。"

"反动学生"之间的斗争也是极残酷的。有个"给出路"的幌子在鼻子尖前摇晃，就像处于磨道上的驴子头前吊着玉米，看得见，吃不着。许多人为了争夺那一点虚无缥缈的利益便无情地打击他人，这样不仅摧残了他人，首先是出卖了自尊，摧毁了自己。"反动学生"中的内斗有一些是针对"反动学生"中的最弱者女"反动学生"的。我们中间有两位女同学，一是北京大学生物系生化专业的羿蜀华，另一个是中央工艺美术学院的刘尧阶。不知读者是否有这样的感觉：在中国，同样的灾难，如果放在女人身上往往要她们承受更大的痛苦。

羿蜀华要比刘早到半年多。当她初到农场的第一天，高教局领导正在给反动学生开会。突然她出现了，穿着一件小碎花开领短袖衫，梳着两个小短辫，中上等身材，挎着个烧饼大的小皮包，使我感到意外与滑稽。她不声不响地坐在杨成林（电力学院学高压电的，但为人极马虎）旁边，杨是个很古板的人（起码在南口是如此），马上向相反方向挪了挪。我想这便是对她的第一个打击。因为女生只有她一个人，只能与女职工住在一起，就这一点，她就要比男同学多吃许多苦。男同学住在一起，和尚配秃子，大家彼此彼此，谁也别说谁。另外住集体宿舍，如打水、清扫房间、倒垃圾，在男同学那里都是大家轮流值日。而在羿蜀华那里，只有她代替职工做，职工绝不会代她做。而且，那些只有初中文化程度的女职工，在"四清"和"文革"中激发的"革命情怀"正好有了一个发泄对象。她们要表现自己阶级立场的坚定时，也正需要有一个参照物。最为痛苦的是她的苦恼没有倾诉之处，环境再恶劣，男同学之间毕竟还有二三知己，彼此可以说一说，而她的苦恼呢（俄国作家契诃夫小说《苦恼》中，车夫姚纳就是没有人听他倾诉苦恼，最终只得向他驾车的马去诉说）？羿蜀华毕竟是坚强的，我很少见她哭过。

最可怕的还是同学间的流言。反动学生都是二三十岁的青年，而且绝大部分没有结婚，农场中女职工虽多，然而在那个年代，谁肯找在脑门儿上印着"反"字的人作终身伴侣呢（不过，几年当中还是发生了几件学生与职工或明或暗的恋爱事件，但都以悲剧告终）？于是，许多学生对羿蜀华的态度是复杂的。有人追求她，有人明里骂她，暗地里追她，有人吃不着葡萄说葡萄是酸的，有人向她身上泼了许多污水，这也包括管理组的人。我不愿意在这里污秽自己的笔墨，我想经过了苦难的洗礼，大家都成熟了，也许会对自己的以往有点悔恨了吧。如果说同学只是制造一些流言的话，而管理组就有权力批判斗争她。有一次批她拉拢腐蚀管理组干部。这件事的真相我不太清楚，但我知道鲁迅先生曾以讽刺的口吻说过："中国的男人，本来大半都可以做圣贤，可惜全被女人毁掉了。"（《阿Q正传》）在男女问题上，道貌岸然大骂女人的往往是内心最阴暗的。全体反动学生在管理组的带领下用各种各样的污秽语言去骂一个不敢反抗的弱女子，许多"反动学生"的脸上还表现出真实或装出的"义愤"，时时呼喊些不伦不类的口号，把她围在中间，她低着头，脖子挂了一块小黑板，豆大汗珠掉到地上。这就是被管理组描绘成的尖锐复杂的"阶级斗争"。"反动学生"中有个老光棍，先是右派，1963年没有摘掉帽子，便又当做"反动学生"送到南口。他在会上揭发说："羿蜀华，你听着。那天，我在屋门口站着，你从我面前过，跟我眉来眼去的干什么？你要老实交代。"我们听了几乎要笑了出来。这种心态大约只有弗洛伊德学说才能解释清楚。羿蜀华是我所见到的女人中最有才华的一个。她是学生化的，当时这在中国是一门新兴的科学，她能进入这个专业是不容易的。在南口的"反动学生"分属二三十个专业，她和谁都能搭上话，并且用不了半个小时就能进入对方的专业领域，可以想见她的博学。后来她分配到江苏兴化轴瓦厂，1979年春天羿蜀华到北京平反时我见她的工作证，她已经是机械工程师了。如果没有南口的五年，她的前途如何，是我们可以想象的。

南口反动学生的事是鲜为人知的。而且，不止北京有，1979年我到高教部为此事找其负责人时，蒋南翔的一位老秘书张先生接待我时说，"反动学生"全国都有，外地处理有的比北京还重。安徽有个归国女华侨被划为"反动学生"，不幸死于劳改之中。我在古典文学界认识的四川师院万光治教授、广西教育学院的刘振娅教授也都在1964年被划为"反动学生"。全国波及到此事件中的大约在1000人以上。当时的血与泪，现在人们大约都已忘却了吧。

附录三 1963年—1966年的大陆高校清理"反动学生"事件

建国以来，改革开放以前"反动学生"这个词虽也常见于教育系统的内部通报，但真正作为政治帽子、作为正式处分大学生一个案由，只实行于1963年到1966年清理反动学生运动中。到了1966年有些特殊，如果是年初划的、并送劳改了，也就是"反动学生"了；如果拖到"文革"起来了，到了7月，毛主席下令不许"整学生"，说"凡是镇压学生运动的人都没有好下场"，并指出北洋军阀镇压、蒋介石镇压学生运动都没有好下场。于是这批"反动学生"也就一风吹了，而此前的"反动学生"依然在劳改场劳动改造，直至1969年1月24日起，被各校陆续派员召回为止，嗣后，有的随1966年—1968年三届毕业学生分配；有的延宕至1970年随1969届学生一起分配工作或劳动；有的不幸，再次戴上帽子驱逐回原籍农村监督劳动（如人民大学的"反动学生"）。

一 ｜ 缘起

1957年反右之后，为了证明这次"反击资产阶级右派分子猖狂进攻"的政治决策的正确伟大，必然要掀起一个社会主义的建设高潮，形象些说就是"三面红旗"上马。建设的目的意在推动经济增长,提升国力,"超英赶美",然而推动经济建设的手段仍是像战争时期"群众运动"和"阶级斗争"并用。群众运动中不积极者或有怨气者(过大的劳动强度[1]和无报酬的强迫劳动)就被视为阶级敌人的破坏行为。轻者要被群众"辩论"(批斗的另一种表达),重者也有被戴上政治帽子或法办的。通过三年"大干快上"随之而来的是"三年困难时期",全国普遍没饭吃了。饥饿是最教育人的,"假大空"、官话、套话是解决不了肚子问题的。

本来宣称要实现人类最美好的"共产主义天堂",反而滑向了死亡和饥饿的地狱。反差极大,震撼极深。此时本应出现"其咎在谁"的历史追问,古今中外,没有例外。然而在中国出现了例外,由于信息封闭和舆论控制,这种追问并未形成。困居城市的人们,因为情况稍好,不知农村实际情况;困居农村者,缺少表达能力,许多也是"死者长已矣"。但封闭不可能是铁板一块,城乡沟通渠道,没有因为城乡二元的户口制度而彻底隔绝,例如,从农村进城学习的学生、城乡之间有亲戚关系往来者都会把真实消息传入城市,给人们以震撼。其中受冲击最大的当属没有政治经验、但良知尚未泯灭的学生,最美的理想和最糟糕的现实之间形成巨大的反差,这是为什么?

其次是"反修运动",这要求学生思想来个180度的转弯。自1930年代以来,左派文化界一直宣传苏联是何等的美好,简直就是

---

[1] 当时有个笑话说,某位老农连干了几昼夜的活不能休息,疲惫不堪。他说:人们老说"放卫星""放卫星"(1957年苏联在世界上首放卫星,后遂把一切破纪录的行为都称做"放卫星")的,我不知道是什么意思,现在明白了,就是一连几宿不让睡觉啊!

人间天堂。五六十年代的学生都是在俄苏文化哺育下成长起来的。那时提起"世界"就是苏联,提起奋斗目标就是苏联的今天是我们的明天;提起真善美,就是俄苏文化中的文学艺术……许多中学生都有固定的苏联学生作为笔友。1959年以前,谁要是对俄苏有句负面评论,最轻也要划右派、受批判。怎么能想象突然有一天,苏联变修,成为比帝国主义还要坏的"社会帝国主义",这不是与蒋介石所说"赤色帝国主义对中国威胁更大"出于一辙吗?

这是政治和社会背景对青年学生思想的冲击。另外1960年末至1962年下半年,因为经济困难,政治控制相对缓和,文化上也相对开放,上演了一些"大、洋、古"作品,开放了一些欧美(拉丁美洲)电影,这些作品中的人道主义对青年有所影响,特别是文科学生。

由于吃不饱,高校也不搞运动了,斗争也少了。校方为了安定同学的思想情绪,强调"劳逸结合""保持热量",倡导多睡觉、少读书。这样,自1957年以来那种人人自危氛围淡漠了,出现了后来校方所说的"自由化倾向"(他们不懂得人本来就应该这样生活),有的高校还发生了"选举问题"(同学们不愿意选举由系总支安排的人做班干部)。

1962年下半年,经济好转,北戴河会议上毛泽东强调"千万不要忘记阶级与阶级斗争",后来农村的"四清"城市的"五反"都是贯彻这一方针的表现,于是,也开始关注学生领域的问题。

整"反动学生"始于1963年暑假的北京高校毕业生毕业鉴定时。据1963年河北北京师院数学系毕业生朱志曾先生回忆说,毕业前,学校要求每个人都写自我鉴定(政治性的),然后集体讨论通过才能毕业。在写鉴定之前,校方传达了北京市委大学工作部和北京高教局的文件。文件说在北京高教领域存在着尖锐的阶级斗争,毕业生中就有阶级敌人,并公布了一些案例。有北大的"反动小集团"案,科技大的"叛国投敌"案等,给人印象最深的是北京地质学院尚育森投书中央广播电台"驳斥国际共产主义运动总路线"案。[1] 1963年6月14日,《关于国际共产主义运动总路线的建议》(简称"(25)条")发表,广播电台日夜广播,声势很大,北京地质学院物理勘探专业的尚育森是个山东汉子,对"25条"有异议,马上给中央台写了一封据说有7000字的信,要求在反修防修问题上公开辩论,结果被定为北京的第一个"反动学生"。

此事被北京市委书记彭真报告给了毛泽东,1963年7月下发了《中共中央、国务院关于高等学校应届毕业生中政治上反动的学生处理通知》(见国家教育委员会编:《高等学校学籍管理文件汇编:1950—1987》)。毛泽东的批示,指出这类现象所在多有,这是一批极右分子。文件说"据北京市反映,今年高等学校应届毕业生中,有极少数政治上反动的学生……其对我的猖狂进攻的程度已经相当甚至超过反右斗争中的极右分子","北京市的高等院校有这样的情况,全国高等院校,也必然同样有这种情况。对这一小撮政治反动的学生,必须抓紧时机,通过揭露与批判,对他们进行严肃认真的

---

[1]《关于国际共产主义运动总路线的建议》是中国共产党中央委员会对苏联共产党中央委员会一九六三年三月三十日来信的复信(一九六三年六月十四日)。全面阐述了中共中央对于国际共产主义运动的主张,是反对"现代修正主义"的一个重要的文件,也是邓小平所率领的中共代表团到莫斯科与苏共中央谈判所依据的纲领。发表于1963年6月14日。

处理"。根据这个文件的精神，教育部经国务院文教办批准制定了《关于高等学校应届毕业生中政治上反动的学生在劳动教养或劳动考察期间的试行管理办法》。于是从1963年暑期前起，在全国大专院校中清理"反动学生"。第一批"反动学生"被清理出来了，计有尚育森、朱志曾、李明昌（河北北京师院）以及北大的吴启元、伉铁保、科技大的马家骅等。于1964年送往红星农场劳动改造。

二｜铺开

处理"反动学生"的文件在1963年暑假就已形成，但据我所知，除北京外，其他各个省市没有马上按照这个文件清理和处理"反动学生"。其原因大约是在文件下发后毕业生都已分配完毕，已经离开学校，不好追回来重作一次鉴定。

到了1964年，毕业前阶级斗争已经搞得轰轰烈烈了。从1963年3月5日为标志的"学习雷锋运动"就拉开了在学生中大搞阶级斗争的序幕，先是"学雷锋，做好事"（现在许多人认为"学雷锋"就是"做好事"，其实当时真正的目的在于抓阶级斗争），跟着就是照着《雷锋日记》中的精神搞"青年学生的思想阵地，无产阶级不去占领，资产阶级就去占领"、"忆苦思甜"等一系列的阶级与阶级斗争的教育。并要求同学们联系自己的思想实际，大搞人人过关。"三年困难时期"校方允许甚至倡导的东西（如保持热量，劳逸结合，展开文娱活动如跳舞等）都是资产阶级思想的回潮与泛滥，动员学生自我检查提高。北京师院化学系还揪出学生于某作为"反动学生"的样板，并将其送至劳改局农场劳动改造（1999年该同学请我小聚，我才得知他劳动教养后又在劳改农场就业了十多年)。1964届学生毕业之前，学校的气氛已经非常紧张了，"山雨欲来风满楼"，这是政治运动之前必然要酝酿的一种氛围。

1964年清理"反动学生"是全国性的（包括上海、广东、广西、四川、河南、河北、安徽等省市）。我亲身经历过北京清理"反动学生"的运动，仅就北京各高校的清理"反动学生"的运动的过程做些说明。

我所在的北京师范学院（现名首都师范大学）中文系自1964年的新学期伊始就提出1962年下半年班级"选举问题"，认为那就是阶级斗争。于是，在学生中秘密搞"左中右"分类排队，内定打击对象，利用毕业前学生对日后命运的关注，制造人人自危的氛围，有目的地找一些学生回忆既往、制作有关同学的言论材料，确定出打击重点。其中断章取义、移花接木成为普遍现象。这立即引起骚动，被列入黑名单者立即陷入孤立无援、无人搭理和暗中有人监视的窘态。

7月中旬鉴定开始，斗争的势态已经造得很足。几乎每个同学的检查都从阶级斗争的高度来分析认识，包括回国不久的华侨（1950年代末印尼排华，许多华侨回国读书，我所在班有二三十名华侨）。如喜欢唱《外国名歌200首》、穿花衣服等都被视为资产阶级思想的表现。检查先要在小组里通过，最后由"系总支"拍板。其次序是先易后难，"思想进步"的同学（依靠对象）放在前面，很快通过，轻装上阵；问题多的放在后面，要反复地揭发批判，弄清每一个学生的思想面貌。其关键是对"三面红旗"和"反修斗争"态度。

北京市委是这场运动的领导。当时大学工作部的吴子牧在1964

年7月18日对各高校党委等讲如何做"毕业鉴定"时,特别强调要关注学生的"政治立场"。他的讲话里透露出当时搜集了不少学生"反动思想内部掌握的材料"。这些材料有的是"采用保卫手段获得的,这种他不谈,我们也不动他。把内部得到的材料暗挂,作为认识材料转过去";另外还有一种是"有关人检举,这要拿出来,他将来要对证也不害怕。这暗挂就不对了"(见北京档案局开放的1950年代至1960年代北京市委大学工作部工作档案)。这份档案还附了一份"检举材料"(按照吴子牧的"人事保卫工作"的术语就是"暗挂",即悄悄地放在人事档案里),即北大数学系1964届某毕业生给东北工学院同学的一封信。东北同学的母亲在沈阳军区某少校军官家做保姆,东北同学到少校家去玩,不慎把这封信遗落在少校家。被少校的妻子看到了"认为其中有些话与我们时代不相称,带有反动性"。少校看了也认为"作为党培养了十几年的大学毕业生,青年一代,还有这样严重的个人主义打算(如信中提到要报考研究生)"。于是他写了"检举信"和这位毕业生的信一块儿寄到北京市委。其实那封信只提到如果分配的工作不适合的话,可以工作两年后考研究生。考前要"千方百计做好准备,这次要来个稳当的考取"。这就是被视为有"反动性的话",由此可见当时社会风气。

　　7月底,每个同学都轮流检查了一遍,大多通过,每组都有一两个通过特别困难的,这就要经过反复揭发批判,反复地认罪检查,痛哭流涕,勉强通过。我也检查了两三个小时,最后是小组不予置评,不说不通过,也不说通过,令我十分惊异。考虑自己的状况,自觉不会顺利通过,我做了遇到麻烦的准备,没有想到"麻烦"没来,这就像笑话中说的那只应该落下来的靴子没有落下来一样,令人惴惴不安。更令我没想到的是两天之后，在礼堂开会，总支书记宣布，毕业鉴定胜利结束，从现在开始转入对敌斗争阶段，也就是清理"反动学生"阶段。接着宣读上面说过的"清理反动学生"的文件。还宣布了划"反动学生"的"标准"，主要是对"党的领导、党的政策和社会主义有攻击性的言论"，对"三面红旗"和"反修斗争"有不满。

这样没通过的同学自然被视为"反动学生"的候选者。中文系有十来人，其中我属于最严重的，因为我的鉴定还没有进入讨论阶段。果不其然，大会后，就勒令我单独交代，派同学监视行动，不得擅自出入校门。经过一切政治运动都必须有的程序：自己交代，群众揭发，写认罪书，自我批判，最后宣布为"反动学生"，给予劳动考察三年的处分。全系、全院公开划为反动学生的只有我一个。程序少了一项，就是没有让我看"定案材料"，更没有签字。这个案件始终是一笔糊涂账。中文系四个班，每个班还各有两个内定"反动学生"，这些人虽然都分配了工作，但"问题"写在档案里，"文革"中受到了更大的冲击。有的比我吃的苦头还多。

定"反动学生"后，属于政治上不合格，不能毕业，因此不发工资，只给生活费（每月28元），先是在北京师院里参加一些劳动，于1965年1月4日被发往北京南口农场二分场劳动改造。

此后三年，北京高校共清理三次反动学生，来南口61人，分属27个院校，年龄均在二十二岁至二十八岁之间，只有3人三十出头。1966年，各院校在"文革"初期揪出的"反动学生"被毛泽东一风吹了，高等院校党委以及后来派去的工作组都被打倒，这一清理运动才告终止。

1963年至1965年北京市清理出"反动学生"的大专院校有：北京大学、中国科技大学、中央戏剧学院、中央财政金融学院、中央工艺美术学院、中国人民大学、北京航空学院、北京钢铁学院、北京外国语学院、北京邮电学院、北京铁道学院、北京农业机械化学院、北京农业大学、北京矿业学院、北京铁道学院、北京地质学院、北京化工学院、北京林业学院、北京外贸学院、中央民族学院、北京建筑工业学院、北京电力学院、北京电影学院、北京师范大学、北京师范学院、河北北京师范学院、北京师范专科学校。北京石油学院清理出的"反动学生"，遣送的车辆到达后，才知道已改送大庆油田"劳动考察"，当时大庆油田开发急缺技术人才，没有送到南口来。

这几乎囊括了当时北京所有的有影响的高等院校，最奇怪和突出的是没有清华大学的学生。传说是兼任该校校长的高教部长蒋南翔，事先知道了要（并不赞成在高校中搞）清理"反动学生"，在中央文件下达前把学生放走分配了；另一种说法是他搞过学生运动，对异类学生有一种本能的同情，所以放学生一马。不管原因如何，文化大革命中这又成为了他的一条罪状——包庇"反动学生"。

三 ｜"罪行"

清理"反动学生"的文件说这些学生"其对我的猖狂进攻的程度已经相当甚至超过反右斗争中的极右分子"是不公正的。除了个别公开上书的以外，绝大多数都是二三知己平常闲聊中揭发出来的，所谓"拣鸡毛凑掸子"。或在清理思想时，诱导学生自己主动谈出来或是在政工人员反复做工作情况下互相揭发出来的，有的甚至是根据本人日记（正常的社会里这种做法本身就是犯罪）或亲朋好友的写信请求学校对该学生帮助时而发掘出来的。这与反右时鸣放会上发言，或贴大字报而被抓住的问题是有差别的。也就是说这些言论不管正确与否都呈现于个人私生活中，这与在公共空间的表达有根本的区别。大多数只是与当局想法不同，这是因思想获罪的典型。

这些"反动学生"究竟如何"反动"，究竟犯了什么法，被认定的是什么罪行呢？大概分以下几个方面：

1 关于反修防修

1961年10月苏共召开二十二大、中苏分歧公开化，中共方面组织了一系列的反修文章，这些文章均由毛泽东等中央政治局领导亲自修改定稿，然后发表，代表了中共中央的观点，如《陶里亚蒂同志和我们的分歧》等。这样中共在国际上举起了反修的大旗。后来，为了批判苏共中央1963年7月14日《给苏联全体共产党员的公开信》，由《人民日报》《红旗》编写了九篇评论，批判苏共的"修正主义"观点，简称为"九评"。"九评"涉及问题极多，如果国人对于其中任何问题有不同想法，都被视为弥天大罪。其中最为敏感的是"三和两全（和平过渡、和平共处、和平竞赛；全民党、全民国家）"问题，阶级与阶级斗争理论问题、无产阶级专政问题以及知识分子改造问题和防止在青年学生出现"修正主义苗子"问题等等。苏共受到传统俄罗斯文化的影响，俄罗斯传统文化中所强调"人性论""人道主义"等苏共不能完全割舍；中共则认为苏共所以变修正是与这些资产阶级思想没有划清界限，斯大林在1936年过早地宣布苏联消灭阶级和阶级斗争。而当时一些中国学生受到俄罗斯作家普希金、果戈理、屠格涅夫、契诃夫、托尔斯泰、陀思妥耶夫斯基、车尔尼雪夫斯基等影响，感情上易于接受或同情苏共理论。再加上中国经济困难时期，学生回忆起自己所受的关于苏联是"天堂"教育，自然对于反对"苏修"的斗争有所抵触。

2 关于"三面红旗"问题

如果说，在反修问题上，当时学生出的问题是在理论上；而青年在"三面红旗"上出问题，主要反映在实践上。整天老讲"形势大好"，然而它平息不了"饥肠响如鼓"肚子的愤怒。说一千，道一万，人们一看事实，所有教育付诸东流。

总路线。"鼓足干劲，力争上游，多快好省地建设社会主义"。从文字上看好像它没有什么问题，可是一实行起来，其弊不可胜言。因为其核心是"快"、是不讲任何规则的"大跃进"。

大跃进。不顾实际，各种行业都要求大跃进，甚至连搞创作，都限定一年内要出几个李白、杜甫层级的诗人，曹雪芹、鲁迅层级的作家，这不是说梦话吗？大炼钢铁，连宋庆龄女士，也在花园里搭建了一座"小土炉"（土法炼钢炉），并把她土法"炼钢"的照片发表在《人民画报》封面上。农村落实毛泽东提出的"水肥土种，密保管工"农业"八字宪法"，村村搞水利，积肥要拆了农民的房子，挖取墙角的陈土（狗等动物，有墙角撒尿的习性），搞密植，密到学童可以睡在麦秆上，麦秆不倒。《人民日报》（1958年9月18日）竟登载广西环江县红旗公社试验田亩产中稻13万434斤10两3钱。深翻土地竟然要掘地三尺，要亩产小麦120万斤（见1958年9

月1日《人民日报》的特约记者 康濯 报道：《徐水人民真伟大，亩产百万创神话》——节选自《徐水人民公社颂》）。乃至产生了粮食多了怎么办的问题……大家以正常人的心态试想一下，这不是精神病吗？"大跃进"促成大倒退。劳民伤财，破坏资源。这是不需要高深的学问、不需要丰富的实践经验，只要头脑正常，没有患"脑迷症"，谁都能看得出来的问题。不过，在社会上生活的成年人被整怕了，谁看出来了，谁也不说。而青年学生正像那戳穿国王"什么也没穿"的小孩，不慎说了出来，于是就被整成反动学生。

人民公社。生产关系超越了生产力的发展。大刮浮夸风、共产风，一平二调，在农村大办食堂，导致农村饿殍遍野。我在城市中生活，对于周边农村时有饿死人的情况，也有耳闻，这是橱窗式的城市，我们不是也被饿得浮肿吗？农村来的同学对此感受最深。

3 为1957年右派分子鸣冤叫屈

1957年把许多杰出的知识分子划作右派，其中的许多人有著作的，他们文化影响还在，如果对他们的处境表示同情，则被视为反动。

4 同情彭德怀的处境，赞成其观点

彭德怀在庐山的表现及其观点在报章上被公开批判，广为人知。如果没有困难时期、百姓没有饿饭的经历，彭德怀事件也不会在民间引起强烈的关注。他为百姓着想，敢说真话的精神，经历了现实生活的印证，在青年学生中反应更为强烈。

5 反对个人迷信，呼吁民主自由

以上所谓"罪行"大多只有思想和私下言论，以言论和思想定罪，已属违宪，而许多"言论"，其实什么也算不上，如有人被搜罗到讲了"马列主义吃窝头，修正主义吃面包"的俏皮话，就被"上纲"为"恶毒攻击社会主义，吹捧修正主义"。另外还有四名1957年右派学生（北师大萧书长、陈寿康，北京农大张慎行，北大张世林），完全是为了凑数被打成了"反动学生"。

四 | 处理

"反动学生"被定性为敌我矛盾，按人民内部矛盾处理，分别被判劳动考察两年或三年（发生活费28元）、劳动教养两年或三年（发生活费23元），考察与教养除生活费的些许差别外，其他待遇完全相同。

从1965年元月3日起（63级3日，64级4日到），北京各高校的"反动学生"都被送到北京南口农场二分场集中管理。当时北京市委大学部劳动生产处（由高教局参与管理）在二分场有劳动据点，称"高校大队"，这是北京市委为了防修反修需要，率先在高教系统搞的劳改基地（与"文革""五七干校"类似），专门安排市属高校教职工下放劳动，有劳动锻炼的，也包括有各种问题的。"反动学生"在组织上属高校大队，但不归它管理，另设"反动学生"管理组管理。管理组由相关的高校派出的保卫、后勤和政工人员组成，受市委大学部和市高教局共同领导。参与管理组的前后计有北大、

矿业学院、中国科技大学三校，高教局也有临时派员。一般是三人，也有一人的时候。前后共九人。

管理组管理"反动学生"的方法与通行的社会控制是一个路数。首先是认为凡有人群的地方都有"左中右"（所谓"左"就是与当局一致，或假装一致；所谓"右"就是与当局不一致，或不屑于表达"一致"或"不一致"），管理组把这些人分类排队，制造差别，让其内部自我消解反管理的力量。在管理组看来，虽然都是"反动学生"，但为了管理就要把他们分成"积极改造的"、"一般的"和"反改造的"。政治面目分理清了，第二步就是用"阶级斗争"的办法促进改造。其方法是依靠积极的，团结一般，打击反改造的。为了做到这些还要人们互相监督，揭发举报。人性的弱点就是对于既来的打击，谁都想承受最小的，于是都想挤入"积极改造"行列，至少也要列入"一般"，不要陷入"反改造"。所谓"积极"要付出人格的代价，给自己增加许多痛苦，给管理组带来许多方便。

管理组人员都是临时的，有时要换，于是对谁是"改造好的"就有不同的认识，常常前一拨管理组认为是"积极改造"的，后一拨可能认为是"反改造"的，翻云覆雨，打击面越来越大，人们逐渐觉醒。

"改造"是极残酷的，有的地方比监狱有过之而无不及，特别是"文革"时期。本来"反动学生"是处理过的了，问题清楚，用当时的话说是属于"死老虎"一类，可是南口期间，经常有针对反动学生的批斗会。所谓"批斗"许多是手口并用，打人、打伤人的现象屡屡出现。特别是没问题的同学，问题越轻或被冤枉的人们，在劳改场所中往往是最倒霉的。因为一被处理，管理人员就认为是板上钉钉的,你不承认,就是不认罪,就是搞翻案,就是向党再次进攻。在"坦白从宽,抗拒从严"的原则下,就要受到更严厉的打击。管理组的人员在"文革"中几乎不受任何级组织的领导、不对任何人负责,他们凭个人好恶,想怎么干就怎么干。他们伙同农场职工以莫须有的问题殴打反动学生(几乎打死)的现象也出现了数次。至于批斗会上辱骂、殴打、挂牌子则是经常的,会后不让睡觉,给同学身体和心灵上造成严重的摧残。

最悖论的改造目标的设定。因为政策是"给出路的",所以目标是做"新人"。什么样的新人?监狱对于罪犯的要求是做"自食其力的新人"。在南口时正赶上反修高潮,学习"九评"。这也是我们改造学习的重点。文章中有培养无产阶级革命事业接班人的五条标准,这本来是毛泽东对于未来接掌国家大权"无产阶级政治家"的设想,其中包括"要是真正的马列主义者,要是全心全意为中国人民和世界上绝大多数人民服务的政治家,要能团结大多数人,要能自我批评"等。这与青年学生、普通百姓都没有什么关系,而管理组却让"反动学生"要以这些标准要求自己,当时上下都不觉得荒诞。管理组认为当时没犯错误的革命学生就达到这个标准了,因而"反动学生"也要做到这些才算改造好。

1965年底,北京建筑工程学院的解基伏因为表现好,处分也最轻(考察两年),提前解除处分(后来知道解基伏回到学校之后还没分配工作就搞起了"文革",运动中他遭了更多的罪)。1966年5月份解除了一批两年到期和改造较好(认罪好、服罪好、劳动好)的"反动学生"的处分,计有马家骅、赵冠芳等15人(这些人在"文革"中再次受到冲击和迫害)。

"文革"开始前,又在"反动学生"中揪出曹天予(北大哲学系)和贾玉珊(北京师专物理科)二人,以反改造和叛国罪交由公安部门处理。曹、贾二人原处理方案是劳动教养三年,属于最严重的处分。当时北京市委已经面临垮台,其下面的各级机关争相表现自己的"左",因此"升级"处理曹、贾。其实曹、贾二人,并未增加处分年限,只是由"高教局"转到"公安局"了。曹天予转到公安局后,到期就解除了劳动教养,反而比高教局管"反动学生"走的更早一些。

"文革"中,许多"反动学生"处分已经过期或到期,然而他们不仅没有被解除处分,反而又被剥夺了人身自由,断绝了与外界的一切联系,来往书信要经检查,不得外出,每日强劳最多至十二小时。1966年8月18日,毛泽东在天安门第一次接见百万红卫兵,鼓励"要武嘛"之后,于是8月26日反动学生被剃头、挂牌、游场、殴打,受尽了一切非人的折磨和污辱,以至酿成自杀、他杀的悲剧。

这些无辜的学生直到1969年1月,也就是说在超期一至两年以后,才由北京市革委会下令遣送回各自院校处理。由于无章可循,各院校处理的更是随心所欲,五花八门。部分分配工作,但并未平反,属戴帽监督使用。相当一部分学生继续受到非人的迫害,有的在校作为活靶子继续批斗,有的遣返原籍按四类分子处理,有的重复判刑、拘禁,有的流离失所、下落不明。

五 | 改正

1976年7月26日,我又因为"恶毒攻击无产阶级司令部、诬蔑

改 正 决 定

王学泰同志是我院64届毕业生，在64年清理思想中被定为反动学生。经复查，属于错案，由党总支讨论通过，党委批准，予以改正。

中共北京师范学院委员会
1979.3.10.

1979年3月北京师范学院发的改正通知书

无产阶级文化大革命和批林批孔运动"，被判有期徒刑十三年，1978年10月北京"中法"又认为我的问题是针对"四人帮"的，撤销原判，予以平反。出狱后，我想当初法院重判就与"反动学生"案有关，于是找北京师院，师院很快作出反应，1979年3月予以改正。其改正通知书为：

> 王学泰同志是我院64届毕业生，在64年清理思想运动中被定为反动学生。经复查，属于错案，由党总支讨论通过，党委批准，予以改正。
>
> 中共北京师范学院委员会（印）
> 1979. 3. 10.

当年4月南口同学来找，我们酝酿找高教部，要为全体被冤枉的反动学生平反。7月原北京航空学院平乃彬来京商量此事。8月我们先找了原北京高教局局长魏明（任北京体委主任）。他明确表态四点：1 此事（"反动学生"问题）已应不复存在；2 工龄应该算；3 我们来晚了，应该早来；4 写个材料给他，由他转给蒋南翔。见面时，魏明表示了对尚育森的赞许，说他有先见之明。并且提醒，不要参加北京的上访人员队伍。

1979年9月1日，平乃彬找到魏明，魏明告知：材料已经送给蒋南翔。蒋南翔表态了："应该解决"。当年他（蒋南翔）就不同意，是陆定一提出来的，陆定一现在已经后悔。魏明说："你们可以去见见蒋部长。"午后，平乃彬与我、曹天予等到大木仓教育部。接待我们的蒋南翔的老秘书叫张鸿治。张很热情，说"我也才从干校回来，我们是一条沟壕里的战友"。他承诺：1 由他将材料（我们的反映材料）从蒋部长处要来，由蒋批示后去办；2 由他与学生司联系，要学生司向各学校打招呼，抓紧解决（不要等文件）。1979年9月13日，平乃彬、我、曹天予三人去教育部，到学生司。接待我们的是张均时司长，谈了一回，被介绍到学籍管理处，张德庭处长和任姓工作人员两人接待，张直接经手此事，才从安徽调查回来。他说那里的"反动学生"（上海遣送的）衣衫褴褛，陷入无人管理、流浪街头的境地，要赶快将他们救出来（上海没有落实，因为没有文件）。北京还算是好的，多数已经解决生活问题。他们支持解决，已经将报告送了上去，教育部意见一致。总的思想是先参照中央关于右派改正的文件思路给予解决，可以不必报送书记处，目的是快速救人。要直接否定中宣部和北京市委当年关于清理"反动学生"的文件，教育部就必须报书记处了。（以上过程参平乃彬当日所记的日记。）

从上述可见刚刚粉碎"四人帮"时的社会氛围。这时处在普遍欢乐时期，大家都有一个共同希望彻底否定过去极左的一套，共同建设美好的未来。此时上下不同阶层的人们沟通也比较容易，公务员以干好分内工作和帮助他人摆脱困境为己任。那时我们去北京高教局、体委或高教部都没有遇到过现在的"门难进，脸难看，事难办"的情况。

由于高教部的工作，关于反动学生的改正的文件于1979年秋末就颁发下来，促进了反动学生案件的改正工作的开展。

六 ｜ 重聚

经过四十多年的反思，事实证明，这些学生不但无罪，而且都是当时的热血青年，如今，他们在各个领域为国家、人民作出卓越的贡献。

2007年4月10日，他们在北京重新聚首，可惜只联系上27人，都已是白发苍苍、花甲之年，有的已经故去（那位投书中央人民广播电台的尚育森已去世，这里谨表悼念），有的已病痛致残，一人失踪。这些人依然思想锐利，锋芒不减当年，他们来到劳改过的南口农场，触景生情，或慷慨激昂，或痛哭失声……历史开了一个巨大的残忍的玩笑！

希望后人不要忘记这惨痛的一幕，应该把这一切记录下来，告知后人，曾经有这样一批青年学生，走过这样一段路。

历史不应忘记！应该时刻给人们敲起警钟！

* * * *

为什么半个世纪了重提此事？

一 事情过去这么久了，人们对它一无所知，甚至研究新中国政治运动史的人们都不知道有这次运动。当时划为反动学生的，现在大多已经垂垂老矣，再不形诸文字，将被人们遗忘。写此文，意在保存历史。

二 这是一次专门以青年学生为打击对象的运动，虽然，整胡风、反右都有青年学生被列为打击对象，像林昭那样的"右派学生"甚至被残酷处死，但学生毕竟只属于被打击的一部分，整个运动的目的也不在于打击学生。而"反动学生"一案，目的就是打击学生中的异类，从而恫吓那些思想活跃、有积极追求的广大青年学生。青年学生是国家的未来，这场运动是对于青年的伤害，更是对国家进步的伤害，历史学家会有公允的判断的。

　　三　再不要搞"以言治罪"了，特别是不要对青年和学生搞"以言治罪"了，"以言治罪"实际上是在惩罚思想。一个民族、一个国家是什么在引导它进步，占第一位的就是思想，特别是不同凡俗、各种各样的奇思异想。中国古代文明不就是基源于春秋战国时诸子百家的思想？经历秦始皇的文化专制主义的打压之后，此后再没有产生过如百家争鸣时期那样的原创性思想了，这是中国停滞两千年的根本原因。

案：此文写作咨询了郭宝昌先生（1964年电影学院导演系）、平乃彬先生（1964年北京航空学院发动机系）、朱志曾先生（1963年河北北京师范学院数学系）、马家骅先生（1963年中国科技大学核物理系），郭宝昌先生提出修改意见（本文吸纳了他的许多意见），平乃彬先生对此文做了修订。这里一并致谢。

附录四　野驴顾惟乔

顾惟乔是我从1957年9月到1960年8月在北京六十五中上高中时的同班同学，"野驴"是他的绰号。

一 ｜ 独特的1960届

按照通常的称呼，我们那届叫做1960届高中毕业生，建国六十年，已经有了60届高中毕业生了，然而1960届仍然可以说是很独特的一届，特别是那届北京的高中毕业生。

特殊在哪？

其一，1957年我们初中毕业，那年正逢经济紧缩（"整风反右"就与此有关），高中招生缩水（这正是"汉阳一中事件"的背景），能考上高中的是少数。

其二，在此之前，上学读书是再正常不过的事，可是从我们这届起，政治运动成了学生的主课。三年高中学习生活中，政治运动占去了一大半时间，而且在运动中不断地打压学生读书求知的欲望。1957年秋天，一开学就碰上教师"反右"，眼看着许多老师划为右派，包括延安来的独臂校长和一大批饱学的、教学效果很好的教师，以此告诫学生，单纯追求知识是很危险的。

这三年，学生也没闲着，投入各种名目的运动，细数起来，有十来个。例如"社会主义教育"，"批判个人主义"，"双反，向党交心"，"拔白旗，插红旗"，"红专教育""教育改革"（包括教育为无产阶级政治服务和教育与生产劳动相结合），"四化"（生活集体化、组织军事化、行动战斗化、思想革命化），"大炼钢铁"（把原有钢铁烧成废渣），"搞超声波"（制造"科学"神话），"建设劳动生产基地"（盖了两个小化工厂，后全部报废），"社会主义大辩论"……如果都写出来，今人很难理解，甚至怀疑我们那一代人是不是精神上出了问题。

政治运动的核心除了劳动外，就是学习当时各种文件，联系自己的现实思想（当时上面认为青年学生的思想状况，除了一小部分外，大多是小资产阶级的或资产阶级的），向党交心，在自我批判的基础上互相"帮助"，互相揭发批判。因此学生里的一点小事都可能引发一次班会，甚至校会，对有问题的同学大批判。最可笑的是所谓"大辩论"，辩论的多是空洞的、永远说不清的问题。比如，"共产主义哪天到？谁来宣布？中国还是苏联？""到共产主义是不是要什么有什么？如果大家都想听梅兰芳怎么办？""是坐小汽车对人民贡献大（指官员）？还是开小汽车的对人民贡献大（指工人）？我们应该做'坐小汽车的'？还是应该做'开小汽车的'？"（提这个问题的同学曾被表扬，说问题提得好，但他没考上大学）"我们的人民公社是不是比苏联的集体农庄更先进？""我们一定会先进入共产主义，至少也是与苏联一块进？"而且这些问题一争起来就没完没了，老师也解决不了。

其三，三年高中，不断折腾。那时整个社会好像患了多动症，一时一刻不能停息。学校也是这样，几乎每天都能有点新花样。不仅政治运动纳入了教育课程，超常的体力劳动，也在顶替着正常的教学，学生不能读书，看点课外书就是"白专"。而且体育、跳舞、游行（那时大型的政治游行特别多）都在挤占学生的时间。大跃进时流行的一个词就是"比学赶帮超"，关键点是"超"，什么都"超"。例如体育上要求达到"五红"——通过一级劳卫制（"劳动卫国体育制度"的简称，每级对跑、跳、垫上、鞍马、单双杠都有要求）、二级劳卫制、三级运动员、三级裁判、普通射手等，目的是"超武汉"。

三年中唯一的一次重视学习，也与"超"有关。1959年春末夏初的一天，北京市教育局召开1960届全体同学开誓师大会，要求高考成绩超福建，争第一（1950年代高考状元往往是福建、上海轮流，北京老是位居第三）。为了做到这一点，应届毕业生一律住校。当然住了校，也不能停止政治运动，学习课程依然没保障。只是同学之间，接触多了，班上又有两三位专爱打小报告的，互相扯皮反而增多了。用那时同学的话说给了"无产阶级与资产阶级思想正面交锋的机会"，于是辩论会、帮助会自然也成了家常便饭。学校为了争取好成绩费了很大劲，可是到了高考录取的时候，考分根本不作数了，完全看政审（家庭、"政治表现"）。审卷的只用四个图章：1. 可录取机密专业；2. 可录取一般专业；3. 降格录取；4. 不宜录取。图章一盖，完事大吉。1960年，全国高中毕业生20万人，那年扩招（大跃进中新建了许多大学，多是中专戴帽升级），招23万人，许多没考大学的（如高中留校生），社会青年、初中毕业生以同等学力考的，都有大学上，可是偏偏有许多优秀毕业生却名落孙山。

顾惟乔是我们这届同学中的佼佼者，他以青年人的热情适应着时代的颠簸，仿佛是个时代的弄潮儿，自由而优美地徜徉在波峰波谷之间。

二 ｜ 好强的、积极的顾惟乔

"野驴"的绰号，尚不足以传达顾惟乔的壮实、奔放、狂野，在我的心目中似乎世间没有什么事是他不敢干、不能干的。他是一个漂亮的小伙子，一米八的身材，宽阔的肩膀，发达的三角肌。当时的班主席、现在我的社科院同事闵家胤曾这样描写他"强壮的体格，发达的肌肉，黝黑的皮肤，油亮油亮的小分头，明朗的面孔发着红润，明亮的双目总射出愉快的光芒。是班上'五大激动'的第二名"，"他是一点就着的火炮，是喷气式飞机。这是一个典型的急性子，兼有胆汁质和多血质的特点。这是个坚强的青年。曾从游泳池十米高的跳台上跳下。有一次跳高，他发誓要跳过一点四米"，为此练到掌灯时分，终于一跃而过。

闵家胤写得很真实，但没有解释顾惟乔为什么那么执着跳高。这有性格的原因，更有时代和感情的因素。前面说的"劳卫制"中的项目就有跳高，顾惟乔在班上是积极分子，一切以集体为重（这也是当时学校的口号），什么都要领先，处处严格要求自己。在滑稽的"五红"达标活动中，他不能拖班级的后腿。更重要的是他暗恋着一班的女同学（我们是五班，我们那届四、五、六班是男生班），那位女生跳高是东城区中学生运动会女子跳高第一名，大约这是最强的动力。那时，高中生的早恋是个严重的政治问题，我们班有两三个好学生都因为这个问题落马。要强的顾惟乔有了暗恋这点情愫后，尽管许多同学都看出来了，而且也看出了他对自己感情的压抑。一个急性子人，憋得不得了，便剃光了头（那时爱美的男青年没有留光头的，除非头上有皮肤病）。我们这些旁观者感受到了他内心的悲哀。

他是一个真正的青年：天性热情，有广泛的爱好。做飞机模型、练习游泳、搞盐酸厂、军训、组织大家练射击、学俄文、唱歌、吹口琴、组织接力队、练足球、参加象征性长跑、挖土方……不管干什么，他都是用整个身心去投入。虽然有时他也会忧伤，但是，他总让我们感受到他是这一群欢乐的青年人中最快乐的一个。在那轰轰烈烈、又似乎热气腾腾的时代，他如鱼得水，与时代、与他接触到的一切都处得很好。那时校方已经在学生中搞秘密分类排队，我不知道顾惟乔在校方秘密档案中排在何等的位置上，但从我们的感觉中他是老师、校方倚重的对象。

而我似乎与顾惟乔正好相反。从感情上我就不喜欢那种大轰大嗡的氛围，更耐不住翻来覆去地颠簸，我会呕吐。我不喜欢耗费时间、永无休止运动、开会，厌听"假大空"那一套，我觉得那很像表演，大家说一些谁也不相信的空话。我也不喜欢为了通过"三级运动员"或"三级裁判"去摔几场跤（等级运动员中，最少死标准的是摔跤，只要摔够了若干场就可定三级，田径就有确定的标准）或死背田径裁判规则，我觉得这很可笑。我只爱跑图书馆读书，读几本能够点燃好奇心的书。这种想法是大悖时运的，因此在校方眼中我就是落后分子。我也有自知之明，不混迹于积极分子之中。

三 | 博学的顾惟乔

我与顾惟乔属于两极式的人物，交往不多，甚至连说话都不多，如果现在他仍然在世，是否还能记得我都成问题。然而我很佩服他的博学，五十年前他给我们讲解的知识我至今不忘。1957年10月4日，苏联发射世界上第一颗人造卫星；第二年1月31日美国也发射一颗，晚了四个月。苏联的83公斤，而美国的才8.2公斤，美国显然落后苏联，而且招致一片嘲笑声，它不仅证明着"东风压倒西风"，"帝国主义一天一天烂下去"，也使得"卫星"这个词迅速走红整个中国大地，那时一切真的或假的超常的成绩一概称之以"放卫星"。连到十三陵劳动的大肚汉一口气吃了十二个馒头都称做"放卫星"。

但"放卫星"毕竟是陌生词，大多数不知道这是什么意思。下乡劳动时，有个老乡说"老说'放卫星'，我不懂什么叫'放卫星'，现在知道了，敢情就是连夜干活，不让睡觉'"。老乡是文盲，他这样理解大家只是一笑，我们这些高中生如果这样说肯定是政治问题了，于是班上普及有关卫星和宇宙航行的知识。顾惟乔以他的博学担任主讲。

我还记得五十年前，顾惟乔讲课的样子。他顾自镇定地站在玻璃黑板前，憨厚地笑着，露出缺了一小角的门牙。从太阳系、恒星、行星、卫星讲起，再讲人造卫星和人类在宇宙科学方面的进展。讲人类对日月星辰的认识，讲"盖天说""浑天说"。联系"放卫星"，又讲了第一二三宇宙速度及其功能，讲苏联宇航为什么比美国先进，他说，苏联发射卫星的火箭燃料是易燃金属的合成物，而美国还是用固态氢和固态氧等陈旧的燃料，两者热值不能同日而语（后来我与专门研究火箭的人士谈起，他们说顾惟乔的话不全对），因此苏联火箭的推进力量要比美国强大多了。他畅想着二十一世纪的后宇宙航行，那时一定登上月球，飞出太阳系，找到适合人类居住的星球。

顾惟乔也做航模，喜欢舰船，懂得许多航海知识。有一年暑假，海军与北京联合搞夏令营，东城区分到了几个名额，六十五中只有他一人参加。十多天之后，又黑又壮的顾惟乔回来了，他给我们讲在军舰上的感受，讲海风、海魂衫（那时赵丹演的《海魂》中的海上情景很使青年学生向往），讲刘公岛上甲午战争北洋舰队的全军覆没和大清国海军的腐败。

四 ｜ 悲惨的顾惟乔

1960年高考发榜推迟了近一个月，8月底才接到通知。一看通知，绝大部分同学傻了眼。六十五中是一类学校（当时虽没有这个说法，但社会却有此看法），绝大多数同学都没有能上理想的学校，有的甚至没有能上大学。我们班学习不错的刘建华，四班的遇罗克都被淘汰了。这就是我上面说的，那次考试不是考卷作主，而是四颗图章当家。发榜后没见过顾惟乔，只是听说他被"师专"或"化工学院"录取了，很不开心。我想这可能与他那段力图克制的"暗恋"有关。他报的是清华，因为他朝思暮想的人在高考之前就被清华录取了。有人说因为她是特长生（跳高运动员），有人说因为她父亲是某部部长。后来又听说，顾惟乔那股倔劲儿又来了，没有去上学，准备第二年再考。1961年进入困难时期，阶级路线松了一些（"文革"批判说是"资产阶级路线回潮"），顾惟乔如愿以偿，上了清华。老同学见面聊起来都为他庆幸。

我上大学后，不如意事十常八九，慢慢地顾惟乔就从我头脑里淡出了。1976年7月26日，我因为"恶毒攻击无产阶级司令部、诬蔑无产阶级文化大革命和批林批孔运动"被北京市中法判有期徒刑十三年。8月到北京第一监狱服刑，9月毛主席逝世，10月粉碎"四人帮"，此时监狱的劳改工厂没原料，没活干。监狱管理人员让我帮着弄弄狱中一个小报——《劳改通讯》。没事时，我翻看小报，突然发现了顾惟乔的名字，令我大吃一惊。怎么他也进了监狱？是不是重名了？

我向老狱友打听，他们说顾惟乔是清华大学的，原在五中队（这个中队都是技术工种的）。高高大大的个子，魁梧的身材，闷头干活不爱说话。我一想就是野驴。我试着问，"他刑满出狱了吧"？"他死了"。我惊呆了。在我心中，死，这个字怎么也不能与顾惟乔联系起来的。那位在一监待了近二十年的老犯人说："是死了。1966年，'文革'初期，因顾惟乔爸爸在台湾（又使我一惊，当时同学中无人知道），他卷入运动，被批斗，受不了了，联络了几个人想偷越国境，不料被抓，以投敌叛国罪被判十年。因为他会多种技术，留在五中队。后来又与同监的几个人策划逃跑，被发现，加刑两年。"听他这一简介，我从内心认定这就是"野驴"，那股执拗劲儿，进监狱而不改。"怎么死的？""加刑两年后，他安定下来了，搞了几项技术革新，又减了两年。改回十年。去年他母亲病了，癌症，临终时，监狱还让他回家一趟，探视母亲。他母亲是公安医院的护士长。他妈去世后,顾惟乔很难过。不久,也发现有癌症,治疗无效就去了。"一个鲜活的生命,从此就消失了。

近来,因为写作,常常回忆起我那一段监狱生活,此时都不免联想到北京六十五中我那两位没走出监狱的老同学,遇罗克与顾惟乔。很奇怪,我们三个都是1960届的。这一届是有点怪。

附录五　号子里的战争
——评《号子里的人》

纪实小说《号子里的人》描写了"文革"时期某地劳改场犯人的劳改生活。没有接触过监狱和犯人的人们对于监狱生活抱有一种神秘感，以为关在其中的都是一伙青面獠牙的人物。其实，号子里的人与当时社会上的人没多大差别，除了占百分之几的极少数的极坏与极好的人之外，绝大多数也就是社会上的芸芸众生。社会人的物质与精神上的种种需求、平常人的喜怒哀乐、愉快、信任、感激、庆幸这些正面感情和痛苦、鄙视、仇恨、嫉妒等负面情绪，以及在利害是非面前的自私自利的谋划或正义的冲动，号子里的人也一样都不少，而且比社会上的人表现得更激烈、更狂暴，所引发的后果更严重，因而更具有震撼性。因为监狱是浓缩了的社会，无论什么味道都要更刺激一些，浓缩物因其"浓缩"较原体更接近原体的本质，那么认识它就有助于研究者考察其原体；因此认识监狱及号子里的人也是研究其所处时代生活的重要参考。当年，陈独秀把监狱研究室合二而一，大约也是这个意思。

《号子里的人》具体描写的年代是1970年的"一打三反"之后的五六年间，这个时期是"四人帮"的封建法西斯统治最为严酷的时期。社会上"四人帮"把扭曲的阶级斗争、路线斗争推到极端。把它们当做两根棍子来打遍天下，弄得众人钳口，人人自危，冤狱遍于国中，宵小弹冠相庆，严重地腐蚀了社会空气。社会上如此，监狱中只能更甚。

为什么监狱更甚？原因很多，重要的有两点：其一，参与斗争的人们身份简单化了，尽管在"破四旧""立四新"的"文革"当中，人类文明被扫荡得已经所剩无几，人群的精神气质、文明教养、性格趣味也在日益趋同，因之人的身份自然也在简单化，但社会毕竟还有许多"铁扫帚"不能光顾的死角。而监狱就不同了，这里把五湖四海的人们拘在一起，无论原来在社会上地位多高、教养多好、生活习惯多么雅致，多么年高德劭，一进了监狱都是四方框里一个人——囚，大家一样，仿佛进了澡堂，赤身裸体。如果说还有点差别的话，就是刑期的长短，很少人表示出对于某些犯人既有文明的尊重，特别是十年浩劫期间，文化被当做反动与罪恶的标志。小说中的吕干事就是典型的一个，他对城市人、学生出自本能的厌恶，正是当时社会风气的反映。被褫夺了人格、尊严、文明的人与禽兽没有多大差别了，因此号子里的斗争实际上是人性与兽性的斗争，这种斗争助长兽行、消弭人性。

其二是号子里的斗争目的简单化、直接化了。犯人为什么要斗？当时社会上倡导阶级斗争，不管倡导者抱有什么目的，其客观上都在引发内斗。社会上的人，大多没有根本的利益冲突，许多所谓的阶级斗争，不过是妇姑勃谿的延伸。监狱就不同，一个几十平米的监号住六十多个犯人，注定互相妨碍，冲突自然难免，何况社会上"阶级斗争正酣"，监狱中都是阶级敌人，在监管人员看来，自然应该老尺加一。在这种思想指导下，监管人员鼓励犯人互相斗争，甚至以减刑为奖励。这样，斗争与生存联系起来，犯人积极投入斗争的目的都是为了生存,这只能是最低层次的斗争,不管它挂着什么旗号,借用什么名目。如"阶级斗争","路线斗争","积极改造""靠拢政府"等等,最后都落实在你死我活上,蝼蚁尚且贪生,为了生存都要使尽全部力量,作最后一搏,这是一场有血有肉的战争。处在这种环境里,每个求生犯人处于恐惧、不安、焦虑之中,他们像狼盯住他人,设定斗争对象、策划斗争策略、搜寻"罪恶"证据。这种斗争的激烈程度使外人很难想象。如作品中的"我"和"大值星"(犯人头目,即组长、大组长之类,因为犯人不能称"长",所以称"值星""大值星",也有叫"执行号"的)李如虎之间的明争暗斗,互相提防和陷害,最后导致李如虎惨死在飞快旋转的造纸的"打浆机"里。

当有监管人员介入这种斗争,利益复杂了,则斗争更残酷。当罗政府来三分队后,结束了由吕干事一人当家的局面。罗吕二人经历不同,文化水平不一,爱好差异极大。俗话说"有爱孙猴儿,就有爱猪八戒的",这要在社会上求同存异就成了,可是在监狱监管犯人时就非要斗个你死我活不行,最后以罗政府辞职告终。罗吕之间的斗争殃及夹在其中的犯人,他们可以选择,但很难预料后果,站在失败一方的犯人可就遭大罪了。第一仗是罗政府拿下大值星马德彪一场戏,其火爆激烈,真像一场短兵相接的战争;待把罗挤走后,作品中的"我",逃脱一时,终被吕干事砸上死镣,关进反省号,性命岌岌可危,幸运的是被高法改判出狱,捡了一条命。这些章节,作者驾轻就熟,平静写来,真是惊心动魄。

了解了监狱也就理解了那个时代。那是个极"左"思潮肆虐的时期,"公检法"被砸烂,正常的法律秩序被说成是"黑线"专政、资产阶级专政。十七年来制定的法律除了《婚姻法》外，全部废除，被史学家戏称"一部婚姻法治天下"。那时无论是关押、判刑、监狱劳改所依据的不是稳定的、为社会所知的法律，而是临时性的、由领导掌握的政策和忽紧忽松的政治运动。这样政法人员执法也没有了依据、也没有了自我约束。像三分队的刘国利还有半年刑期了，仅仅因为"态度不好"、不承认偷了两包香烟，竟被吕干事深文罗织，拉出去毙了。这真是骇人听闻，可是在那无法无天的时代有什么不能发生呢？

附录六 读者陈建新推荐有关张建旗下落的文章

《"文革"狱中三个案情特别的干部子弟》一文中,讲到了著名的"五一六"发起人张建旗在狱中的独特表现,澄清了有关张建旗已经死于狱中的不实传言。但我对其出狱后的情况仍不了解。该文发表后,读者陈建新即来信提供了他从网上找到的有关张建旗出狱后情况的文章,是北京高校毕业生就业指导中心编的《大学生就业足迹》(北京交通大学出版社,2009年11月)一书中的一篇,专门讲到给张建旗分配工作的周折。转录于下。

任何历史事件都是由一个个活生生的人的活动构成的。许多在"文革"中曾经风云一时的人物,后来却销声匿迹、不知所终。希望有更多的人来关心他们的下落,因为通过他们的人生足迹能感受到时代的脉搏,反映出历史的某些侧面。感谢陈建新先生热心提供了此文,也感谢王文嘉先生写出了这篇很有历史价值的文章。

一个特殊学生的工作安排
王文嘉

我是1982年大学毕业后留在北京市人事局做大学生分配工作的。

1985年,市人事局将负责大学生工作的技术干部处调整成大学生分配处和职称处。大学生分配处的处长是高云厚,副处长薛立萍,工作人员有董燕、杨凤云、邢新忠、张宇泉、张强生、张新、张明德和我。

每年大学生分配,都会有一些人因为健康状况或其他原因,找不到接收单位,或被接收单位退回而分配不出去。尤其是一些患有精神类疾病的毕业生更是很难安排工作。这些就成为我们大学生分配处的工作难题。这些难题,一般都是由时任处长的高云厚同志直接办理,特殊解决。我就曾随同高处长将一名有些精神疾病的女大学生安排到北京氧气厂工作。我知道这是高处长在教我如何去解决这类难题。

1985年3月,高云厚同志将历史遗留难题,张建旗的分配难题交给我处理。

张建旗是"文化大革命"前入学的老大学生。1966年到1970年毕业的大学生因为"文化大革命"延迟了工作分配。但在70年代也大都安排了工作,极个别的学生未分配工作,成为历史遗留问题,张建旗在"文化大革命"中因反对中央领导人被定为"五一六"的头子,在公安部关押了很多年,"文化大革命"之后被释放,人事关系在北京钢铁学院,由北京市人事局安排工作。张建旗被释放后,身体极度虚弱,走几步路就满头大汗,双腿肿得厉害,还有腹水。在家调养几年,身体开始恢复,他自创了一套饮食疗法,即一周只吃大米,不吃任何其他主食,下一周只吃白面,再一周只吃玉米面。这样周而复始。这套饮食疗法由于他的坚持及其他锻炼,几年下来身体大有改善。到我接手他的分配时,他已经能每天骑自行车由三元桥到八一湖游泳,春夏秋冬从不间断,每星期他骑自行车到香山爬一次山,同时到钢铁学院还书并借新书回家看。每月由钢铁学院学生处给他发生活费。

我接受这个任务,首先调来他的材料。张建旗在"文化大革命"中反对所有中央领导人,包括毛泽东、周恩来,公安部在释放他时有一个决定,列举他反对中央领导人的情况,并说因为他精神有问题,所有这些问题就不算数,释放,重新分配工作。

那个年代,虽然毕业生均由国家计划分配,各单位都极缺大学毕业生,但如果档案中有这么一份公安部的文件,说此人有精神问题,任何单位都不会接收这样的学生。为此,我进行了调查、分析,我到张建旗家中,与他本人沟通交流。从表面上看,他没有任何精神方面的问题,他思维敏捷,头脑清楚。我又找到钢铁学院学生处赵文政,赵处长也反映,张建旗没有精神方面的疾病。

我们国家由于"文化大革命",高等教育停顿了十年,到"文化大革命"后,1977年恢复高考,1982年春季,才有本科大学毕业生按计划分配,各单位人才断档严重,都极缺大学毕业生。当时没有一个单位的毕业生需求能得到满足,北京市属单位的人才缺口更大,尤其是一些困难单位更是很难得到大学毕业生。分析了市属单位,我找到市建材局干部处的段建国同志。建材局当时是市里安排大学毕业生的重点支持单位,每当做毕业生分配计划时,我们人事局都是重点保护,分配计划不少，但由于建材局的单位条件比较艰苦，真正落实的大学毕业生很少。段建国与我们的关系也很好，经常向我们汇报建材局在北京市现代化发展中的重要地位。建材局人才需求很大。所以，我就找到段建国，请他给我推荐几个好一点的单位。经过反复比较，我选中了建材实验厂。这个厂在三元桥，是建材局的重点单位，担负为建材局研发新产品的重任，国家为此减免税费，是个很有竞争力的单位，但属于建材系统，每年大学毕业生都分配不去，给了计划，也落实不下来。我请段建国带我到该厂实地考察，了解了生产情况、规模及厂房等情况，并听了厂长及相关人员的汇报，我对建材实验厂比较满意。我告诉厂长，有一个老大学生，准备分配给他们厂，并简单介绍了张建旗的情况。我还给了厂长一个特殊条件，他们可以先试用张建旗六个月，如果发现身体有问题，可以随时退给我们市人事局，如果半年期满他们仍愿意用张建旗，则要像所有正式职工一样，负责张建旗的生老病死。当然我还给了他一个条件，如果半年后，他们正式接收了张建旗，从1985年开始，连续三年，每年计划给建材实验厂两名工科大学毕业生。为了保证每年的两名毕业生能留住，我们市人事局选派两名外地生源中的党员学生干部给实验厂，这样可以保证每年的两个毕业生能留在建材实验厂长期工作。对于我的意见，段建国和建材实验厂厂长都非常高兴。几年大学生分配工作，建材局都几乎得不到重点院校的外地党员毕业生，现在一定三年，将有六名高才生落到建材系统，这是多么大的照顾。

与各方谈妥之后，我带张建旗到了建材实验厂，工厂就在张建旗家旁边，骑自行车要不了十分钟，工厂的情况，张建旗很满意。他的同学已工作多年，而他一直闲着，这回总算有了归宿。他向我表态，一定努力工作，绝不辜负市人事局的期望。

这些安排妥当之后，我带段建国到了钢铁学院，在赵文政处长办公室，我让赵处长将张建旗的档案拿出来，我告诉赵处长，请他将张建旗档案中的公安部决定取出来之后，将档案交给段建国，回建材局向党委汇报。赵处长一听我让他抽出公安部的决定，汗一下就冒了出来，对我说："老王，这可不能抽啊！咱们搞人事工作的，这是有纪律的。"我告诉赵处长："这是决定，必须抽出来，这是我的决定，如果出了问题由我负责，咱们现在是三个人，你不用怕。"在我再三坚持下，赵处长按我的要求办理了档案移交。段建国问我回去怎么汇报，我告诉他，这是市人事局分配来的大学毕业生，直接给建材实验厂。段又问我，党委问起档案中是否还有其他材料怎么说。我告诉他，回答没有其他材料了。这就是完整的档案。

这之后，我向赵文政处长说：你们钢铁学院不是因公安部的决定无法安排张建旗的工作，而向公安部写了报告，要求撤销这份决定吗？那么我们抽出这份决定就没有任何不妥，而且我们都考察了张建旗，他没有任何精神方面的问题。这份决定暂存你处，待公安部有了正式答复，你再告诉我。同时我向赵文政布置，从今年开始连续三年，每年从钢铁学院的毕业生中选两名工科学生党员分配给建材实验厂，计划单列，外地生源留京指标，计划外划拨。请他将市人事局的意见向钢铁学院党委、市高教局、冶金部汇报。一年之后，赵处长告诉我：公安部同意了钢铁学院党委的意见，撤销了原来的决定。并按我们的要求每年给建材实验厂分配了两名外地生源党员毕业生。

　　1986年，张建旗在建材实验厂试用半年期满后，段建国和建材实验厂厂长来向我汇报，对张建旗基本满意，厂长只是提出因张建旗的饮食疗法，出差外地有点影响。我听后，认为这根本不是问题，第一建材实验厂出差的机会本来不多，完全可以换人出差，实在需要张建旗出差，他也可以自带干粮，而且他的饮食疗法完全是因为原来身体虚弱，现在有了工作，一切正规了，他也会改变自己的。看厂长不再提新的问题，我告诉段建国和厂长，这样张建旗就正式确定分配给建材实验厂，以后你们要对张建旗负责到底，有关问题我们会发文给你们，我们也会保证承诺每年分配给你们两个留得住的大学生。

　　所有手续办妥之后，人事局为张建旗正式发文：张建旗的工龄如何计算，工资级别如何确定，参加工作时间怎么定，一切与张建旗同班同学一样，享受相同待遇。从此，拖了多年而难以解决的张建旗工作安排问题全部解决了。

后记

　　二三十年前,与朋友常常聊起过去的故事。年龄大一些的往往会说起解放前的学生运动,如何反饥饿、反内战、反迫害,也会说到整风反右;年龄小一些的则会说红卫兵运动、停课闹革命,当然更爱说知青下乡,偷鸡摸狗。我年龄不大不小,属于平庸的中间一代,没有什么搏击风浪的弄潮儿经历,更没有在风暴来临时一展拳脚。我的青春年华与大多数同龄人一样是在努力做"奋发有为的驯服工具"的告诫中度过的。平常与人交流都要戴上"政治正确"的假面,我也很习惯说些大话、空话、假话,尽管晚上躺在床上的时候羞于把白天说过的那些无用的正确话再过过脑子。

　　"政治正确"的假面终于没有像兰陵王的假面一样,与真面合为一体。我眼中看到的和心中想到的一些不合时宜的意见,还不免要流露出来。用老百姓的话说就是"话痨,管不住自己的嘴";毛泽东上升到理论高度来看就是"资产阶级、小资产阶级总是顽强地表现他们自己,让他们不表现是不可能的"。于是霉运、噩运,如影随形,不期而至。先是被划为反动学生、下乡劳动改造四五年。好不容易分配了工作,生活刚刚安定,又被偶发事件打入监狱,一出头就判了13年,幸有1978年的平反冤假错案的善政,得以逃脱樊笼,我仅仅在那里待了三年半,幸莫大焉。所以我常说,我是改革开放的受益者，并非是套话。

这一连串倒霉记录，也成为闲聊的话题，朋友们当作趣事来听，因为文人笔下常提到"蹲监狱"，但绝大多数并没去"蹲"过，因此觉得新鲜。有人还撺掇我，何不把这些写出来给大家看一看，比你那些嚼甘蔗渣的学术文字有意思多了。我没有接受这种撺掇，因为当时没退休，就以此为业，或者说制造"甘蔗渣"云云，也是必不可少的。

2002年退休，回家安度晚年。又赶上孩子出国读书，需要钱来支持。那时许多"都市报"都在提倡一种叫"时评"的文体。这种文字实际上是杂文的变体，杂文风格是冷嘲热讽，令人疑神疑鬼，而时评变为直率的、表层的批评。这种体裁很受欢迎，但作者似乎不多，因此稿酬较高。我曾被多家"都市报"约稿。这种东西写起来说容易也容易，好像参加个讨论时事的小组会，在会上发个言，说上20分钟就合一千多字；说难也难，评论的问题五花八门，很难逆料，题目往往是报纸评论部的编辑们在下午5点半吃晚饭时商量好了的，6点钟把要评论的题目打电话过来，告诉作者，晚上9点交稿，两个半钟点，1700字。这有些像考试答卷，适于思维敏捷的青年和中年人干，我写时评时已经六十多了，垂垂老矣，有位年轻朋友笑我是"挑水的回头——过井（景）了"。现在孩子已经成家立业，我如古人向子平，了却儿女婚嫁事，可以从吾所好，写写自己想写的东西了。"叙往事"只是想写内容之一，当然发表却需要机缘。

通过陈四益兄介绍得以结识上海褚钰泉先生，他办大型杂志《悦读》，期期相赠。杂志办得不错，收到后不敢说通读，每期起码要读上一半。它不仅给我带来了阅读的愉悦，也使我增长了许多知识。读了一二十期后，只看不写，逐渐升起一种吃白食之感。于是在钰泉兄的盛情邀请下，开始回报《悦读》，为其撰稿，首选题材就是酝酿了二三十年的监狱生涯。名为《鸿爪掠影》，在《悦读》上连载。连载时便受到一些出版社注意，待连载完成后，就有此书的策划。

这些年史学界很重视史料学的开发，大多数人认为，个人提供的史料中最不可靠的是回忆录，最可靠的是日记。这是一般规律，我很赞成，但也有许多例外。"日记"就百分之百可靠吗？且不说它受到写作者本人资质的限制，有的日记写作时就是为了给他人看的，立意作伪。远的如清代翰林们的日记，当时他们记日记是要在翰林院中传看的，特别是领导也要看，这样的日记会不会有意造假？近的如1963年倡导学雷锋时，由于雷锋以日记名世，当时我正读"大三"，班上有位老兄就写雷锋式的日记，又怕同学们看不到，往往把他写好的日记放在床头桌上，以诱观览。有好恶作剧的同学便打开他的日记用怪声怪调朗诵，引得全宿舍同学哄笑。如果这种日记偶然传世、有何价值？想一想慈禧为了罢黜光绪，连病案都能伪造，那么还有什么不能伪造呢？前几年，笃信病案真实可靠的医生们断定光绪早就病危，他早慈禧一天而亡也是自然死亡。待到光绪遗体出墓，发现其身上有大量砷遗留时才不得不承认他是被砒霜（三氧化二砷）毒死的。这使我们了解到许多手写的文件同样是不可靠的。因之，史家们对于史料还要善择，不能以体裁看高下，什么都有"例外"。

当然，以上的感慨不是说自己提供的信息就百分之百的真实可靠。人的记忆是有选择的，特别是日久天长，记忆逐渐模糊。至今我仍能保持三四十年前的记忆，是靠经常说，说一遍，就加深一层记忆。另外，还靠我从监中带出的一些读书笔记。过去是片纸不能出监的，我是大规模平反时期第一批出狱的人，当庭宣布我无罪，还说许多问题是针对"四人帮"的，对我出狱，看守不知道是否按一般出监的处理，管教科长又催赶快办完了我这档子事，法院再去解决我同案的问题。这样就匆匆忙忙出来了，他们问了问，并未检查。这些带出来的文字虽然不是记载监狱之事，但看到这些写于监狱的文字总能在脑中唤起对当时情景的记忆。三四十年来，还常有狱友通电话或来访。一聊起来，多是陈年往事。进过监狱的人，大约一辈子也难摆脱监狱的记忆。

这本书的出版首先要感谢褚钰泉先生热情约稿，其次则是很早关注《鸿爪掠影》的三联书店的饶淑荣女士。虽然，出狱后我写的第一篇文章——《关于〈李白与杜甫〉一些异议》就是1980年交给冯亦代先生，发表在三联书店主办的《读书》杂志上的，从那时起开始了我的文字生涯，三十多年虽也有些覆瓿之作问世，但始终没有与三联合作过，这次三联接纳拙作是初次合作，希望合作愉快。

另外狱友李聘伟先生（可惜他已在今年年初去世，不能见到此书的出版）以及王湘衡、李少白、张之雄、董清旻、胡智等先生都多次与我谈及往事，胡智还提供了一些有关K字楼和"一监"的旧物，制成照片以增加读者对狱中生活的直观理解。这里一并表示感谢。

王学泰

2013年7月